随机因素下基于傅里叶变换技术的期权定价研究

张素梅　著

西安邮电大学学术专著出版基金资助

科　学　出　版　社

北　京

内 容 简 介

期权作为一种金融衍生品,能够有效规避系统性风险,对金融风险管理与防范具有重要影响.期权定价问题已成为应用数学和金融数学交叉领域中的一个热点研究方向.本书从傅里叶变换的角度,对多种随机因素影响下期权定价的数值方法进行研究.通过分析影响金融市场的主要随机因素,建立一系列随机模型.基于随机模型,针对市场上流行的欧式期权定价、美式期权定价、远期开始期权定价等问题提出傅里叶空间时步、均值回复傅里叶空间时步、快速傅里叶变换、傅里叶余弦级数展式、卷积方法等高效定价算法.基于欧式期权定价结果、市场实际交易数据和优化算法,对所提随机模型进行校正,并对模型拟合市场的效果进行实证分析.

本书可以作为应用数学专业及金融、管理等领域的研究人员和工作人员的参考用书.

图书在版编目(CIP)数据

随机因素下基于傅里叶变换技术的期权定价研究/张素梅著. —北京:科学出版社, 2022.10

ISBN 978-7-03-073163-0

Ⅰ. ①随⋯　Ⅱ. ①张⋯　Ⅲ. ①期权定价–研究　Ⅳ. ①F830.95

中国版本图书馆 CIP 数据核字(2022) 第 169036 号

责任编辑:宋无汗 郑小羽 / 责任校对:何艳萍
责任印制:张 伟 / 封面设计:陈 敬

科学出版社 出版
北京东黄城根北街 16 号
邮政编码:100717
http://www.sciencep.com

北京厚诚则铭印刷科技有限公司印刷
科学出版社发行　各地新华书店经销
*
2022 年 10 月第 一 版　开本:720×1000　1/16
2024 年 7 月第三次印刷　印张:9 3/4
字数:197 000

定价:98.00 元
(如有印装质量问题, 我社负责调换)

前　言

20 世纪 90 年代以来，由于金融创新的蓬勃发展，金融自由化和金融全球一体化的不断推进，金融衍生品得到了迅速发展. 期权是最常见也是最活跃的金融衍生品之一，因此期权定价问题已成为现代金融数学的一个重要研究方向. 在当今金融市场上，一方面由于市场的突发性、波动率和利率等不确定性因素的影响，标的资产价格的变化过程越来越复杂；另一方面各类客户对金融工具的个性化需求越来越多，促进了具有复杂收益特征的奇异期权的迅速发展. 因此，本书综合考虑跳、随机波动和随机利率的影响，研究标准期权和部分奇异期权的定价问题.

傅里叶变换是数字信号处理领域中一种重要的算法. 最初，傅里叶分析是作为热过程的解析分析工具被提出，近年来，在物理学、信号处理、概率论、密码学、光学、结构动力学等领域也有着广泛应用. 在金融衍生品定价领域，傅里叶变换方法首次出现在 Stein 随机波动模型中，用于确定标的资产价格的分布函数. 1993 年，Heston 利用傅里叶变换在平方根随机波动模型下获得了欧式期权定价公式的分析形式. 相对于树方法、蒙特卡洛模拟、偏微分方程数值解等传统数值方法，基于傅里叶变换的数值定价方法具有适用范围广、易于实施、效率高的优势. 经过近 30 年的迅速发展，傅里叶变换方法已成为金融衍生品定价的一种有力的数值计算工具. 本书从傅里叶变换这个角度研究标准期权和几类重要的奇异期权的定价问题.

第 1 章综述国内外研究现状，并介绍期权定价基本理论和相关的基础知识. 第 2~6 章介绍作者近几年在金融衍生品定价领域的研究成果，也是全书的核心内容. 第 2 章提出混合指数跳影响下定价欧式期权和美式期权的傅里叶空间时步方法. 第 3 章提出均值回复和混合指数跳影响下定价欧式期权和美式期权的均值回复傅里叶空间时步方法. 第 4 章提出随机波动、随机利率和混合指数跳影响下定价欧式期权的快速傅里叶变换算法. 第 5 章提出随机波动、随机利率和双指数跳影响下定价远期开始期权的傅里叶余弦级数展式方法. 第 6 章分别利用傅里叶余弦级数展式和卷积方法研究双随机波动和混合指数跳影响下百慕大期权和美式期权的定价问题. 第 2~6 章内容均从实证分析角度，将定价模型校正到金融市场，并检验定价模型拟合市场的效果. 第 7 章总结本书的主要研究成果，并提出未来的研究方向.

在本书的撰写过程中，作者得到了很多方面的帮助和支持. 首先，感谢西安邮电大学理学院应用数学系金融统计和风险管理科研团队的老师，他们提出了很多宝贵的修改意见，提高了本书的可读性和严谨性. 其次，特别感谢我的两位研究生，张广东和廖梓浩，他们不仅在本书数学公式和文字录入方面花费了大量精力，还帮我刊误了书稿，提出了很多有益的修改意见，这对本书能够如期成稿提供了极大的帮助. 最后，感谢科学出版社对本书出版的大力支持.

本书的出版由国家自然科学基金项目（项目编号：11601420）、陕西省自然科学基金项目（项目编号：2020JM-577）和西安邮电大学学术专著出版基金联合资助.

由于作者水平有限，书中难免存在不妥之处，恳请各位专家、读者提出宝贵意见，以便不断完善.

主要符号表

S_t	标的资产价格过程
S	标的资产价格
K	执行价格
T	到期时间
r	无风险利率
q	红利率
W_t	标准布朗运动
N_t	泊松过程
P	风险中性概率测度
Q	等价鞅测度
V_t	波动过程
σ	标的资产价格过程的波动率
r_t	利率过程
$f(x)$	概率密度函数
$F(x)$	分布函数
$\varphi(u)$	特征函数
$\psi(u)$	特征指数
λ	泊松过程的强度
$C(x,t)$	看涨期权价格
$P(x,t)$	看跌期权价格
E	数学期望
Var	方差
$\mathcal{F}$	傅里叶变换
$\boldsymbol{\theta}$	模型参数
$\boldsymbol{\theta}^*$	模型最优参数
$\{\Omega, \mathcal{F}, P\}$	完备概率空间
α	阻尼因子
ρ	相关系数
$P(t,T)$	零复合债券价格

t_0	确定执行日期
k_V	波动过程的回复速率
α_V	波动过程的长期平均水平
σ_V	波动过程的瞬时波动率
k_r	利率过程的拉力速率
θ_r	利率过程的长期平均水平
σ_r	利率过程的瞬时波动率
p_1	标的资产价格向上跳的概率
q_1	标的资产价格向下跳的概率
$\Re(\cdot)$	实部
$\Im(\cdot)$	虚部
x^*	早期执行点
J	标的资产价格跳幅度
I	示性函数
Φ	自融资投资策略
c_k	累积特征函数
$L^2(\mathbb{R})$	平方可积函数空间
$L^1(\mathbb{R})$	绝对可积函数空间
Δ	步长
$N(x)$	标准正态分布函数

目　　录

第 1 章 绪 论

1.1 研究背景及意义

1.1.1 研究背景

受全球新冠肺炎疫情蔓延和石油价格战影响，2020 年美国等多个国家的股市因暴跌出现多次触发熔断机制的情况，继 2008 年全球金融危机后再次极大地刺激了金融领域的风险管理意识. 如何管理和控制金融风险，已成为全球金融数学学科迫切需要解决的问题. 金融衍生品是指由过去传统的金融业务中派生出来的交易形态，是有关互换现金流量或旨在为交易者转移风险的一种双边合约，常见的有远期、期货、期权、互换等，其最大特征是依托一种投资机制来规避资金运作的风险，同时又具有在金融市场上炒作交易、吸引投资者的功能.

金融衍生品本质上是一种风险对冲工具，用来为股票、债券、抵押贷款等投资方式提供保险. 1865 年，芝加哥期货交易所推出了一种被称为"期货合约"的标准化协议，成为人类历史上最早的金融衍生品. 在金融衍生品交易初期，其规模很小，但由于金融衍生品大多利用资金杠杆，在市场景气阶段回报率惊人. 为了追求高额利润和卖点，华尔街投资银行创造出层出不穷的金融衍生品，如住宅抵押贷款支持证券、担保债务凭证、信用违约互换工具等. 从首个产品诞生到当前，金融衍生品不过一百五十几年的历史，但其发展异常迅速. 据美国期货业协会（Futures Industry Association，FIA）关于全球 80 多家交易所衍生品交易情况的报告显示，2006 年全球期货与期权交易量为 118.8 亿手，2011 年交易量达 249.8 亿手，2016 年交易量达 252.2 亿手，2021 年交易量膨胀到 625.85 亿手.

金融衍生品的出现，一方面为市场提供保本、套利等更灵活的投资工具和理财产品；另一方面丰富了投资者的交易策略. 通过对冲方式，极大地丰富了金融体系的交易品种，提高了金融体系的安全性和稳定性. 在 2008 年金融危机中，金融衍生品对基础金融工具市场价格的稳定作用得到了充分展示. 以股指期货为例，在金融危机中，发达金融市场上的一些大型基金的金融投资者，通过在股指期货市场上的套期保值，有效地规避了投资组合市值下跌的风险. 由于我国避险机制不成熟，投资者大量现货头寸无法得到保值，投资业绩严重依赖大市的表现，只能被动承受下跌调整带来的损失. 此外，金融衍生品市场的一大重要功能是价格发现，即金融衍生品定价，金融衍生品市场的发展在一定程度上是争夺定价权的需要. 从国际范围来看, 主要的国际金融衍生品定价中心所在国家都从中得到了巨大利益.

目前, 中国市场上真正具有自主定价及平盘能力的金融衍生品种类比较少. 大力发展金融衍生品市场, 并牢牢掌握市场控制权, 对于维护我国金融安全有着十分重要的战略意义. 对生产企业来讲, 需要控制原材料价格剧烈上涨风险, 防范产品价格大幅下跌风险, 规避利息支出突然上升风险, 遏制外汇收入不断损失的风险; 对机构投资者而言, 需要能为手中的债券提供套期保值的工具. 要对风险进行有效的管理, 首先需要对金融衍生品进行合理定价. 如何确定金融衍生品的公平价格是其合理存在与健康发展的关键. 在所有金融衍生品定价研究中, 期权定价的研究最为广泛, 这是因为首先与其他金融衍生品相比, 期权易于定价; 其次许多衍生证券可表示为若干期权合约的组合形式; 最后各种衍生证券的定价原理是一样的, 有可能通过期权定价方法找到一般衍生证券的定价理论.

1.1.2　研究意义

期权是持有人在未来某一时间以某一确定的价格购买或出售某标的资产的协议. 协议中的确定价格称为执行价格或敲定价格, 确定日称为到期时间. 早在公元前 1200 年, 古希腊和古腓尼基的商人之间便已出现了期权交易的雏形. 1973 年, 随着芝加哥期权交易所（Chicago Board Options Exchange, CBOE）的正式成立, 真正的期权交易时代开始了, 从此期权交易很快席卷了美国各大期权交易所. 1976 年, 澳大利亚的悉尼股票交易所推出了期权合约, 1978 年, 英国也有了期权交易市场, 1987 年, 法国的巴黎期权交易所也开始挂牌交易, 2015 年, 上海交易所推出了中国第一个场内期权交易品种——50ETF 期权. 目前, 发达的西方国家大都有期权交易所, 而且交易活跃, 期权的品种非常多, 既有欧式、美式等标准期权, 也有由标准期权变化、组合、派生出的奇异期权 [1-2].

期权根据所赋予的权利不同, 可分为看涨期权和看跌期权. 看涨期权又称买权, 即在未来某一时间, 以某一确定价格买入某种标的资产（如股票）的合约. 设 K 为执行价格, T 为到期时间, S_T 为标的资产在到期时间的价格, 看涨期权在到期时间的收益为 $(S_T - K)^+$, 显然持有这种期权在未来价格上涨时较为有利. 看跌期权又称卖权, 即在未来某一时间, 以某一确定价格卖出某种标的资产的合约, 看跌期权在到期时间的收益为 $(K - S_T)^+$, 持有这种期权在未来价格下跌时较为有利.

期权的基本特征是期权合约买卖双方的权利和义务不对称. 期权合约的买方（多头）有权根据市场变化情况决定执行权利还是放弃权利, 同时期权合约的卖方（空头）只有义务而无权利, 只要买方行使权利, 卖方就必须按买方的要求履约. 反之, 若买方认为行使期权对其不利, 卖方无权要求买方履约. 这样, 期权合约使得买方在不确定的市场环境中总是获益. 为此, 期权买方需要付出一定的代价,即期权费, 作为期权卖方承担义务的报酬.

期权的主要作用有投机、保值和对冲风险. 作为投机手段, 投资者可通过购买或转卖期权以获取期权费的差价而获利, 或者通过履行期权而获利; 作为保值手段, 当标的资产的价格走势与其预期的一致时, 期权购买者可通过执行期权合约获得利润, 反之则放弃执行该合约, 此时最多只损失期权费; 作为对冲风险的手段, 若投资者购买某标的资产, 但其未来的价格有下跌的走势, 此时可通过购买一定数量的以此资产为标的资产的看跌期权, 使得这一组合投资处于无风险状态.

期权交易的一个主要环节是确定期权的价格, 即期权定价. 在期权定价理论产生以前, 人们无法准确估算面临大大小小机会的价值, 主要凭借个人经验判断, 因而决策失误通常在所难免. 期权理论产生以后, 对这些机会的价值, 可以做到定量的评估, 只有从量上把握这些无形的机会, 人们才能更好地利用它们.

期权定价理论和方法的研究对促进我国经济发展, 特别是金融市场的发展和完善有着非常重要的意义. 伴随着我国国民经济的持续增长和金融改革深化步伐的加快, 金融产品的创新必然会成为我国资本市场成长的中坚力量. 进一步加强对期权定价理论和方法的研究有助于设计有效的风险管理方法, 确定正确的投资和融资决策, 为政府和有关金融部门提供科学决策依据. 因此, 有关期权定价理论和方法的研究具有非常重要的意义. 正如瑞典皇家科学院在颁发 1997 年度诺贝尔经济学奖颁奖词中所提, 期权定价理论和公式可以说是 25 年以来经济学领域中最重大的突破和最卓越的贡献之一, 带来了金融衍生品市场近十年来的迅猛发展.

1.2 国内外研究现状

假设无风险利率 r 为常数, 标的资产不支付股息, 不支付交易费和税收, 不存在套利机会, Black 等[3] 提出著名的 Black-Scholes (BS) 模型, 即标的资产价格过程 S_t 适合随机微分方程:

$$\frac{\mathrm{d}S_t}{\mathrm{d}t} = \mu\mathrm{d}t + \sigma\mathrm{d}W_t \tag{1.1}$$

其中, $\frac{\mathrm{d}S_t}{\mathrm{d}t}$ 表示在 $\mathrm{d}t$ 内 S_t 的回报; 常数 μ 和 σ 分别为期望回报率和标的资产价格过程的波动率; W_t 为标准布朗运动. 在 BS 模型下, Black 等[3] 创造性地归纳出一个广泛用于金融市场的欧式期权价格解析表达式, 即著名的 BS 公式:

$$V = SN(d_1) - Ke^{-rT}N(d_2), \tag{1.2}$$

其中，$d_1 = \dfrac{\ln(S/K) + \left(r + \dfrac{1}{2}\sigma^2\right)T}{\sigma\sqrt{T}}$；$d_2 = d_1 - \sigma\sqrt{T}$；$S$ 为标的资产价格；$N(\cdot)$ 为标准正态分布函数；r 为无风险利率.

由于 BS 公式中未含有标的资产的期望回报率 μ，因此不依赖于投资人的偏好. BS 公式把所有人引向同一个以无风险利率作为投资回报率的中性世界，为金融领域的经济评估奠定了定量分析的基础，并被理论界和金融实业界广泛接受和使用. 1973 年，Merton[4] 将 BS 公式推广为标的资产可连续支付红利，并放松无风险利率和标的资产价格的波动率为常数的假设，从而完善了衍生证券的定价理论. 因此，Scholes 和 Merton 共同获得 1997 年的诺贝尔经济学奖.

然而，BS 模型与实际市场存在偏差，主要有三方面：

（1）大量实际数据统计研究结果 [5-7] 表明，股价实际回报比模型（1.1）刻画的峰更尖，尾部更厚.

（2）从期权市场价格反过来研究标的资产的波动率也存在偏差. 假如 BS 公式是对的，隐含波动率应该是常数，但是许多实证现象[8-10] 显示，隐含波动率具有以下特征：① 波动率 "微笑" 现象，即在以执行价格为横坐标的图上，隐含波动率呈现两头高、中间低的 "U" 形图像；② "微笑" 扁平化，隐含波动率是到期时间的减函数，即随着到期时间的增加，"微笑" 曲率降低；③ "微笑" 浮动性，如果将隐含波动率表示为相对执行价格（执行价格和标的资产价格的比值），则隐含波动率随时间的变化比隐含波动率表示为绝对执行价格小.

（3）股价往往并非光滑移动，偶尔会出现突发、不连续的价格波动.

为了克服 BS 模型的以上缺陷，许多学者从不同角度研究期权定价的理论与实际应用，取得了丰硕成果，主要有 BS 模型的改进、奇异期权定价和期权定价数值方法的研究.

1.2.1 BS 模型的改进

BS 模型的改进有两大方向，一个是基于扩散过程的连续模型；另一个是基于跳扩散过程的不连续模型.

1. 扩散模型

扩散模型中具有代表性的是局部波动模型和随机波动（stochastic volatility, SV）模型. 文献 [11] 和 [12] 通过令瞬时波动为时间，并结合标的资产价格的局部波动函数提出了非线性马尔可夫过程：

$$\frac{\mathrm{d}S_t}{\mathrm{d}t} = \mu\mathrm{d}t + \sigma(t, S_t)\mathrm{d}W_t. \tag{1.3}$$

随后，文献 [13]～[21] 研究了类似的局部波动模型.

文献 [22] 将波动看作一个随机过程, 提出了随机波动过程:

$$\frac{\mathrm{d}S_t}{\mathrm{d}t} = \mu\mathrm{d}t + \sigma_t\mathrm{d}W_t^1, \tag{1.4}$$

$$\sigma_t = f(Y_t), \quad \mathrm{d}Y_t = \alpha_t\mathrm{d}t + \gamma_t\mathrm{d}W_t^2. \tag{1.5}$$

随后, 文献 [23]~[32] 研究了各种各样的随机波动模型.

除以上两类模型外, 也有一些学者将利率风险引入 BS 模型以建立更加符合实际的市场模型, 如文献 [33]~[41] 的随机利率模型, 还有一些学者合并随机波动和随机利率, 提出更一般的模型. 例如, Scott[42]、Bakshi 等 [43]、Amin 等 [44] 分别在随机波动模型中引入随机利率因子, 提出了随机利率随机波动模型; Andreasen[45] 在随机波动模型中引入 Hull-White 随机利率因子, 研究了欧式期权和 FX 期权的定价问题; Ahlip[46] 在随机波动遵从 O-U 过程的假设下引入相关的 O-U 随机利率因子, 研究了外汇期权的定价问题; Grzelak 等 [47] 考虑了随机利率、Heston 随机波动和标的资产过程的全相关结构, 建立了更加一般的随机利率随机波动模型; 文献 [48] 和 [49] 在 Schöbel-Zhu 随机波动模型中引入随机利率, 并让所有的随机因子彼此相关, 建立了一个更加一般的市场组合模型; Grzelak 等 [50] 通过引入 Hull-White 随机利率因子, 推广了随机波动外汇模型; Hautsch 等 [51] 合并随机利率和随机波动, 推广了 Nelson-Siegel 随机波动模型; Sattayatham 等 [52] 通过在随机波动模型中引入 Hull-White 随机利率因子, 推广了随机波动 Lévy 模型; Zhang 等 [53] 综合考虑两因子 CIR 随机波动和 Hull-White 随机利率因子提出一个三因子随机模型; Zhang 等 [54] 提出一个三因子 CIR 随机波动随机利率模型.

2. 跳扩散模型

Merton[55] 在 BS 模型的基础上引入了对数正态跳跃过程, 首次提出了 log 正态跳扩散模型. 此后, 许多学者开始探讨类似的非连续市场模型, 如文献 [56]~[63] 等. 近十几年来, 带跳的不连续市场金融模型在期权定价和风险管理领域中越来越流行. 这里着重介绍两个非连续模型, 即 log 正态跳扩散模型和双指数跳扩散模型.

假设标的资产价格过程 S_t 遵从

$$\frac{\mathrm{d}S_t}{S_{t_-}} = (r - \lambda z)\mathrm{d}t + \sigma\mathrm{d}W_t + (J-1)\mathrm{d}N_t, \tag{1.6}$$

其中, N_t 为具有强度参数 $\lambda > 0$ 的泊松过程; J 为标的资产价格的跳跃幅度. 当跳在时间 t 发生时, $S_{t_+} = S_{t_-} J$. 假设 J 为独立同分布的非负随机变量序列. 若

$Y = \ln J$ 服从 $N(\mu_s, \sigma_s^2)$，模型（1.6）为 log 正态跳扩散模型；若 $Y = \ln J$ 具有双指数分布，模型（1.6）为双指数跳扩散模型 [59]，其概率密度函数为

$$f_Y(y) = p\eta_1 \mathrm{e}^{-\eta_1 y} I_{y \geqslant 0} + q\eta_2 \mathrm{e}^{\eta_2 y} I_{y < 0}, \quad \eta_1 > 1, \quad \eta_2 > 0, \tag{1.7}$$

其中，p、$q \geqslant 0 (p + q = 1)$ 分别为股价向上跳和向下跳的概率.

在 log 正态跳扩散模型框架下，许多学者开发了更加合理的模型. 例如，文献 [64] 将跳扩散和随机利率结合提出了含随机利率因子的跳扩散模型；文献 [65] 将跳扩散和随机波动结合提出了随机波动跳扩散模型；文献 [66] 和 [67] 合并随机波动、随机利率和跳扩散提出了更一般的多因子随机模型.

在双指数跳扩散模型框架下，文献 [68] 和 [69] 分别结合随机波动和双指数跳扩散提出了随机波动双指数跳扩散模型，Zhang 等 [70] 在文献 [69] 的基础上引入 CIR 随机利率提出了更一般的组合模型.

3. 跳扩散模型与扩散模型的比较

在刻画股价实际回报的厚尾方面，局部波动过程和随机波动过程通过选择合适的非线性扩散系数，可以产生具有任意厚尾的扩散过程 [71]. 但是，对于局部波动过程而言，在获得厚尾的同时，往往会产生极不稳定的扩散系数；对于随机波动过程而言，获得厚尾的代价是波动过程的方差出现极端值. 相比之下，即使最简单的跳扩散模型也能产生厚尾回报 [72]，而且不用担心会出现极端参数值，也不需要额外添加不可观测的随机因子.

在拟合长期隐含波动率方面，扩散模型表现很好. Dupire[11] 提出，对于任何在起始时刻观测到的看涨期权价格的无套利框架，都存在一个唯一的局部波动函数，使得由模型（1.3）和该局部函数可以得到看涨期权在任意时刻的市场价格. 可以说局部波动模型始终没有给出"偏斜"现象的解释. 在给定到期时间下，随机波动模型也能较好地拟合隐含波动率的形状 [22,72]. 然而，随机波动模型却不能产生隐含波动率实际的期限结构 [73]. 而且，为了拟合"偏斜"现象，随机波动模型要求股价和波动负相关. 尽管这可以合理地解释"杠杆"效应，但却不能解释在一些以外汇率为主的期权市场上"偏斜"为什么变成了"微笑"，也不能解释 1987 年经济大萧条后"微笑（偏斜）"现象为什么大幅增加.

既然瞬时波动是不可观察的，关于波动和股价的相关性就很难检验，而且随机波动模型提供的"偏斜"解释并不比局部波动模型提供的解释更具"结构性". 相比之下，跳扩散模型不仅能产生各种各样的"微笑（偏斜）"，而且还从市场参与者角度提供了一个简单解释："偏斜"的出现归功于市场参与者害怕股价出现大的向下的跳跃. 这种解释同 1987 年经济大萧条后"微笑（偏斜）"大幅增加的事实相符，反映出市场参与者在经历了经济大萧条后对"跳"的恐慌 [74]. 跳扩

散模型也能够从所参与市场的跳的不对称性角度解释 "微笑" 和 "偏斜" 的区别: 对于指数期权, 市场参与者对于大的向下跳的恐慌导致向下的 "偏斜", 而对于诸如 USD/EUR 的外汇市场, 其中市场运动是对称的, 跳也是对称的, 因而产生了 "微笑".

对于短期期权, 以上讨论的扩散模型的缺陷仍然存在. 短期期权的交易比较频繁, 其市场隐含波动率也展现出非常明显的 "偏斜". 但是局部波动模型和随机波动模型却无法体现市场隐含波动率的这一特征. 随机波动模型假设波动和价格过程都连续, 因此要获得短期 "偏斜", 只得将波动过程的波动系数调整到不切实际的极端值. 局部波动模型总是能拟合任意短期的 "偏斜" 现象, 代价是局部波动率曲面有一个非常高的变化率. 这些不切实际的极端值很难从实证上解释. 相比之下, 对于短期期权, 跳扩散模型通常都能产生明显的 "偏斜" 现象, 并且这种行为可用于检验短期期权跳的出现 [75-76].

虽然, 以局部波动模型和随机波动模型为代表的扩散模型可以通过将模型参数调整为极端值来获得标的资产价格实际回报的厚尾特征和隐含波动率的 "微笑 (偏斜)" 现象, 但却无法产生价格的突发变动, 而大的、突发的跳跃却是跳扩散模型自身的一种属性.

1.2.2　奇异期权定价研究进展

奇异期权是由标准欧式期权或美式期权变化、组合、派生出来的新品种. 这类期权具有较强的灵活性, 其结构特征可以根据客户的不同要求进行设计, 多数在场外交易. 近十几年来, 奇异期权的交易越来越流行, 深受投资者的喜爱, 如远期开始期权、百慕大期权、非标准美式期权、障碍期权、回望期权、亚式期权、外汇期权、价差期权、多资产期权等. 随着奇异期权的流行, 奇异期权的定价问题也引起了众多学者的关注.

Kou 等 [77] 在双指数跳扩散模型下利用二维拉普拉斯变换给出了障碍期权的价格; Cont 等 [78] 在指数 Lévy 模型下利用有限元方法给出了障碍期权的价格; Cai 等 [79] 在 Hyper 指数跳扩散模型下利用拉普拉斯变换方法给出了双障碍期权的价格; Hsu 等 [80] 在多维 Lévy 过程下给出了汇率障碍期权定价的闭形解. 文献 [81] 和 [82] 采用蒙特卡洛 (Monte Carlo, MC) 模拟分别研究了连续可调障碍和离散障碍期权定价, Zhang 等 [83] 利用分析近似方法研究了障碍期权定价.

Eberlein 等 [84] 证明了回望期权的浮动执行价格和固定执行价格之间存在一种对称关系; Park[85] 在双指数跳扩散模型下利用修正的二叉树方法给出了回望期权价格; Wong 等 [86] 在 Lévy 过程下提出了美式奇异期权, 包括障碍、回望和亚式期权的快速傅里叶变换网络定价方法.

亚式期权定价的解析解一般不存在, 其定价问题多采用数值方法解决. 例如,

Broadie 等 [87-88] 采用蒙特卡洛模拟方法得到亚式期权价格；Hartinger 等 [89] 在 Hyperbolic 模型下利用拟蒙特卡洛（quasi-Monte Carlo，QMC）方法给出了亚式期权价格；Benhamou[90] 利用快速傅里叶变换方法定价了亚式期权；Vecer 等 [91] 在 Lévy 模型下利用偏积分微分方程（partial integro-differential equations，PIDE）方法研究了亚式期权定价；Albrecher 等 [92] 利用分布近似的方法研究了 Lévy 过程下亚式期权定价；Zhang 等 [93] 利用分析近似的方法研究了双随机波动下几何亚式期权定价.

Zhang 等 [94] 和 Zhang 等 [95] 分别在随机波动跳扩散模型和随机利率随机波动跳扩散模型下，利用傅里叶余弦级数方法研究了远期开始期权定价；Xu 等 [96] 在多维 Lévy 过程下利用傅里叶变换方法研究了外汇期权定价；Hurd 等 [97] 利用快速傅里叶变换方法研究了指数 Lévy 过程下价差期权的定价；Leentvaar 等 [98] 利用稀疏网格方法研究了多资产期权定价.

1.2.3　期权定价数值方法研究进展

在 Lévy 模型或者跳扩散模型下，即使标准的欧式期权定价也很难找到其解析解，而对于非标准的美式期权和路径依赖型奇异期权，寻找其定价问题的解析解几乎是不可能的. 因此，许多学者致力于研究期权定价的数值方法，开发了许多有效的数值算法，主要有三类：基于 PIDE 的方法、MC 方法和傅里叶变换方法.

1. 基于 PIDE 的方法

假设标的资产价格遵从扩散过程（1.1），欧式期权价格 $V(t,S)$ 可以通过解抛物型偏微分方程：

$$\frac{\partial V}{\partial t} + rS\frac{\partial V}{\partial S} + \frac{\sigma^2 S^2}{2}\frac{\partial^2 V}{\partial S^2} - rV = 0 \tag{1.8}$$

得到. 当标的资产价格遵从指数 Lévy 模型或者跳扩散模型时，可以得到 PIDE：

$$\frac{\partial V}{\partial t} + rS\frac{\partial V}{\partial S} + \frac{\sigma^2 S^2}{2}\frac{\partial^2 V}{\partial S^2} - rV + \int v\mathrm{d}y\left[V(t,Se^y) - V - S(e^y - 1)\frac{\partial V}{\partial t}\right] = 0. \tag{1.9}$$

与式 (1.8) 相比，式 (1.9) 多了一个积分项，这是因为和扩散模型相比，跳扩散模型多了一个跳项. 积分项的出现给期权定价带来了理论和数值上的挑战. 近年来，许多学者投身于求解 PIDE 数值方法的研究，并取得了丰硕的成果. 概括起来，求解 PIDE 的数值方法主要有三种：树方法、有限差分方法和 Galerkin 方法.

树方法是 BS 框架下最直接的数值方法之一，其基本思想：给定一个连续时间随机模型，如跳扩散模型，令 $x = \ln(S/K) + r(T - t)$，构建一个具有指定转移概率的离散时间马尔可夫链 $S^{\Delta t, \Delta x}$，使得当 $\Delta \to 0$ 时，过程 $S^{\Delta t, \Delta x}$ 弱收敛于

S. 树方法可以追溯到 BS 模型下的 Cox-Ross-Rubinstein 二叉树方法 [99]，随后被推广到跳扩散模型 [100-102]. 文献 [103] 和 [104] 利用柳树方法分别研究了美式期权和亚式期权的定价. 文献 [105] 提供了弱收敛到跳扩散过程的充分条件，文献 [106] 证明了离散时间欧式和美式期权价格收敛于相应的连续时间期权价格. 然而，对于亚式等路径依赖期权定价导致的高维问题，维数灾难使期权定价的复杂性和难度呈指数增长，导致树方法失效.

有限差分方法是偏微分方程数值解的一种常用方法. 它利用差分逼近将偏微分方程转化为一组差分方程求解，对于 PIDE 出现的积分项用黎曼和近似. 构建有限差分算法通常为以下三步：

（1）局部化. 如果 PIDE 最初没有边界条件，需要人为地添加一个边界条件，此外，PIDE 中积分项的积分区间也需要局部化；

（2）用布朗运动近似小的跳跃；

（3）在离散网格点计算解，并用有限差分代替 PIDE 中出现的微分. 对于一维 Lévy 过程，Cont 等 [78] 指出，在收益函数的光滑性假设下可以得到 Δ_x 的一阶收敛. 对于二维 Lévy 过程，Briani 等 [107] 给出了相似的结果. 然而，对于三维及以上的 Lévy 过程，由于网格点增长带来的维数灾难，有限差分方法失效. 对于 BS 方程，Reisinger 等 [108] 基于组合技术引入稀疏网格法 [109] 以应对维数灾难，而在 Lévy 模型下相应的应对措施至今未见报道.

与有限差分方法不同，Galerkin 方法利用基函数给出解 $V(t, x)$ 的近似表达式，即 $V(t, x) = \sum_{i \geqslant 1} a_i(t) e_i(x)$，然后再近似为 $V_N(t, x) = \sum_{i=1}^{N} a_i(t) e_i(x)$. 这样做的优点是能够直接估计对冲参数. Matache 等 [110] 提出基于 Wavelet 基函数的 Galerkin 方法，用于定价 log 正态跳扩散模型下的欧式期权.

以上提到的数值方法中，树方法是有限差分方法的特例，有限差分方法是 Galerkin 方法的特例. 因此，Galerkin 方法是最一般的方法. 但是，这些数值方法实施的复杂性是递增的. 树方法和有限差分方法可以通过任何合理的程序语言实现，而 Galerkin 方法则需要利用特定的工具箱才能实现. 相较于树方法和有限差分方法，Galerkin 方法占用的储存空间更大，这也是为什么迄今为止，Galerkin 方法在数理金融中应用受到限制的原因. 但是，当边界条件不规则时，如美式期权定价，应用 Galerkin 方法比较理想.

2. MC 方法

MC 方法，又称随机模拟方法，由于其灵活、易于实施，并且能较好地适应高维问题，自从被 Bolye[111] 引入期权定价中，就在许多金融衍生品定价问题中得到了广泛应用，尤其对于扩散模型下金融衍生品的定价，MC 方法更有吸引力.

然而，当市场模型被推广到跳扩散过程时，由于跳扩散过程增量的解析形式一般未知，MC 方法就不是那么有效. 大部分跳扩散过程的路径模拟采用近似的方法，如文献 [112] 和 [113]. 当标的资产价格演化遵从跳扩散过程时，MC 近似欧式期权价格 $\bar{V}$，通常分为三步：

（1）令 $N \in \mathbb{N}$，对于 $J = 1, \cdots, N$，模拟对数资产价格过程 X 在到期时间的路径 $\tilde{X}_{T,j}$；

（2）对每个 $\tilde{X}_{T,j}$，按无风险利率进行贴现以得到收益 g_j；

（3）取贴现后收益的算术平均值作为这一期权价格的估计值，即 $\bar{V} \approx \mathrm{e}^{-rT}$.

$$\sum_{j=1}^{N} g_j/N.$$

以上算法最关键的一步是第一步. 如果 X 的增量解析形式已知，$\tilde{X}_{T,j}$ 的模拟很简单，然而对于二维以上的跳扩散模型，X 的增量解析形式往往是未知的，通常需要借助一些近似方法，如高斯近似. MC 方法虽然简单、灵活，但是为了获得较高的精度，往往需要上百万次模拟，从而使得该方法的运行时间较长. 近十几年来，许多学者投身于该方法的改进以提高效率，取得了很多成果.

拟蒙特卡洛方法是传统 MC 方法的一个很好的改进. QMC 方法的基本思想是，采用确定的序列代替 MC 方法中的随机数（伪随机数）以获得较快的收敛速度. QMC 方法的使用产生了更加有效的算法，而且这些算法还具有有效的误差界. Niederreiter[114] 为 QMC 方法提供了一个详细的综述，Avramidis 等 [115] 将 QMC 方法推广到 Lévy 过程，关于 QMC 方法的研究请参考文献 [116].

方差减少技术是提高 MC 方法效率的另外一种做法. 用于方差减少技术的方法通常有控制变量、对偶变量、重要抽样、分层抽样和矩匹配等. 关于这些方法的描述请参阅文献 [113].

3. 傅里叶变换方法

在金融领域，傅里叶变换方法首次出现在 Stein 随机波动模型 [23] 中，用于近似标的资产价格的分布函数. Heston[22] 利用傅里叶变换在 Heston 随机波动模型下得到了欧式期权价格的分析形式. 从此，傅里叶变换方法成为金融理论研究中一个频繁使用的方法. Carr 等 [117] 通过特征函数将傅里叶变换直接映射到欧式看涨期权价格，提出了定价欧式期权的快速傅里叶变换（fast Fourier transform，FFT）方法. Bakshi 等 [118] 将文献 [22] 和 [23] 中的定价方法推广到许多方面，并在模型中引入利率风险，开发了许多未定权益的定价公式. Duffie 等 [119] 考虑了四种不同的期权收益类型，并将傅里叶变换方法推广到一类指数仿射跳扩散过程.

Wong 等 [86] 结合 FFT 方法快速的优势和特征函数蕴含的信息提出了一种 FFT-网络方法，用于欧式期权和美式期权定价，并结合网格法中的向前射击网格技术, 将所提方法推广到具有提前执行权力的路径依赖期权的定价. Chiu 等 [120] 将文献 [86] 中的方法推广到二维情形, 提出了二维 FFT-网络方法, 用于解决基于两个标的资产的奇异和美式类型的期权定价问题.

Lee[121] 总结并推广了 Duffie 等 [119]、Bakshi 等 [118] 和 Carr 等 [117] 的方法, 提供了离散傅里叶变换的误差界, 提出了使误差最小的方法. Carr 等 [122] 将文献 [117] 中的方法推广到时变 Lévy 过程. Bates[123] 在仿射过程框架下利用无风险执行概率间的紧密联系提供了期权定价的一重积分解. Wu[124] 将期权价格类比累积密度函数, 提出了一个类似于文献 [123] 中方法的定价算法. Gudkov 等 [125] 利用幂级数展开式近似模型特征函数, 将傅里叶变换方法推广到非仿射过程情形.

前面所述的傅里叶变换方法都是用于求解欧式收益结构的期权定价问题, 对于更加复杂的收益结构, 当标的资产价格遵从高维随机过程时, 往往需要更加复杂的技术. Eberlein 等 [126] 在具有任意收益结构假设的一般框架下, 对傅里叶变换定价公式存在的条件给出了系统的分析. Hurd 等 [97] 将价差期权的收益表示为一个伽马函数, 并借助 FFT 方法提供了价差期权定价的数值解. 傅里叶变换方法也被推广用于奇异期权定价. 例如, 文献 [127] 和 [128] 基于 FFT 方法分别开发了波动率指数 (volatility index, VIX) 期权和亚式期权定价的快速数值解, Li 等 [129] 利用 FFT 方法研究了复合期权的定价问题.

在定价具有提前执行权力的期权和路径依赖期权时, Andricopoulos 等 [130] 引入了一种积分方法, 该方法将期权的收益分段, 然后将收益的积分在连续段上利用数值积分进行评价. 然而, 积分方法要求转换概率密度函数的解析形式已知, 这给积分方法的应用带来了很大的局限性. 为了打破这个限制, Lord 等 [131] 利用概率密度函数和特征函数的联系, 将期权价格看作具有概率分布的收益函数的卷积, 开发了卷积算法. 不同于文献 [131] 中的方法, Cerny 等 [132] 使用向后价格卷积, 开发了一种定价离散抽样亚式期权的新卷积算法. Chiu 等 [120] 在时变 Lévy 过程下开发了美式期权定价的二维 FFT-网络算法. 傅里叶变换方法也可以用于其他奇异期权的定价. 例如, Kruse 等 [133] 在 Heston 模型框架下利用傅里叶变换方法开发了远期开始期权定价的数值解. Le 等 [134] 将 Kruse 等 [133] 的方法转换为一重积分, 开发了远期开始期权定价的数值解.

傅里叶变换方法另外一个重要的应用是利率衍生品的定价. Bouziane[135] 基于傅里叶变换方法给出了利率衍生品定价的一般框架. 在该框架下, 可以灵活定价具有条件执行权力和不具有条件执行权力的利率衍生品. Chiu 等 [136] 在 Hull-White 模型下将 FFT-网络方法推广到利率衍生品的定价. 此外, 傅里叶变换方法在违约资产领域的研究也得到了应用. 例如, Grundke[137] 提出一个信用组合模型, 该模型通过将利率和信用价差风险相关, 推广了信用计量模型. Siller[138] 结合 FFT 和 MC 方法, 提出了一种计算信贷组合边际风险贡献和资本分配的稳健算法.

纵观期权定价研究的发展过程，BS 模型为投资者提供了计算方便的市场模型，但过于严格的假设使其在理论和应用上受到诸多限制. 虽然以局部波动模型、随机波动模型为代表的扩散模型和跳扩散模型对 BS 模型做了许多实质性改进，克服了描述资产价格市场变化的某些不足之处，但这些模型的期权定价结果仍与实际数据有较大差异. 局部波动模型、随机波动模型只能通过调整参数为极端值来获得标的资产实际回报的厚尾特征和隐含波动率的"微笑"现象，但无法产生价格突发的、不连续的波动. 跳扩散模型不具有随机波动模型特有的波动聚集效应，而且不能较好拟合长期期权的隐含波动率"微笑"现象. 正如 Gatheral[7] 所提，结合随机波动和跳的组合模型既能提高随机波动模型对短期期权拟合的实证业绩，又能使跳扩散模型具备波动聚集效应. 此外，利率风险也是一个非常重要的影响因素，因而研究随机利率、随机波动和跳风险下标准期权和奇异期权的定价问题具有非常重要的理论价值和实际意义.

1.3　预 备 知 识

傅里叶分析是一种分析信号的常用方法. 最初傅里叶分析是作为热过程解析分析的工具被提出，后来在物理、电子、数论、信号处理、概率论、密码学、声学、光学、海洋学、结构动力学等领域也有着广泛应用. 本节主要从傅里叶变换技术在数理金融上的应用角度，给出傅里叶分析的预备知识. 此外，本节还简要介绍了期权定价的基本理论和仿射过程的相关知识.

1.3.1　期权定价基本理论

定义 1.1　假设 Φ 为自融资投资策略. 如果存在 $t^* \in [0,T]$，使得

$$V_{t^*}(\Phi) = 0, \quad V_T(\Phi) \geqslant 0, \ 且 \ P\{V_T(\Phi) > 0\} > 0, \tag{1.10}$$

称 Φ 在 $[0,T]$ 存在套利机会.

定义 1.2　如果对于任意自融资投资策略 Φ 在任意 $[t_1,t_2] \subseteq [0,T]$ 都不存在套利机会，则称市场在 $[0,T]$ 无套利.

注记 1.1　本书所有结论都是在市场无套利的假设下得到的.

定义 1.3　记 $\Delta = \max\limits_{0 \leqslant k \leqslant N-1}(t_{k+1} - t_k)$，若 $f(t)$ 是非预测的随机过程，且满足：

$$\lim_{\Delta \to 0} I_\Delta(f) = \lim_{\Delta \to 0} \sum_{k=0}^{N-1} f(t_k)(W_{t_{k+1}} - W_{t_k}) \tag{1.11}$$

存在与剖分无关的唯一极限，称 $\int_0^T f(t)\mathrm{d}W_t$ 为 $f(t)$ 的伊藤积分.

定理 1.1 设 $V_t = V(S_t, t)$，若随机过程 S_t 适合随机微分方程：

$$\mathrm{d}S_t = \mu(S_t, t)\mathrm{d}t + \sigma(S_t, t)\mathrm{d}W_t, \tag{1.12}$$

称

$$\mathrm{d}V_t = \left(\frac{\partial V}{\partial t} + \frac{1}{2}\sigma^2(S_t, t)\frac{\partial^2 V}{\partial S^2} \right)\mathrm{d}t + \frac{\partial V}{\partial S}\mathrm{d}S_t$$

$$= \left(\frac{\partial V}{\partial t} + \mu(S_t, t)\frac{\partial V}{\partial S}\frac{1}{2} + \sigma^2(S_t, t)\frac{\partial^2 V}{\partial S^2} \right)\mathrm{d}t + \sigma(S_t, t)\frac{\partial V}{\partial S}\mathrm{d}W_t \tag{1.13}$$

为伊藤公式. 式 (1.13) 具有以下性质：

若 X_t、Y_t 分别为适合随机微分方程：

$$\mathrm{d}X_t = \mu_1\mathrm{d}t + \sigma_1\mathrm{d}W_t, \mathrm{d}Y_t = \mu_2\mathrm{d}t + \sigma_2\mathrm{d}W_t \tag{1.14}$$

的随机过程，则

$$\mathrm{d}(X_t Y_t) = X_t\mathrm{d}Y_t + Y_t\mathrm{d}X_t + \sigma_1\sigma_2\mathrm{d}t, \tag{1.15}$$

$$\mathrm{d}\left(\frac{X_t}{Y_t} \right) = \frac{Y_t\mathrm{d}X_t - X_t\mathrm{d}Y_t}{Y_t^2} + \frac{\sigma_2^2 X_t - \sigma_1\sigma_2 Y_t}{Y_t^3}\mathrm{d}t. \tag{1.16}$$

定理 1.2 如果 b_t 和 σ_t 均为连续非预测过程, 对于任意 $\mathbb{C}^{1,2}$ 函数 $f : [0, T] \times R \to R$, 若随机过程 X_t 满足：

$$X_t = X_0 + \int_0^t b_t\mathrm{d}t + \int_0^t \sigma_t\mathrm{d}W_t + \sum_{i=1}^{N_t} \Delta X_i, \tag{1.17}$$

称

$$\mathrm{d}f_t = \frac{\partial f}{\partial t}(t, X_t)\mathrm{d}t + \frac{1}{2}\sigma_t^2\frac{\partial^2 f}{\partial x^2}(t, X_t)\mathrm{d}t + b_t\frac{\partial f}{\partial x}(t, X_t)\mathrm{d}t$$

$$+ \sigma_t\frac{\partial f}{\partial x}(t, X_t)\mathrm{d}W_t + [f(X_{t_-} + \Delta X_t) - f(X_{t_-})] \tag{1.18}$$

为跳扩散过程的伊藤公式.

定义 1.4 如果 $\{\Omega, \mathcal{F}, P\}$ 是一个完备概率空间, $\{X_t, t \geqslant 0\}$ 为该概率空间上的随机过程, 且 $X_0 = 0$, 若它满足：

（1）增量独立性, 即对于递增的时间序列 $t_0, \cdots, t_n$, 随机变量 X_{t_0}, $X_{t_1} - X_{t_0}, \cdots, X_{t_n} - X_{t_{n-1}}$ 相互独立；

（2）增量平稳性, 即变量 $X_{t+h} - X_t$ 不依赖于 t, 只和 h 有关；

（3）随机连续性，即 $\forall \varepsilon > 0$，$\lim\limits_{h \to 0} P(|X_{t+h} - X_t| > \varepsilon) = 0$，则称 X_t 为 Lévy 过程.

定义 1.5　如果随机过程 W_t 满足如下条件：

（1）$W_0 = 0$；

（2）当 $t \geqslant 0$ 时，W_t 是 t 的连续函数；

（3）当 $0 \leqslant s < t$ 时，$W_t - W_s \sim N(0, t-s)$；

（4）对于 $0 < t_1 < \cdots < t_m$，$W_{t_m} - W_{t_{m-1}}, W_{t_{m-1}} - W_{t_{m-2}}, \cdots, W_{t_2} - W_{t_1}$ 两两相互独立，称随机过程 W_t 为标准布朗运动.

定义 1.6　若计数过程 $\{N_t, t \geqslant 0\}$ 满足下列条件：

（1）$N_0 = 0$；

（2）增量独立性，即对于 $t_1 < t_2 < \cdots < t_n$，$N_{t_2} - N_{t_1}, N_{t_3} - N_{t_2}, \cdots, N_{t_n} - N_{t_{n-1}}$ 两两相互独立；

（3）对任意 $0 \leqslant s < t$，随机变量 $N_t - N_s$ 服从参数为 $\lambda(t-s)$ 的泊松分布，即

$$P\{N_t - N_s = k\} = \frac{[\lambda(t-s)]^k}{k!} \mathrm{e}^{-\lambda(t-s)}, k = 0, 1, 2, \cdots, \tag{1.19}$$

称随机过程 $\{N_t, t \geqslant 0\}$ 为强度为 λ 的泊松过程.

定义 1.7　若函数 $f: [0, T] \to R^d$ 关于左极限是右连续的，即对于每个 $t \in [0, T]$，极限 $f(t-) = \lim\limits_{s \to t, s < t} f(s)$ 和 $f(t+) = \lim\limits_{s \to t, s > t} f(s)$ 都存在，且 $f(t) = f(t+)$，称 f 为左极右连函数.

定义 1.8　给定信息流 $(\mathcal{F}_t)$，对任意 $t \geqslant 0$，若 $\{T \leqslant t\} \in \mathcal{F}_t$，则称 T 为 $\mathcal{F}_t$-停时.

定义 1.9　若左极右连过程 $\{X_t, t \in [0, T]\}$ 满足：

（1）X 对 $\mathcal{F}_t$ 适应；

（2）$E[|X_t|] < \infty$，$t \in [0, T]$；

（3）对任意 $s > t$，$E[|X_s|\mathcal{F}_t|] = X_t$，称随机过程 $\{X_t, t \in [0, T]\}$ 为鞅.

定义 1.10　若存在一个满足 $T_n \to \infty$ 几乎处处成立的停时序列 (T_n)，使得 $(X_{t \wedge T_n})_{t \in [0, T]}$ 是鞅，称随机过程 $\{X_t, t \in [0, T]\}$ 为局部鞅.

定理 1.3　若随机过程 $\{X_t, t \in [0, T]\}$ 为鞅，且 T_1、T_2 为满足 $T \geqslant T_2 \geqslant T_1 \geqslant 0$ 几乎处处成立的停时，则

$$E[X_{T_2}|\mathcal{F}_{T_1}] = X_{T_1}. \tag{1.20}$$

1.3.2　仿射过程简介

仿射过程是很具代表性的一类期权定价模型，最初由 Duffie 等[139] 以利率框架的形式引入，后来被 Duffie 等[140] 推广为跳扩散过程，因模型简单、灵活和分

析易处理性而受到许多研究者的喜爱. 由于后面的讨论中多次用到这类模型, 在此先对这类模型和有关结论进行简单介绍.

定义 1.11　假设 X_t 为实值 n 维马尔可夫过程, 且满足:

$$\mathrm{d}X_t = \mu(X_t)\mathrm{d}t + \sigma(X_t)\mathrm{d}W_t + \mathrm{d}Z_t, \tag{1.21}$$

其中, W_t 为 $\mathbb{R}^n$ 中的标准布朗运动; $\mu(X_t) \in \mathbb{R}^n$ 和 $\sigma(X_t) \in \mathbb{R}^{n \times n}$ 为扩散系数; Z_t 为强度是 $\{\lambda(X_t) : t \geqslant 0\}(\lambda : D \to [0, +\infty))$ 的纯跳过程, 且跳具有固定概率分布 υ. 令 $x = X_t$, 如果系数 (K, H, ρ, l) 具有以下仿射结构:

(1) 对于 $K = (K_0, K_1) \in \mathbb{R}^n \times \mathbb{R}^{n \times n}$, $\mu(x) = K_0 + K_1 x$;

(2) 对于 $H = (H_0, H_1) \in \mathbb{R}^{n \times n} \times \mathbb{R}^{n \times n \times n}$, $[\sigma(x)\sigma^{\mathrm{T}}(x)]_{ij} = (H_0)_{ij} + (H_1)_{ij}x$;

(3) 对于 $\rho = (\rho_0, \rho_1) \in \mathbb{R} \times \mathbb{R}^n$, $r(x) = \rho_0 + \rho_1 x$;

(4) 对于 $l = (l_0, l_1) \in \mathbb{R} \times \mathbb{R}^n$, $\lambda(x) = l_0 + l_1 x$, 称 X_t 为仿射跳扩散过程. 若 $\lambda(X_t) \equiv 0$, 式 (1.21) 退化为连续扩散模型.

定义 1.12　假设 X_t 为实值 n 维马尔可夫过程, 且满足:

$$\mathrm{d}X_t = \mu(X_t)\mathrm{d}t + \sigma(X_t)\mathrm{d}W_t, \tag{1.22}$$

称 X_t 为仿射过程.

根据仿射过程的定义, 前面所述的 Cox 等[36]、Hull 等[38] 提出的随机利率模型和 Heston[22] 提出的随机波动模型都属于仿射过程. 仿射过程最大的优点是可以得到模型特征函数的解析表达式.

对于 $c \in \mathbb{C}^n$, 定义跳变换:

$$\theta(c) = \int_{\mathbb{R}^n} \exp(cz)\mathrm{d}\upsilon(z). \tag{1.23}$$

$\theta(c)$ 确定了跳跃幅度的分布. 若跳概率分布 $\upsilon(z)$ 具有解析表达式, 或者跳变换 $\theta(c)$ 容易计算, 也可以得到仿射跳扩散模型特征函数的解析表达式.

定理 1.4　令 $\varphi(u)$ 为仿射跳扩散过程 X_t 的特征函数, 则

$$\varphi(u) = \exp[A(u, t, T) + B(u, t, T)x], \tag{1.24}$$

其中, $A(u, t, T)$ 和 $B(u, t, T)$ 为满足以下 Riccati 方程

$$\begin{cases} \dfrac{\mathrm{d}A(u,t,T)}{\mathrm{d}t} = \rho_0 - K_0 B(u,t,T) - \dfrac{1}{2}B^{\mathrm{T}}(u,t,T)H_0 B(u,t,T) \\ \qquad\qquad - l_0(\theta(B(u,t,T)) - 1), \\ \dfrac{\mathrm{d}B(u,t,T)}{\mathrm{d}t} = \rho_1 - K_1^{\mathrm{T}} B(u,t,T) - \dfrac{1}{2}B^{\mathrm{T}}(u,t,T)H_1 B(u,t,T) \\ \qquad\qquad - l_1(\theta(B(u,t,T)) - 1), \\ A(u,T,T) = 0, \\ B(u,T,T) = u \end{cases} \tag{1.25}$$

的解.

注记 1.2　对式 (1.24) 利用伊藤公式,很容易得到 $A(u,t,T)$ 和 $B(u,t,T)$.

1.3.3　傅里叶变换相关知识

定义 1.13　对于任意实数 u,称实值随机变量 X 的特征函数为

$$\varphi_X(u) = E(\mathrm{e}^{\mathrm{i}ux}), \tag{1.26}$$

其中,$\mathrm{i} = \sqrt{-1}$ 为虚数单位;E 为数学期望.

该特征函数具有如下基本性质:

(1) 由于 $|\mathrm{e}^{\mathrm{i}ux}|$ 连续有界,$\varphi_X(u)$ 总是存在;

(2) 对任意分布,$\varphi_X(0) = 1$;

(3) $|\varphi_X(u)| \leqslant 1$;

(4) $\overline{\varphi_X(u)} = \varphi_X(-u)$;

(5) 令 $Y = a + bX$,则 $\varphi_Y(u) = \mathrm{e}^{\mathrm{i}ua}\varphi_X(bu)$;

(6) 令 $Y = X_1 + X_2$,如果 X_1 和 X_2 相互独立,则 $\varphi_Y(u) = \varphi_{X_1}(u)\varphi_{X_2}(u)$;

(7) 若 $E(X^k)$ 存在,则 $E(X^k) = \left.\dfrac{1}{\mathrm{i}^k}\dfrac{\mathrm{d}^k\varphi_X(u)}{\mathrm{d}u^k}\right|_{u=0}$;

(8) 令 c_k 为累积特征函数,则 $c_k(X) = \left.\dfrac{1}{\mathrm{i}^k}\dfrac{\mathrm{d}^k\ln\varphi_X(u)}{\mathrm{d}u^k}\right|_{u=0}$,特别地,期望、方差、偏度和峰度分别表示为

$$E[X] = c_1(X), \quad \mathrm{Var}[X] = c_2(X),$$

$$s(X) = \dfrac{c_3(X)}{c_2^{3/2}(X)}, \quad k(X) = \dfrac{c_4(X)}{c_2^2(X)}.$$

定义 1.14 设 $f(x)$ 为随机变量 X 的概率密度函数, 若

$$\int_{-\infty}^{+\infty} |f(x)| \mathrm{d}x < \infty,$$

则称

$$\mathcal{F}[f](u) = \varphi_X(u) = \int_{-\infty}^{+\infty} \mathrm{e}^{\mathrm{i}ux} f(x) \mathrm{d}x \tag{1.27}$$

为 $f(x)$ 的傅里叶变换.

定义 1.15 若 $\varphi_X(u)$ 为随机变量 X 的特征函数, 则称

$$f_X(x) = \mathcal{F}^{-1}[\varphi_X(u)] = \frac{1}{2\pi} \int_{-\infty}^{+\infty} \mathrm{e}^{-\mathrm{i}ux} \varphi_X(u) \mathrm{d}u \tag{1.28}$$

为 $\varphi_X(u)$ 的傅里叶反变换.

令 $\Re(\cdot)$ 和 $\Im(\cdot)$ 分别为取实部和虚部, 则

$$\Re[\varphi_X(u)] = \frac{\varphi_X(u) + \varphi_X(-u)}{2},$$

$$\Im[\varphi_X(u)] = \frac{\varphi_X(u) - \varphi_X(-u)}{2\mathrm{i}},$$

即 $\varphi_X(u)$ 的实部为偶函数, 虚部为奇函数. 利用以上性质, 可以简化傅里叶积分:

$$\begin{aligned}
f_X(x) &= \frac{1}{2\pi} \Re\left[\int_{-\infty}^{0} \mathrm{e}^{-\mathrm{i}ux} \varphi_X(u) \mathrm{d}u\right] + \frac{1}{2\pi} \Re\left[\int_{-\infty}^{0} \mathrm{e}^{-\mathrm{i}ux} \varphi_X(u) \mathrm{d}u\right] \\
&= \frac{1}{2\pi} \Re\left[\int_{0}^{+\infty} \mathrm{e}^{-\mathrm{i}ux} \varphi_X(u) \mathrm{d}u\right] + \frac{1}{2\pi} \Re\left[\int_{0}^{+\infty} \mathrm{e}^{-\mathrm{i}ux} \varphi_X(u) \mathrm{d}u\right] \\
&= \frac{1}{2\pi} \Re\left[2 \int_{0}^{+\infty} \mathrm{e}^{-\mathrm{i}ux} \varphi_X(u) \mathrm{d}u\right] \\
&= \frac{1}{\pi} \int_{0}^{+\infty} \Re[\mathrm{e}^{-\mathrm{i}ux} \varphi_X(u)] \mathrm{d}u.
\end{aligned} \tag{1.29}$$

对分布函数, 做相似的计算得

$$\begin{aligned}
F_X(x) &= \frac{1}{2} + \frac{1}{2\pi} \int_{0}^{+\infty} \frac{\mathrm{e}^{\mathrm{i}ux} \varphi_X(-u) - \mathrm{e}^{-\mathrm{i}ux} \varphi_X(u)}{\mathrm{i}u} \mathrm{d}u \\
&= \frac{1}{2} + \frac{1}{2\pi} \int_{0}^{+\infty} \frac{\overline{-\mathrm{e}^{-\mathrm{i}ux} \varphi_X(u)} - \mathrm{e}^{-\mathrm{i}ux} \varphi_X(u)}{\mathrm{i}u} \mathrm{d}u
\end{aligned}$$

$$= \frac{1}{2} - \frac{1}{\pi} \int_0^{+\infty} \Re\left[\frac{\mathrm{e}^{-\mathrm{i}ux}\varphi_X(u)}{\mathrm{i}u}\right] \mathrm{d}u$$

$$= \frac{1}{2} - \frac{1}{\pi} \int_0^{+\infty} \Im\left[\frac{\mathrm{e}^{-\mathrm{i}ux}\varphi_X(u)}{\mathrm{i}u}\right] \mathrm{d}u. \tag{1.30}$$

根据欧拉恒等式：

$$E(\mathrm{e}^{\mathrm{i}ux}) = \cos(uX) + \mathrm{i}\sin(uX), \tag{1.31}$$

可以将式 (1.29) 和式 (1.30) 改写为

$$f_X(x) = \frac{1}{\pi} \int_0^{+\infty} \{\cos(ux)\Re[\varphi_X(u)] + \sin(ux)\Im[\varphi_X(u)]\}\mathrm{d}u,$$

$$F_X(x) = \frac{1}{2} - \frac{1}{\pi} \int_0^{+\infty} \frac{1}{u}\{\cos(ux)\Im[\varphi_X(u)] - \sin(ux)\Re[\varphi_X(u)]\}\mathrm{d}u.$$

记 $\widehat{f}(u) = \mathcal{F}[f](u)$，$\widehat{g}(u) = \mathcal{F}[g](u)$，则 $\widehat{f}(u)$ 和 $\widehat{g}(u)$ 具有以下性质.

（1）线性：对任意 a、b，有

$$\mathcal{F}[af(x) + bg(x)](u) = a\widehat{f}(u) + b\widehat{g}(u),$$

$$\mathcal{F}^{-1}[a\widehat{f}(u) + b\widehat{g}(u)] = af(x) + bg(x).$$

（2）位移性质：设 $\phi(u) = \mathcal{F}[f(x)]$，则

$$\mathcal{F}[f(x - x_0)] = \mathrm{e}^{-\mathrm{i}ux_0}\phi(u),$$

$$\mathcal{F}^{-1}[\phi(u - u_0)] = \mathrm{e}^{\mathrm{i}u_0 x}f(x).$$

（3）可微性：如果 n 是大于 0 的整数，$f^{(n)}$ 分片连续可微，且每阶微分绝对可积，则

$$\mathcal{F}[f^{(n)}](u) = (-\mathrm{i}u)^n\widehat{f}(u),$$

因此，在傅里叶空间 (频域) 上微分可以转化为乘积.

（4）卷积定理：定义卷积运算为

$$(f * g)(x) = \int_{-\infty}^{+\infty} f(x - y)g(y)\mathrm{d}y,$$

其中，$*$ 为卷积算子，则

$$\mathcal{F}[f * g](u) = \widehat{f}(u)\widehat{g}(u)$$

和
$$\mathcal{F}[fg](u) = \widehat{f}(u) * \widehat{g}(u).$$

（5）绝对可积和平方可积：

定义 1.16 如果
$$\int_{-\infty}^{+\infty} |f(x)| \mathrm{d}x < \infty, \tag{1.32}$$

则称 $f(x)$ 绝对可积，并记绝对可积函数空间为 $L^1(\mathbb{R})$，其中，$L^1(a,b)$ 为区间 (a,b) 上可积的函数空间.

如果 $f(x)$ 绝对可积，则 $f(x)$ 的傅里叶变换存在. 如果 $\mathcal{F}[f](u)$ 绝对可积，则 $\mathcal{F}[f](u)$ 的傅里叶反变换存在. 然而，一个 $L^1(\mathbb{R})$ 空间上的函数的傅里叶变换不一定可积，因此其傅里叶反变换不一定存在.

定义 1.17 如果
$$\int_{-\infty}^{+\infty} |f(x)|^2 \mathrm{d}x < \infty, \tag{1.33}$$

则称 $f(x)$ 平方可积，并记平方可积函数空间为 $L^2(\mathbb{R})$ 或 L^2.

若 $f(x)$ 是 $L^1(a,b)$ 空间上的函数，则 $f(x)$ 平方可积.

（6）Plancherel- Parseval 恒等式：

定义 1.18 如果
$$< f, g > = \int_{-\infty}^{+\infty} f(x)\overline{g(x)}\mathrm{d}x, \tag{1.34}$$

则称 $< f, g >$ 为 $f(x)$ 和 $g(x)$ 在 L^2 空间上的内积. 类似地，如果
$$< \mathcal{F}[f], \mathcal{F}[g] > = \int_{-\infty}^{+\infty} \mathcal{F}[f]\overline{\mathcal{F}[g]}\mathrm{d}x, \tag{1.35}$$

则称 $< \mathcal{F}[f], \mathcal{F}[g] >$ 为 $\mathcal{F}[f(x)]$ 和 $\mathcal{F}[g(x)]$ 在 L^2 空间上的内积.

由于 $f(x) = \dfrac{1}{2\pi} \displaystyle\int_{-\infty}^{+\infty} \mathrm{e}^{-\mathrm{i}ux}\mathcal{F}[f]\mathrm{d}u$，有

$$\int_{-\infty}^{+\infty} f(x)\overline{g(x)}\mathrm{d}x = \int_{-\infty}^{+\infty} \frac{1}{2\pi} \int_{-\infty}^{+\infty} \mathrm{e}^{-\mathrm{i}ux}\mathcal{F}[f]g(u)\mathrm{d}u\mathrm{d}x$$

$$= \frac{1}{2\pi} \int_{-\infty}^{+\infty} \mathcal{F}[f] \int_{-\infty}^{+\infty} \mathrm{e}^{-\mathrm{i}ux}g(u)\mathrm{d}x\mathrm{d}u$$

$$= \frac{1}{2\pi} \int_{-\infty}^{+\infty} \mathcal{F}[f]\overline{\mathcal{F}[g]}\mathrm{d}u.$$

定理 1.5 如果 $f = g$, 则称

$$\int_{-\infty}^{+\infty} |f|^2 \mathrm{d}x = \int_{-\infty}^{+\infty} |\mathcal{F}[f]|^2 \mathrm{d}x \tag{1.36}$$

为 Plancherel-Parseval 恒等式.

通过傅里叶反变换, 可以将内积从频域转换到时域, 反之, 通过傅里叶变换, 可以将内积从时域转换到频域.

离散傅里叶变换 (discrete Fourier transform, DFT) 是傅里叶变换在时域和频域上都呈离散的形式. 令 $\omega_N = \mathrm{e}^{-\frac{2\pi\mathrm{i}}{N}}$, 考虑 N 个格点, N 维复空间上的向量:

$$\bar{F} = \begin{pmatrix} F_1 \\ F_2 \\ \vdots \\ F_N \end{pmatrix}, \quad \bar{f} = \begin{pmatrix} f_1 \\ f_2 \\ \vdots \\ f_N \end{pmatrix}$$

和 $N \times N$ 矩阵:

$$M = \begin{pmatrix} 1 & 1 & 1 & \cdots & 1 \\ 1 & \omega_N^1 & \omega_N^2 & \cdots & \omega_N^{N-1} \\ 1 & \omega_N^2 & \omega_N^4 & \cdots & \omega_N^{2(N-1)} \\ \vdots & \vdots & \vdots & & \vdots \\ 1 & \omega_N^{N-1} & \omega_N^{2(N-1)} & \cdots & \omega_N^{(N-1)(N-1)} \end{pmatrix}.$$

向量 $\bar{F}$ 和 $\bar{f}$ 通过式 (1.37) 相关:

$$F_k = \sum_{n=1}^{N} f_n \mathrm{e}^{-\frac{2\pi}{N}(n-1)(k-1)} = \sum_{n=1}^{N} f_n \omega_N^{(n-1)(k-1)}. \tag{1.37}$$

令 $f(x)$ 为随机变量 X 的概率密度函数, 由式 (1.29) 有

$$f(x) = \frac{1}{\pi} \int_0^{+\infty} \Re[\mathrm{e}^{-\mathrm{i}ux} \varphi_X(u)] \mathrm{d}u.$$

可以通过直接积分方法确定 $f(x)$, 为此, 考虑 x 区域和 t 区域, 将区间 $[0, T]$ 分成 N 个长度为 Δ_t 的子区间, 取 x 区域的步长为 Δ_x. 首先, 考虑以下近似:

$$I_g(T) = \int_0^T g(t)\mathrm{d}t \approx \Delta_t \left[\frac{g(t_1) + g(t_N)}{2} + \sum_{n=2}^{N-1} g(t_n) \right].$$

令 $T = N\Delta$, $t_n = (n-1)\Delta_t$, $x = -b + (u-1)\Delta_x, u = 1, \cdots, N$, 则 $I_g(T)$ 可以近似为

$$I_g(T) \approx \Delta_t \left[-\frac{g(t_1) + g(t_N)}{2} + \sum_{n=2}^{N-1} \mathrm{e}^{-\mathrm{i}\Delta_x\Delta_t(n-1)(u-1)} \mathrm{e}^{\mathrm{i}(n-1)b\Delta_t} \varphi(t_n) \right].$$

依据 Nyquist 条件选择 $\Delta_x\Delta_t = \dfrac{2\pi}{N}$, 则

$$I_g(T) \approx \Delta_t \left[-\frac{\varphi(t_1)\mathrm{e}^{\mathrm{i}xt_1} + \varphi(t_N)\mathrm{e}^{\mathrm{i}xt_N}}{2} + \sum_{n=1}^{N} \mathrm{e}^{-\mathrm{i}\frac{2\pi}{N}(n-1)(u-1)} \mathrm{e}^{\mathrm{i}(n-1)b\Delta_t} \varphi(t_n) \right],$$

从而,

$$f(x) \approx \frac{1}{\pi} \Re \left\{ \Delta_t \left[-\frac{\varphi(t_1)\mathrm{e}^{\mathrm{i}xt_1} + \varphi(t_N)\mathrm{e}^{\mathrm{i}xt_N}}{2} + \sum_{n=2}^{N} \mathrm{e}^{-\mathrm{i}\frac{2\pi}{N}(n-1)(u-1)} \mathrm{e}^{\mathrm{i}(n-1)b\Delta_t} \varphi(t_n) \right] \right\}.$$

$$\tag{1.38}$$

式 (1.38) 右边括号中最后一项是一个矩阵乘积, 需要进行 N^2 次乘法运算和 N^2 次加法运算, 因此运算数是 N^2 阶. Cooley 等 [141] 引入一种运算阶为 $N \log_2 N$ 的方法来计算该项, 该方法称为 FFT, 将在第 4 章详细阐述 FFT 方法及其在期权定价中的应用.

1.4 本书主要内容

本书旨在多种市场随机因素影响下从傅里叶变换角度对期权定价的数值近似进行研究. 首先, 通过分析影响金融市场的主要随机因素, 提出一系列市场模型; 其次, 基于所提模型, 分别对市场上广泛流行的欧式期权、美式期权、百慕大期权、远期开始期权定价问题开发傅里叶空间时步、均值回复傅里叶空间时步、快速傅里叶变换、傅里叶余弦级数展式、卷积等一系列高效定价算法; 最后, 基于定价结果和市场期权交易数据, 对所提市场模型进行参数估计 (校正), 并考察模型拟合市场隐含波动率的业绩. 全书通过七章内容进行详细阐述.

第 1 章综述期权定价的国内外研究现状, 包括期权定价模型的发展过程和研究进展、期权定价主要数值方法的研究进展、本书的主要研究工作和必备的预备知识.

第 2 章研究混合指数跳扩散模型下欧式期权和美式期权的定价问题. 分别提出定价欧式期权和美式期权的傅里叶空间时步方法, 考察所提方法定价欧式期权

和美式期权的有效性和收敛性；通过收集市场数据，结合优化算法对模型进行校正，并从拟合市场隐含波动率的角度，分别检验混合指数跳扩散模型用于欧式期权定价和美式期权定价的合理性.

第 3 章研究均值回复跳扩散模型下欧式期权和美式期权的定价问题. 提出均值回复混合指数跳扩散模型，并分别提出定价欧式期权和美式期权的均值回复傅里叶空间时步方法，检验所提数值方法定价欧式期权和美式期权的有效性和收敛性，结合期权定价结果和实际交易数据对模型进行校正，并考察均值回复混合指数跳扩散模型拟合欧式期权市场和美式期权市场隐含波动率的业绩.

第 4 章研究随机波动、随机利率和混合指数跳影响下欧式期权的定价问题. 结合随机波动、随机利率和混合指数跳分别提出两个组合模型，在所提组合模型下分别开发欧式期权定价的 FFT 算法，检验 FFT 算法定价欧式期权的有效性，将所提模型校正到市场进行了实证分析，并考察随机因素对期权价格的影响.

第 5 章研究随机利率、随机波动和双指数跳影响下远期开始期权的定价问题. 将随机利率、随机波动、双随机波动引入双指数跳扩散模型，分别提出两个组合模型，推导组合模型的特征函数和远期特征函数，在两个组合模型下分别提出远期开始期权定价的傅里叶余弦级数展式方法，开发两个组合模型的模拟格法和定价远期开始期权的 MC 算法，通过数值实验检验所提数值方法定价远期开始期权的有效性，通过优化算法对所提模型进行校正，并考察随机因素和模型主要参数对远期隐含波动率的影响.

第 6 章结合双随机波动和混合指数跳因素提出一个组合模型，在所提模型下开发百慕大期权定价的傅里叶余弦级数展式和卷积方法，并结合 Richardson 插值格法提出定价美式期权的混合数值算法，通过数值实验检验所提算法定价美式期权的有效性，并结合优化算法对模型进行校正，考察模型主要参数对模型隐含波动率的影响.

第 7 章总结本书的主要研究成果，指出存在的不足之处，并提出了未来的研究方向.

1.5　本章小结

本章概述了本书研究课题的背景和意义，详述了国内外研究现状及进展，简述了本书的主要研究工作. 最后，基于测度论的知识，介绍了阅读全书所需要的预备知识，包括期权定价基本理论、仿射过程简介和傅里叶变换的相关知识，旨在帮助读者更好理解本书所提市场模型和期权定价的数值算法.

第 2 章　混合指数跳扩散模型下基于 FST 方法的期权定价

2.1　引　　言

基于指数分布的时间无记忆这一优良性质, 本章引入了混合指数跳扩散模型 (mixed-exponential jump diffusion model, MEM)[142], 利用傅里叶空间时步 (Fourier space time-stepping, FST) 方法[143] 开发了该模型下定价欧式期权和美式期权的数值算法, 检验了 FST 方法定价欧式期权和美式期权的有效性和收敛性. 此外, 本章通过搜集欧式类型和美式类型的市场期权交易数据, 利用优化算法和相应的期权定价结果将 MEM 校正到金融市场.

欧式期权属于标准期权, 该期权只能在合约规定的到期时间 T 执行. 设 $K > 0$ 是期权执行价格, S_T 为标的资产价格, 则欧式期权在到期时间的收益为

$$v(S_T, T) = \begin{cases} \max\{S_T - K, 0\} = (S_T - K)^+, & \text{看涨}, \\ \max\{K - S_T, 0\} = (K - S_T)^+, & \text{看跌}. \end{cases}$$

美式期权是一种可以在合约规定的到期时间之前 (包括到期时间) 的任意时刻实施的期权, 具有较大的灵活性和获利机会, 目前在许多交易所交易的期权类型也多为美式, 因此对美式期权有效定价具有重要的实际意义. 美式期权在到期时间的收益为

$$v(S(T), T) = \begin{cases} C_t \geqslant (S(T) - K)^+, & \text{看涨}, \\ P_t \geqslant (K - S(T))^+, & \text{看跌}. \end{cases}$$

因为美式期权具有可 "提前执行" 这一特点, 所以美式期权的定价比欧式期权要复杂得多. 在研究美式期权定价时, 考虑的重点是什么时间提前执行期权最好, 以便获得高于相应欧式期权的收益, 这个额外收益通常称为提前执行溢价. 因此, 美式期权定价实际上对应于随机最优控制领域内的最优停时问题.

正如第 1 章所述, 双指数跳扩散 (double exponential jump diffusion, DexpJ) 模型[59] 能够解释市场隐含波动率的 "尖峰厚尾" 和 "波动率微笑" 特征. 此外, 由于指数分布的时间无记忆性, 在 DexpJ 模型[59] 下容易得到障碍期权、回望期权等路径依赖期权的闭形解. DexpJ 模型备受学术界和实践者的青睐. Cai 等[144]

将双指数分布推广到有限次数的上跳和下跳，得到超指数分布. 相对于 DexpJ 模型，超指数跳扩散模型更加灵活，但上述这些模型只能解决特定的分布问题，在解决实际问题时有很大的局限性. 随后，Cai 等 [142] 提出了 MEM. 混合指数分布是指数分布的加权平均值，可以逼近任何分布，包括正态分布、各种指数分布以及伽马等厚尾分布，因而更具一般性.

FST 方法在 2008 年由 Jackson 等 [143] 提出. 该方法的基本思想：利用傅里叶变换将 PIDE 从时域转换到频域，然后在频域中求解定价方程，最后通过傅里叶反变换得到期权价格. 在频域中求解定价方程的优点是，含有独立增量的随机过程通过傅里叶变换将特征函数从 PIDE 中分离出来，从而获得易于求解的常微分方程（ordinary differential equation, ODE）. FST 方法的求解过程使得基于该方法的期权定价只与特征函数有关，极大降低了运算复杂度，而且，对于任何指数型 Levy 过程 [145-146]，只要得到特征指数的解析式，就可以得到相应的数值解，因而 FST 方法的通用性较强. 本章旨在 MEM 下基于 FST 方法开发欧式期权和美式期权的有效数值解，并结合市场期权交易数据，将 MEM 校正到市场.

本章的贡献有三方面：① 推导了 MEM 的特征函数；② 提出了 MEM 下欧式期权和美式期权定价的 FST 方法；③ 基于优化算法、欧式期权价格、美式期权价格以及实证数据分别对 MEM 进行了校正，并检验了 MEM 拟合两类市场隐含波动率的业绩.

2.2　混合指数跳扩散模型

2.2.1　模型及其特征指数

在风险中性概率测度 P 下，假设标的资产价格过程 S_t 满足如下 MEM：

$$\frac{\mathrm{d}S_t}{S_t} = r\mathrm{d}t + \sigma\mathrm{d}W_t + \mathrm{d}\bigg(\sum_{i=1}^{N_t}(V_i - 1)\bigg), \tag{2.1}$$

其中，r 为无风险利率；σ 为波动率；W_t 为标准布朗运动；N_t 为强度为 λ 的泊松过程. 记 $Y_i = \ln(V_i)(i = 1, 2, \cdots)$ 为独立同分布的随机变量序列，其概率密度函数为

$$f_Y(x) = p_\mathrm{u}\sum_{i=1}^{m} p_i\eta_i\mathrm{e}^{-\eta_i x}I_{x\geqslant 0} + q_\mathrm{d}\sum_{j=1}^{n} q_j\theta_j\mathrm{e}^{\theta_j x}I_{x<0}, \tag{2.2}$$

其中，I 为示性函数；$p_\mathrm{u} \geqslant 0$ 和 $q_\mathrm{d} = 1 - p_\mathrm{u} \geqslant 0$ 分别为向上和向下跳的概率；$p_i \in (-\infty, \infty)(i = 1, \cdots, m)$ 且 $\sum_i p_i = 1$ 为第 i 个向上跳的概率；$q_j \in (-\infty, \infty)(j =$

$1, \cdots, n)$ 且 $\sum\limits_{j} q_j = 1$ 为第 j 个向下跳的概率; $\eta_i > 1 (i = 1, \cdots, m)$ 为第 i 个指数分布均值的倒数; $\theta_j \geqslant 0 (j = 1, \cdots, n)$ 为第 j 个指数分布均值的倒数.

注记 2.1 因 p_i、q_j 可以取负值, 为保证概率密度函数 $f_Y(x)$ 的非负性, 一个必要条件是, 对于 $p_1 > 0, q_1 > 0$, 须满足 $\sum\limits_{i} p_i \eta_i \geqslant 0, \sum\limits_{j} q_j \theta_j \geqslant 0$. 一个简单的充分条件是, 对于所有 $k = 1, \cdots, m, l = 1, \cdots, n$, 须满足 $\sum\limits_{i=1}^{k} p_i \eta_i \geqslant 0, \sum\limits_{j=1}^{l} q_j \theta_j \geqslant 0$.

注记 2.2 若式 (2.2) 中的 $m = 1, n = 1$, 即

$$f_Y(y) = p_u \eta_1 e^{-\eta_1 y} I_{y \geqslant 0} + q_d \theta_1 e^{\theta_1 y} I_{y < 0}, \quad \eta_1 > 1, \theta_1 > 0, \tag{2.3}$$

则模型 (2.1) 退化为 DexpJ 模型.

令 $X_t = \ln(S_t / S_0)$, $\xi = E[e^Y] - 1$, 由伊藤公式, 模型 (2.1) 可变形为

$$dX_t = (r - \sigma^2/2 - \lambda\xi)dt + \sigma dW_t + d\sum_{i=1}^{N_t} Y_i. \tag{2.4}$$

由式 (2.2) 和式 (2.3) 可知, 对于 MEM, $\xi = p_u \sum\limits_{i=1}^{m} \dfrac{p_i \eta_i}{\eta_i - 1} + \sum\limits_{j=1}^{n} q_d \dfrac{q_j \theta_j}{\theta_j + 1} - 1$, 对于 DexpJ 模型, $\xi = \dfrac{p_u \eta_1}{\eta_1 - 1} + \dfrac{q_d \theta_1}{\theta_1 + 1} - 1$.

定义 2.1 令 X_t 为 $\mathbb{R}^d$ 上的 Lévy 过程, $x_0 = \ln S_0$. 若 ψ 满足:

$$\exp[t\psi(u)] = E[\exp(iuX_t - iux_0)],$$

称 ψ 为 X_t 的特征指数.

定理 2.1 若标的资产价格过程 S_t 满足模型 (2.1), 则 $\ln S_t$ 的特征指数 $\psi(u)$ 为

$$\psi(u) = \begin{cases} -\dfrac{1}{2}\sigma^2 u^2 + \mu iu + \lambda \left(p_u \sum\limits_{i=1}^{m} \dfrac{p_i \eta_i}{\eta_i - iu} + \sum\limits_{j=1}^{n} q_d \dfrac{q_j \theta_j}{\theta_j + iu} - 1 \right), & \text{MEM,} \\ -\dfrac{1}{2}\sigma^2 u^2 + \mu iu + \lambda \left(\dfrac{p\eta_1}{\eta_1 - iu} + \dfrac{q\eta_2}{\eta_2 + iu} - 1 \right), & \text{DexpJ.} \end{cases}$$

证明 令 $\mu = r - \dfrac{1}{2}\sigma^2 - \lambda\xi$, 对式 (2.4) 两边从 0 到 T 进行积分可得

$$X_T = X_0 + \mu T + \sigma \int_0^t dW_t + \sum_{i=1}^{N_t} Y_i,$$

其特征函数 $\varphi(u)$ 为

$$\varphi(u) = E[\mathrm{e}^{\mathrm{i}uX_t}] = E^Q\left[\mathrm{e}^{\mathrm{i}u\left(x_0+\mu t+\sigma\int_0^T \mathrm{d}W_t+\sum\limits_{i=1}^{N_t}Y_i\right)}\right]$$

$$= \mathrm{e}^{\mathrm{i}u(x_0+\mu t)}E^Q\left[\mathrm{e}^{\mathrm{i}u\left(\sigma\int_0^T \mathrm{d}W_t+\sum\limits_{i=1}^{N_t}Y_i\right)}\right].$$

因为 N_t 和 W_t 相互独立, 故

$$\varphi(u) = \mathrm{e}^{\mathrm{i}u(x_0+\mu t)}E^Q\left[\exp\left(\mathrm{i}u\sigma\int_0^T \mathrm{d}W_t\right)\right]E^Q\left[\exp\left(\mathrm{i}u\sum_{i=1}^{N_t}Y_i\right)\right]$$

$$= \begin{cases} \mathrm{e}^{\mathrm{i}ux_0-\frac{1}{2}\sigma^2u^2t+\mu\mathrm{i}ut+\lambda t\left(p_\mathrm{u}\sum\limits_{i=1}^{m}\frac{p_i\eta_i}{\eta_i-\mathrm{i}u}+\sum\limits_{j=1}^{n}q_\mathrm{d}\frac{q_j\theta_j}{\theta_j+\mathrm{i}u}-1\right)}, & \text{MEM}, \\ \mathrm{e}^{\mathrm{i}ux_0-\frac{1}{2}\sigma^2u^2t+\mu\mathrm{i}ut+\lambda t\left(\frac{p\eta_1}{\eta_1-\mathrm{i}u}+\frac{q\eta_2}{\eta_2+\mathrm{i}u}-1\right)}, & \text{DexpJ}. \end{cases}$$

根据 Levy-Khinchine 公式 [72], 可得定理 2.1 成立.

2.2.2 混合指数分布

基于式 (2.2) 绘制混合指数分布的概率密度曲线, 并以标准正态分布为基准, 对比混合指数分布、双指数分布和正态分布的概率密度曲线. 混合指数分布的参数设为 $p_\mathrm{u} = 0.35, p_1 = 1.2, q_1 = 1.3, \eta_1 = \theta_1 = 3, \eta_2 = \theta_2 = 2, m = n = 2$, 双指数分布的参数设为 $p_\mathrm{u} = 0.5, \eta_1 = 3, \theta_1 = 2$, 正态分布的均值设为 0, 标准差设为 0.01. 图 2.1 对比了四种分布的概率密度曲线.

图 2.1 显示, 双指数分布尖峰、厚尾部分的刻画效果明显优于正态分布, 且通过对概率密度函数中参数的控制, 可以拟合股价回报分布左右两边不对称的实证特征. 混合指数分布的尖峰比双指数分布更为陡峭, 厚尾部分也更加平缓. 而且, 通过对混合指数分布概率密度函数中参数的控制, 可以更好地表现出市场对于突发事件做出的过度反应 (尖峰部分) 和迟钝反应 (厚尾部分).

为考察混合指数分布逼近其他分布的效果, 以正态分布 $N(0, 0.01^2)$ 作为目标函数, 利用回归拟合算法得出逼近正态分布 $N(0, 0.01^2)$ 的混合指数分布所对应的概率密度函数为

$$f_Z(x)$$

$$= 0.5 \times 8.7303 \times 213.0215\mathrm{e}^{-213.0215|x|} + 0.5 \times 2.1666 \times 236.0406\mathrm{e}^{-2236.0406|x|}$$

$$+ 0.5 \times 0.0622 \times 939.7441\mathrm{e}^{-939.77441|x|} + 0.5 \times 0.0409 \times 939.8021\mathrm{e}^{-939.8021|x|}$$

$$- 0.5 \times 10 \times 237.1139 e^{-237.1139|x|}.$$

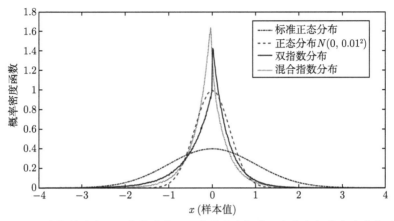

图 2.1　混合指数分布、双指数分布、正态分布和标准正态分布概率密度曲线对比

图 2.2 绘制了混合指数分布逼近正态分布 $N(0, 0.01^2)$ 累积分布函数的效果图. 图 2.2 显示, 混合指数分布能够很好地逼近正态分布.

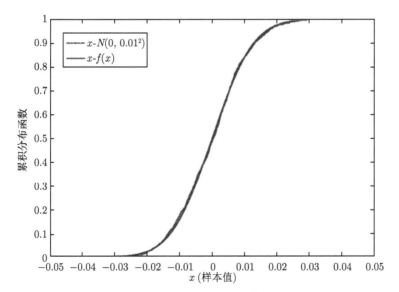

图 2.2　混合指数分布逼近正态分布 $N(0, 0.01^2)$ 累积分布函数的效果图

2.3 混合指数跳扩散模型下期权定价的 FST 方法

2.3.1 欧式期权定价的 FST 方法

假设 $C(X_t, t)$ 为 MEM 下执行价格为 K, 到期时间为 T 的欧式看涨期权价格. 依据伊藤公式, $C(X_t, t)$ 满足如下具有终值问题的 PIDE:

$$
\begin{cases}
-\dfrac{\partial C}{\partial t} + \dfrac{1}{2}\dfrac{\partial^2 C}{\partial x^2} + \left(r - \dfrac{1}{2}\sigma^2 - \lambda\xi\right)\dfrac{\partial C}{\partial x} + \lambda\displaystyle\int[C(x+y) - C(x)]f_Y(y)\mathrm{d}y = 0, \\
C(x, T) = (S_0\mathrm{e}^x - K)^+.
\end{cases}
$$
$$(2.5)$$

对式 (2.5) 进行傅里叶变换得

$$
-\frac{\partial}{\partial t}\mathcal{F}[C](\omega) + \mathcal{F}[C](\omega)
$$
$$
\cdot\left[\frac{\sigma^2}{2}(\mathrm{i}\omega)^2 + \left(r - \frac{1}{2}\sigma^2 - \lambda\xi\right)\mathrm{i}\omega + \lambda\int(\mathrm{e}^{\mathrm{i}\omega y} - 1)f_Y(y)\mathrm{d}y\right] = 0. \qquad (2.6)
$$

容易看出, 式 (2.6) 中的合并部分与 MEM 的特征指数 ψ 相同, 即

$$
\psi(\omega) = \frac{\sigma^2}{2}(\mathrm{i}\omega)^2 + \left(r - \frac{1}{2}\sigma^2 - \lambda\xi\right)\mathrm{i}\omega + \lambda\int(\mathrm{e}^{\mathrm{i}\omega y} - 1)f_Y(y)\mathrm{d}y
$$
$$
= -\frac{1}{2}\sigma^2 u^2 + \mu\omega + \lambda\left(p_\mathrm{u}\sum_{i=1}^{m}\frac{p_i\eta_i}{\eta_i - \mathrm{i}u} + \sum_{j=1}^{n}q_\mathrm{d}\frac{q_j\theta_j}{\theta_j + \mathrm{i}u} - 1\right).
$$

式 (2.6) 可化简为如下 ODE:

$$
-\frac{\partial}{\partial t}\mathcal{F}[C(X, t)](\omega) + \mathcal{F}[C(X, t)](\omega)\psi(\omega) = 0. \qquad (2.7)
$$

对任意 $0 \leqslant t_1 < t_2 \leqslant T$, 可以通过对式 (2.7) 乘以积分因子 $\mathrm{e}^{-\psi(x)t}$ 计算出 t_2 时刻傅里叶变换后的期权价格, 进而可以计算出 t_1 时刻傅里叶变换后的期权价格:

$$
\mathcal{F}[C(X, t_1)](\omega) = \mathcal{F}[C(X, t_2)](\omega)\mathrm{e}^{\psi(x)(t_2 - t_1)}. \qquad (2.8)
$$

对式 (2.8) 两边同时进行傅里叶反变换, 得到欧式期权价格:

$$
C(X, t_1) = \mathcal{F}^{-1}\mathcal{F}[C(X, t_2)](\omega)\mathrm{e}^{\psi(x)(t_2 - t_1)}(x). \qquad (2.9)
$$

将对数资产价格截断到区域 $\Omega = [x_{\min}, x_{\max}]$. 令 $\Delta x = (x_{\max} - x_{\min})/(N - 1)$, $x_n = x_{\min} + n\Delta x$, $\omega_n = n\Delta\omega$, $\Delta\omega = 2\omega_{\max}/N$, $\omega_{\max} = 1/2\Delta x$, 考虑 Ω

上的一个剖分 $\{x_n|n \in [0, \cdots, N-1]^d\}$ 和频域 $\widehat{\Omega} = [0, \omega_{\max}]$ 上的一个剖分 $\{\omega_n|n \in [0, \cdots, N/2]^d\}$. 由 Nyquist 临界频率和时域 [143] 的关系 $\omega_{\max} \cdot (x_{\max} - x_{\min}) = N - 1/2$ 可知, 对于对数资产价格变量, 需要选择一个适当的范围使得价格在 $x = 0$ 的邻域内. 为捕获期权价格函数的整体行为, 令 $x_{\max} = -x_{\min}$, 期权价格 $C(X, t)$ 的傅里叶变换近似为

$$\mathcal{F}[C(X,t)](\omega_m) \approx \mathrm{e}^{-\mathrm{i}\omega_m x_{\min}} \cdot \Delta x \cdot \mathrm{DFT}[C(X,t)](m), \tag{2.10}$$

其中, DFT 为离散傅里叶变换.

令 $v_n^m := C(x_n, t_m)$ 为 $C(X, t)$ 在 Ω 上的一个剖分在 t_m 上的节点, $\hat{v}_n^m := C(\omega_n, t_m)$ 为 $\mathcal{F}[C](\omega, t)$ 在 $\widehat{\Omega}$ 上的一个剖分在 t_m 上的节点, 则频域上的欧式期权价格近似为

$$\hat{v}_n^m = \mathcal{F}[C](\omega_n, t_m) \approx \sum_{k=0}^{N-1} C(x_n, t_m)\mathrm{e}^{-\mathrm{i}\omega_n x_k}\Delta x. \tag{2.11}$$

因为 $x_k = x_{\min} + k\Delta x$, $\omega_n = n\Delta\omega = (2\omega_{\max}n)/N = n/(N \cdot \Delta x)$, 式 (2.11) 可变形为

$$
\begin{aligned}
\hat{v}_n^m = \mathcal{F}[C](\omega_n, t_m) &\approx \sum_{k=0}^{N-1} C(x_n, t_m)\Delta x\mathrm{e}^{-\mathrm{i}\omega_n x_{\min} - \mathrm{i}\omega_n k\Delta x} \\
&= \sum_{k=0}^{N-1} C(x_n, t_m)\Delta x\mathrm{e}^{-\mathrm{i}\omega_n x_{\min}}\mathrm{e}^{-\mathrm{i}nk/N} \\
&= \alpha_n \sum_{k=0}^{N-1} v_k^m\mathrm{e}^{-\mathrm{i}nk/N} \\
&= \alpha_n\mathrm{FFT}[v^m](n),
\end{aligned}
\tag{2.12}
$$

其中, $\alpha_n = \mathrm{e}^{-\mathrm{i}\omega_n x_{\min}}\Delta x$; $\mathrm{FFT}[v^m](n)$ 为 v^m 的 DFT 在频域上的第 n 个分量. 同样, 通过离散傅里叶反变换可以得到时域上的期权价格:

$$v_n^m = \mathrm{FFT}^{-1}[\alpha^{-1} \cdot \hat{v}^m](n). \tag{2.13}$$

结合式 (2.12) 和式 (2.13), 有

$$v^{m-1} = \mathrm{FFT}^{-1}[\mathrm{FFT}[v^m] \cdot \mathrm{e}^{\psi\Delta t}]. \tag{2.14}$$

2.3.2　美式期权定价的 FST 方法

假设 $v(t, X_t)$ 为 MEM 下执行价格为 K, 到期时间为 T 的美式看涨期权价格. 美式期权价格所满足的 PIDE 与欧式期权相同, 但由于美式期权和欧式期权的收益不同, 因此两类期权价格所满足的 PIDE 的边界条件不同. 由于美式期权的价值总是大于或等于 T 时刻期权价值, 因此美式看涨期权价格满足如下具有终值边值条件的 PIDE:

$$\begin{cases} -\dfrac{\partial v}{\partial t} + \dfrac{1}{2}\dfrac{\partial^2 v}{\partial x^2} + \left(r - \dfrac{1}{2}\sigma^2 - \lambda\xi\right)\dfrac{\partial v}{\partial x} + \lambda\displaystyle\int [v(x+y) - v(x)]f_Y(y)\mathrm{d}y = 0, \\ v(T, x) = (K - S_0\mathrm{e}^x)^+, v(t, x) \geqslant v(T, x). \end{cases}$$

$$(2.15)$$

由于美式期权价格所适用的变分不等式问题或者互补问题不可以直接微商, 本节采用惩罚函数方法求解美式期权定价问题. 惩罚函数方法是最优化理论中的重要方法, 其基本思想: 对不满足约束条件的点进行惩罚, 通过求解多个惩罚间的最优解得到约束问题的最优解. 用惩罚函数方法解决变分不等式问题, 主要是用一个非线性边值问题 (惩罚问题) 代替变分不等式, 通过先验估计, 得到惩罚问题的解收敛于变分不等式的解, 产生的误差可以通过调整惩罚参数进行控制.

引入惩罚函数 $P(v)(t, x) = \max(v(T, x) - v(t, x), 0)$ 和惩罚参数 ς, 美式看跌期权定价 PIDE 可变形为

$$-\frac{\partial v}{\partial t} + \frac{1}{2}\frac{\partial^2 v}{\partial x^2} + \left(r - \frac{1}{2}\sigma^2 - \lambda\xi\right)\frac{\partial v}{\partial x}$$
$$+ \lambda\int [v(x+y) - v(x)]f_Y(y)\mathrm{d}y + \varsigma P(v)(t, x) = 0. \tag{2.16}$$

对式 (2.16) 进行傅里叶变换得

$$-\frac{\partial}{\partial t}\mathcal{F}[v](\omega) + \mathcal{F}[v](\omega)\left[\frac{\sigma^2}{2}(\mathrm{i}\omega)^2 + \left(r - \frac{1}{2}\sigma^2 - \lambda\zeta\right)\mathrm{i}\omega\right.$$
$$\left. + \lambda\int (\mathrm{e}^{\mathrm{i}\omega y} - 1)f_Y(y)\mathrm{d}y\right] + \varsigma\mathcal{F}[P(v)] = 0. \tag{2.17}$$

同 2.3.1 小节, 通过分离出特征指数, 式 (2.17) 可化简为如下一阶非齐次线性方程:

$$\left(-\frac{\partial}{\partial t} + \psi(\omega)\right)\mathcal{F}[v(t, X)](\omega) + \varsigma\mathcal{F}[P(v)] = 0. \tag{2.18}$$

如果将方程 (2.18) 的求解看作是固定点的迭代计算, 则方程 (2.18) 可写为

$$\left(-\frac{\partial}{\partial t} + \psi(\omega)\right)\mathcal{F}[v_k(t, X)](\omega) + \varsigma\mathcal{F}[P(v_{k-1})] = 0. \tag{2.19}$$

对于方程（2.19），通解就是没有惩罚项的方程解，即

$$\mathcal{F}[v_k^H](t_1,\omega) = C_k(\omega) \cdot \mathrm{e}^{\int_{t_1}^{t_2} \psi(\omega)\mathrm{d}t} = C_k(\omega) \cdot \mathrm{e}^{\psi(\omega)(t_2-t_1)}. \tag{2.20}$$

将通解（2.20）代入方程（2.17）得

$$\frac{\partial}{\partial t}\mathcal{F}[v](t_1,\omega) + \psi(\omega)\mathcal{F}[v](t_1,\omega) + \varsigma\mathcal{F}[P(v)]$$

$$= 0 + \psi(\omega)\mathcal{F}[v](t_1,\omega) + \varsigma\mathcal{F}[P(v)]$$

$$= 0.$$

方程（2.18）的一个特解为

$$\mathcal{F}[v_{k-1}^P](t_1,\omega) = -\frac{\varsigma\mathcal{F}[P(v_{k-1})]}{\psi(\omega)}. \tag{2.21}$$

对于非齐次线性方程来说，其解等于通解和特解之和，即

$$\mathcal{F}[v_k](t_1,\omega) = \mathcal{F}[v_k^H](t_1,\omega) + \mathcal{F}[v_{k-1}^P](t_1,\omega).$$

因此，对于 t_2 时刻所对应的 $\mathcal{F}[v](t_2,\omega)$，有

$$\mathcal{F}[v](t_2,\omega) = C_k(\omega) \cdot \mathrm{e}^{\psi(\omega)(t_2-t_2)} - \frac{\varsigma\mathcal{F}[P(v_{k-1})]}{\psi(\omega)}$$

$$\Rightarrow C_k(\omega) = \mathcal{F}[v](t_2,\omega) + \frac{\varsigma\mathcal{F}[P(v_{k-1})]}{\psi(\omega)}.$$

因此，非齐次线性方程（2.18）的解为

$$\mathcal{F}[v](t_1,\omega) = \left(\mathcal{F}[v_k](t_2,\omega) + \frac{\varsigma\mathcal{F}[P(v_{k-1})]}{\psi(\omega)}\right) \cdot \mathrm{e}^{\psi(\omega)(t_2-t_1)} - \frac{\varsigma\mathcal{F}[P(v_{k-1})]}{\psi(\omega)}$$

$$= \mathcal{F}[v_k](t_2,\omega) \cdot \mathrm{e}^{\psi(\omega)(t_2-t_1)} + \varsigma\mathcal{F}[P(v_{k-1})]\left(\frac{\mathrm{e}^{\psi(\omega)(t_2-t_1)}-1}{\psi(\omega)}\right). \tag{2.22}$$

对式 (2.22) 进行傅里叶反变换后，得到美式期权价格：

$$v_k(t_1,\omega) = \mathcal{F}^{-1}\{\mathcal{F}[v](t_2,\omega) \cdot \mathrm{e}^{\psi(\omega)(t_2-t_1)}\} + \varsigma\mathcal{F}^{-1}\left\{\mathcal{F}[P(v_{k-1})]\frac{\mathrm{e}^{\psi(\omega)(t_2-t_1)}-1}{\psi(\omega)}\right\}. \tag{2.23}$$

与欧式期权定价相同，基于惩罚方法的 FST 方法在连续傅里叶变换后，也需要在截断风险资产价格上实现 DFT，因此期权价格 $v(X,t)$ 在时间 t_1 上的离散傅里叶反变换为

$$v_k(t_1, x) = \text{FFT}^{-1}\{\text{FFT}[v](t_2, \omega) \cdot \text{e}^{\phi(\omega)(t_2-t_1)}\}$$
$$+ \varsigma\text{FFT}^{-1}\left\{\text{FFT}[P(v_{k-1})]\frac{\text{e}^{\phi(\omega)(t_2-t_1)}-1}{\phi(\omega)}\right\}.$$

因此，迭代 FST 方法可以表示为

$$v_k^{m-1} = v^{m-1} + \varsigma\text{FFT}^{-1}\left\{\text{FFT}[P(v_{k-1}^{m-1})]\frac{\text{e}^{\psi\Delta t}-1}{\psi}\right\}. \tag{2.24}$$

为了避免在显式迭代中引入偏差，选择合适的 ς，以便当 $\Delta t \to 0$ 时，$\varsigma(\text{e}^{\psi\Delta t}-1/\psi) \to 1$. 从指数函数的泰勒级数展式可得 $\varsigma = 1/\Delta t$.

2.3.3 FST 方法定价期权的收敛性分析

假设欧式看涨期权的真实价格 $C(S_t, t)$ 和它的离散近似 $C^{[N,M]}$ 在网格点 (N, M) 上的绝对误差为

$$\ell^{[N,M]} \triangleq |C^{[N,M]} - C| = c_\text{n}N^{-p_\text{n}} + c_\text{m}M^{-p_\text{m}}, \tag{2.25}$$

其中，p_n 和 p_m 分别为空间和时间收敛率；c_n 和 c_m 为相应的收敛系数. 对于欧式期权，定价算法不需要时步，式 (2.25) 可以简化为

$$\ell^{[N,\cdot]} \triangleq |C^{[N,\cdot]} - C| = c_\text{n}N^{-p_\text{n}}. \tag{2.26}$$

因此，欧式期权定价的收敛阶为

$$p_\text{n} = \log_2 \frac{|\nu^{[N,\cdot]} - \nu^{[2N,\cdot]}|}{|\nu^{[2N,\cdot]} - \nu^{[4N,\cdot]}|}. \tag{2.27}$$

假设 $v(S_t, t)$ 和 $v^{[N,M]}$ 分别为美式看跌期权的真实价格和相应的离散近似. 由于美式期权可在到期时间前任一时刻执行，除了 N，美式期权定价的收敛性还与时间点个数 M 有关. 对于每一个 N，有

$$\ell^{[\cdot,M]} \triangleq |\nu^{[\cdot,M]} - v| = c_\text{m}M^{-p_\text{m}}, \tag{2.28}$$

因此，美式期权定价在时间上的收敛阶为

$$p_\text{m} = \log_2 \frac{|\nu^{[\cdot,M]} - \nu^{[\cdot,2M]}|}{|\nu^{[\cdot,2M]} - \nu^{[\cdot,4M]}|}. \tag{2.29}$$

2.4 数值实验

本节通过数值实验考察 FST 方法在 MEM 下定价欧式看涨期权和美式看跌期权的有效性和收敛性. 本章所有数值实验均在 Inter(R) Core(TM) i7-7700HQ CPU 2.80GHz，RAM 为 8.00GB 上完成. 为了简化又不失一般性，本节数值实验所用式 (2.2) 中的 m 和 n 均取 2，其他参数值取自文献 [142]，如表 2.1 所示.

表 2.1 期权定价数值实验使用的 MEM 参数值

S	K	T	r	q	λ	σ
100	100	1	0.05	0	1	0.2
p_u	p_1	q_1	η_1	η_2	θ_1	θ_2
0.4	1.2	1.3	20	50	20	50

2.4.1 FST 方法定价期权的有效性检验

本节分别采用 MC 方法、FST 方法和双边欧拉反演 [147] (two-sided Euler inversion, EI) 方法对 MEM 下欧式看涨期权进行定价，并以 EI 方法定价结果作为基准，考察 FST 方法定价欧式期权的有效性.

EI 方法的基本思路：设在风险中性概率测度 P 下，MEM 下欧式看涨期权价格为

$$C(S,t) = \mathrm{e}^{-rT}E[(S_T - K)^+], \tag{2.30}$$

其中，K 为执行价格；T 为到期时间. 令 $k_c = \ln(X/K)$，引入缩放因子 $X > K$ 使得 EI 方法能够快速收敛，欧式看涨期权价格可以表示为

$$C_T(k_c) = \mathrm{e}^{-rT}X \cdot E\left(\frac{S_T}{X} - \mathrm{e}^{-k_c}\right). \tag{2.31}$$

对式 (2.31) 进行拉普拉斯变换，得到欧式期权价格的解析式

$$\widehat{C}(s) = \int_{-\infty}^{+\infty} \mathrm{e}^{-sk_c}C_T(k_c)\mathrm{d}k_c = \mathrm{e}^{-rT}\frac{S_0^{s+1}\mathrm{e}^{\psi(s+1)T}}{s(s+1)X^s}, \tag{2.32}$$

其中，s 为拉普拉斯变换量；$\psi(\cdot)$ 为 Lévy 过程下 X_t 的特征指数.

对于 EI 方法，缩放因子设为 $X = 10000$；对于 FST 方法，截断区域设为 $[x_{\min}, x_{\max}] = [-7.5, 7.5]$；对于 MC 方法，模拟次数设为 1000000 次. 为了检验 FST 方法的有效性，分别在不同 σ、η_1、λ 下计算欧式期权价格. 设定两个波动率 $\sigma = 0.2$、0.3，在每个波动率下分别设 $\eta_1 = 20$、40，$\lambda = 1$、3、5，$\theta_1 = \eta_1, \theta_2 = \eta_2$，其他参数同表 2.1. 表 2.2 列出了 MEM 下三种方法定价欧式看涨期权结果和耗费 CPU 时间的对比.

表 2.2　MEM 下 EI、FST 和 MC 方法定价欧式看涨期权结果和耗费 CPU 时间对比

η_1	λ	FST	EI	MC(标准差)
			$\sigma = 0.2$	
	1	10.9751	10.9747	10.9734 (0.0192)
20	3	11.9452	11.9449	11.9264 (0.0217)
	5	12.8311	12.8308	12.8745 (0.0241)
	1	10.5761	10.5757	10.5696 (0.0181)
40	3	10.8209	10.8205	10.8052 (0.0187)
	5	11.0588	11.0585	11.0721 (0.0193)
CPU 耗时/s		0.0163	4.8035	47.6059
			$\sigma = 0.3$	
η_1	λ	FST	EI	MC (标准差)
	1	14.5978	14.5975	14.5952 (0.0278)
20	3	15.3002	15.2999	15.2756 (0.0294)
	5	15.9670	15.9668	15.9968 (0.0312)
	1	14.3166	14.3163	14.3087 (0.0270)
40	3	14.4850	14.4848	14.4655 (0.0274)
	5	14.6510	14.6508	14.6531 (0.0279)
CPU 耗时/s		0.0141	4.6032	47.7353

表 2.2 显示, 在耗费 CPU 时间方面, FST 方法所耗费的 CPU 时间最短, 计算单个期权价格所耗费的 CPU 时间不足 0.02s, MC 方法所耗费的 CPU 时间最长, 近似为 50s; 在计算精度方面, FST 方法与 EI 方法的计算结果最接近, 相对误差最小为 0.0002, 最大为 0.0004. 相对于 EI 方法, FST 方法虽然在计算精度上和它几乎相等, 但在运行时间上明显优于 EI 方法, 而且 FST 方法更加简单、灵活. 因此, 相较于 EI 方法和 MC 方法, FST 方法具有精度高、稳定性好、运行时间短等优点.

对于美式期权, 分别利用 FST 方法、基于惩罚方法的 FST (FST_P) 方法和最小二乘蒙特卡洛模拟 (least-squares Monte Carlo simulation, LSM) 方法[148]在 MEM 下对美式看跌期权进行定价. 为了检验定价方法的有效性, 同欧式期权定价实验类似, 变动模型主要参数 σ、η_1、λ, 模型参数设置同表 2.2. 表 2.3 列出了 MEM 下 FST 方法、FST_P 方法和 LSM 方法定价美式看跌期权结果和耗费 CPU 时间的对比.

表 2.3 显示, 在计算精度方面, FST_P 方法与 FST 方法的结果最为接近, 其相对误差最小为 0.0004, 最大约为 0.0086. LSM 方法与 FST 方法相对误差较大, 其相对误差最小为 0.0274, 最大为 0.6193. 在耗费 CPU 时间方面, FST 耗费 CPU 时间最短, 约为 0.08s, FST_P 方法次之, 耗费 CPU 时间最长为 0.089s, LSM 方法耗费 CPU 时间最长, 最长为 0.463s. 因此, FST 方法对于定价美式看跌期权具有精度高、速度快和稳定性好的特点. 基于惩罚方法的 FST 方法能够进一步提高 FST 方法的精度, 但耗费时间略有增加.

表 2.3　MEM 下 FST、FST_P 和 LSM 方法定价美式看跌期权结果和耗费 CPU 时间对比

η_1	λ	FST	FST_P	LSM
		$\sigma = 0.2$		
	1	6.6075	6.6103	7.2268
20	3	7.5736	7.5740	7.6010
	5	8.4567	8.4559	8.8245
	1	6.2113	6.2099	6.5369
40	3	6.4563	6.4559	6.0561
	5	6.6943	6.7002	6.2050
CPU 耗时/s		0.081	0.089	0.463
		$\sigma = 0.3$		
η_1	λ	FST	FST_P	LSM
	1	10.2307	10.2311	10.1714
20	3	10.9319	10.9298	10.6039
	5	13.1373	13.1303	13.6760
	1	9.9505	9.9510	10.2738
40	3	10.1192	10.1207	10.6851
	5	10.6914	10.7000	10.8594
CPU 耗时/s		0.078	0.080	0.433

2.4.2　FST 方法定价期权的收敛性检验

基于表 2.1 中的参数值, 本节考察 FST 方法在 MEM 下定价欧式看涨期权和美式看跌期权的收敛性. 首先, 通过改变空间点个数 N 的大小, 考察 FST 方法定价欧式看涨期权的收敛性, 结果如表 2.4 所示.

表 2.4　MEM 下 FST 方法定价欧式看涨期权的收敛性

N	期权价格/美元	价格改变/美元	收敛阶	CPU 耗时/s
2048	10.9751	——	——	0.018
4096	10.9748	2.97×10^{-4}	——	0.011
8192	10.9747	7.41×10^{-5}	2.0007	0.300
16384	10.9747	1.85×10^{-5}	2.0004	0.578
32768	10.9747	4.63×10^{-6}	2.0002	1.218

表 2.4 中第二列为不同 N 值下的期权价格, 第三列为价格改变, 表示相邻期权价格差的绝对值, 第四列为收敛阶, 通过将每个维度上的点数增加一倍来计算, 第五列为耗费的 CPU 时间. 表 2.4 显示, 不同 N 值下的期权价格基本相同, 从期权价格改变值可以看出相邻期权价格的误差很小, 最大误差仅为 2.97×10^{-4}; 耗费的 CPU 时间随着 N 值的增大而增加, 最长耗时仅为 1.218s; 第四列显示, MEM 下 FST 方法定价欧式看涨期权的收敛阶为 2 阶.

由式 (2.29) 可知, 美式期权定价的收敛阶和空间点个数 N 以及时间点个数 M 都有关系, 因此通过改变 N 和 M 的值, 考察 FST 方法定价美式看跌期权的

收敛性, 结果如表 2.5 所示. 表 2.5 显示, 对于不同的 N 和 M, 美式看跌期权价格都会有轻微的变化. 表 2.5 中第五列显示, MEM 下 FST 方法定价美式看跌期权的收敛阶为 1 阶.

表 2.5　MEM 下 FST 方法定价美式看跌期权的收敛性

N	M	期权价格/美元	价格改变/美元	收敛阶	CPU 耗时/s
4096	256	6.6095	—	—	0.171
4096	512	6.6106	1.133×10^{-3}	—	0.175
4096	1024	6.6112	5.599×10^{-4}	1.0165	0.170
4096	2048	6.6115	2.823×10^{-4}	0.9879	0.165
8192	256	6.6095	—	—	0.177
8192	512	6.6106	1.127×10^{-3}	—	0.161
8192	1024	6.6112	5.629×10^{-4}	1.0018	0.168
8192	2048	6.6114	2.814×10^{-4}	1.0001	0.163
16384	256	6.6095	—	—	0.171
16384	512	6.6106	1.128×10^{-3}	—	0.170
16384	1024	6.6112	5.638×10^{-4}	1.0004	0.185
16384	2048	6.6114	2.815×10^{-4}	1.0021	0.178

2.5　模 型 校 正

期权定价是给定模型参数计算期权价格, 与此相反, 模型校正是从市场观测的期权价格得到模型的参数, 因而模型校正是期权定价的反问题 [72]. 解决该反问题最直接的思路是通过最小化模型价格和市场价格的偏差, 得到一个非线性最小二乘优化问题:

$$\min_{\boldsymbol{\theta}} S(\boldsymbol{\theta}) = \min_{\boldsymbol{\theta}} \sum_{i=1}^{N} \omega_i [C_i^{\boldsymbol{\theta}}(K_i, T_i) - C_i]^2, \tag{2.33}$$

其中, $C_i^{\boldsymbol{\theta}}(K_i, T_i)$ 和 C_i 分别为模型和市场的第 i 个期权价格; K_i 和 T_i 分别为第 i 个期权的执行价格和到期时间; $\boldsymbol{\theta}$ 为模型参数; N 为用于模型校正的期权个数; ω_i 为加权因子. 定价模型的最优参数 $\boldsymbol{\theta}^*$ 满足:

$$\boldsymbol{\theta}^* = \arg \left\{ \min_{\boldsymbol{\theta}} \sum_{i=1}^{N} \omega_i \left[C_i^{\boldsymbol{\theta}}(K_i, T_i) - C_i \right]^2 \right\}. \tag{2.34}$$

2.5.1　模型校正算法

对于跳扩散模型, 优化问题 (2.33) 中的 $S(\boldsymbol{\theta})$ 是非凸函数, 导致可能存在许多定价模型能够产生同期权基准价格相同的价格, 从而反问题的解不唯一. 另外, 优化算法可能和输入的期权价格以及初始值有关, 因此优化问题 (2.33) 是不适定（ill-posed）的. 为了获得优化问题（2.33）的唯一解, 在平方差项加一个惩罚函数 $f_{\text{penalty}}(\boldsymbol{\theta}, \boldsymbol{\theta}_0)$, 使得

$$G(\boldsymbol{\theta}) = S(\boldsymbol{\theta}) + f_{\text{penalty}}(\boldsymbol{\theta}, \boldsymbol{\theta}_0) \tag{2.35}$$

为凸函数, 其中 $\boldsymbol{\theta}_0$ 为参数集 $\boldsymbol{\theta}$ 的初始估计.

假设期权的买方出价（bid price）和卖方开价（ask price）已知, 通过式 (2.36) 测量输入误差:

$$\varepsilon = \left\| C_i^{\text{bid}} - C_i^{\text{ask}} \right\| = \sqrt{\sum_{i=1}^{N} \omega_i \left| C_i^{\text{bid}} - C_i^{\text{ask}} \right|^2}, \tag{2.36}$$

其中, C_i^{bid} 和 C_i^{ask} 分别为来自市场的第 i 个期权的出价和开价. 如果 $\boldsymbol{\theta}_0$ 满足:

$$\sum_{i=1}^{N} \omega_i \left| C_i^{\boldsymbol{\theta}_0}(K_i, T_i) - C_i \right|^2 \leqslant \varepsilon^2, \tag{2.37}$$

可以将 $\boldsymbol{\theta}_0$ 作为参数集 $\boldsymbol{\theta}$ 的初始估计. 这意味着不要求模型准确拟合市场, 但平均来说, 要落在出价和开价区间内. 因为建模过程总是在一定的容许范围内产生要求的估计, 式 (2.37) 为校正过程提供了一个合理的容许区间. 基于以上思路, 开发如下模型校正算法.

第一步: 下载期权市场数据.

第二步: 通过以下两步得到 MEM 的参数集 $\boldsymbol{\theta}$ 的初始估计 $\boldsymbol{\theta}_0$.

（1）选择惩罚函数 $f_{\text{penalty}}(\boldsymbol{\theta}, \boldsymbol{\theta}_0)$ 和加权因子 ω_i, 由式 (2.36) 计算输入误差;

（2）由式 (2.37) 得到参数集 $\boldsymbol{\theta}$ 的初始估计 $\boldsymbol{\theta}_0$.

第三步: 利用 FST 算法计算模型期权价格 $C_i^{\boldsymbol{\theta}_0}(K_i, T_i)$.

第四步: 计算模型期权价格和市场期权价格的偏差.

第五步: 解优化问题式 (2.35) 得到 MEM 的最优参数.

2.5.2　基于 S&P500 指数期权的模型校正与实证分析

S&P500 指数期权即标准普尔 500 指数期权, 属于欧式期权. Kim 等 [149]、Barone-Adesi 等 [150] 和 Zhang 等 [151] 曾使用该类型的数据检验期权定价模型拟合市场的效果. 本节使用 S&P500 指数看涨期权从 2017.01~2017.03 的每日收盘价格. 令价值状态（moneyness）为 K/S. 首先依据价值状态的取值将期权数据分为三类: 价内期权（moneyness 介于 0.94~0.97）、平价期权（moneyness 介于 0.97~1.03）和价外期权（moneyness 介于 1.03~1.06）, 基于以下标准筛选数据.

（1）排除到期时间少于 6 天的期权, 因为这类期权价格通常非常不稳定. 同时, 到期时间超过 365 天的期权也应被排除在外, 因为它们的交易成本较高.

（2）排除非常深的价外和价内期权，因为它们的报价通常无法反映期权的真实价格.

（3）排除期权价格小于 3/8 的期权，因为这些报价非常不稳定.

（4）由于期权价格对利率不是很敏感，而且利率变化每天都很小，假定利率为常值.

根据上述标准选取的数据中，到期时间处于 15~365 天，价值状态处于 0.94~1.06，共 54630 个数据，包括平价期权 27408 个、价内期权 13602 个和价外期权 13620 个. 设定无风险利率为年利率 0.13%. 为了简便，假设市场无分红. 模型校正中，以出价和开价的中间价格作为市场价格，依据 Mikhailov 等[152] 的研究，以 $f_{\text{penalty}}(\boldsymbol{\theta}, \boldsymbol{\theta}_0) = \|\boldsymbol{\theta} - \boldsymbol{\theta}_0\|^2$ 作为惩罚函数，以 $\omega_i = 1/\left|C_i^{\text{bid}} - C_i^{\text{ask}}\right|$ 作为加权因子. 这样做的理由：如果出价和开价构成的区间很大，模型就有一个很宽的变化范围. 这意味着分配在该期权价格的权重相应地小一些，反之亦然.

本节使用 Matlab 中的 Isqnonlin 函数实施校正算法. Isqnonlin 函数得到的最优解和参数的初始值有关，因此得到的解可能不是全局最优，但只要满足式 (2.37)，利用 Isqnonlin 函数求出的最优解是可以接受的. 为了检验校正的效果，引入平均相对百分比误差（ARPE）和平均绝对百分比误差（APE）：

$$\text{APE} = \frac{1}{\text{mean}(C_i^{\text{mar}})} \sum_{i=1}^{N} \frac{\left|C_i^{\text{mod}} - C_i^{\text{mar}}\right|}{N}, \tag{2.38}$$

$$\text{ARPE} = \frac{1}{N} \sum_{i=1}^{N} \frac{\left|C_i^{\text{mod}} - C_i^{\text{mar}}\right|}{C_i^{\text{mar}}}, \tag{2.39}$$

其中，C_i^{mod}、C_i^{mar} 分别为第 i 个期权的模型价格和市场价格. 基于文献 [142] 选取两组初始值. 表 2.6 列出了 MEM 基于 S&P500 指数期权和两组初始值的校正结果. 表 2.6 显示，基于两组初始值的估计误差都很小，不超过 0.0006，表明 MEM 能够较好地拟合市场.

表 2.6　MEM 基于 S&P500 指数期权和两组初始值的校正结果

参数	σ	λ	p_1	p_2	q_1	APE	ARPE
初始值 1	0.1135	0.6179	0.1345	0.8647	3.0921	—	—
估计值 1	0.1065	0.6179	0.1345	0.8647	3.0921	—	—
初始值 2	0.2347	1.5327	1.2324	0.3705	1.4783	—	—
估计值 2	0.5720	1.5327	1.2324	0.3705	1.4783	—	—
参数	q_2	η_1	η_2	θ_1	θ_2	APE	ARPE
初始值 1	2.0927	20.2145	53.4237	45.2159	78.4034	—	—
估计值 1	2.0927	20.2145	53.4237	45.2159	78.4034	0.0003	0.0004
初始值 2	0.5361	18.6352	24.2298	20.5764	48.3715	—	—
估计值 2	0.5361	18.6352	24.2298	20.5764	48.3715	0.0004	0.0005

为进一步考察模型拟合市场的业绩, 基于表 2.6 中的估计值 2 和 BS 公式计算隐含波动率. 为考察模型参数对隐含波动率的影响, 变动 λ 和 η_1 的值, 固定其他参数值, 绘制隐含波动率三维曲线图. 图 2.3 和图 2.4 分别为 MEM 在 $\lambda = 0.5375$、1.5375、3.5375、5.5375 和 $\eta_1 = 3.6352$、8.6352、18.6352、28.6352 下基于欧氏期权价格的隐含波动率三维图.

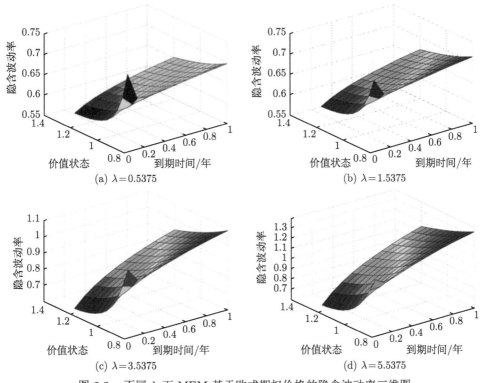

图 2.3　不同 λ 下 MEM 基于欧式期权价格的隐含波动率三维图

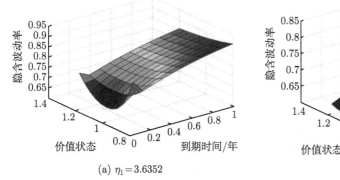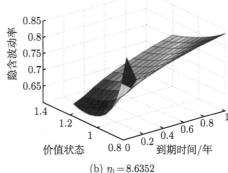

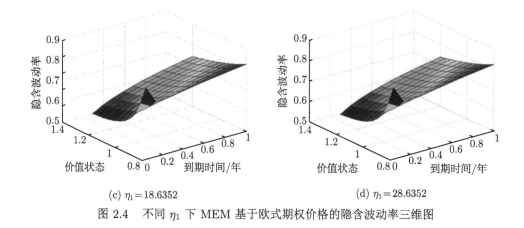

(c) $\eta_1 = 18.6352$ (d) $\eta_1 = 28.6352$

图 2.4   不同 η_1 下 MEM 基于欧式期权价格的隐含波动率三维图

图 2.3 和图 2.4 显示,MEM 下的市场隐含波动率非对称,并展现出明显的 "波动率微笑" 特征,且随着 λ 的增大,图中的 "尖峰" 现象越来越不明显,且隐含波动率变化明显,η_1 取值相对较小时,对隐含波动率的影响较大. 由图 2.3 和图 2.4 可知,混合指数跳参数对于隐含波动率的影响显著,MEM 能够较好地拟合实际金融市场.

2.5.3   基于 S&P100 指数期权的模型校正与实证分析

本节使用 S&P100 指数期权从 2016.12.1~2016.12.30 的每日收盘价格. S&P100 指数期权[153] 属于美式期权. Chuang 等[154]、Fabozzi 等[155] 和 Hj 等[156] 曾使用类似数据检验定价模型拟合美式期权市场的效果. 根据 2.5.2 小节中的筛选规则,筛选了到期时间为 15~365 天,价值状态处于 0.94~1.06 的 3572 个数据,包括平价期权 1950 个、价内期权 626 个和价外期权 996 个. 假设无风险利率仍然为 0.13%,且市场无分红.

本节仍然使用 2.5.1 小节中的校正算法和 Matlab 中的 lsqnonlin 函数校正 MEM. 由于 MEM 下美式期权价格尚未见文献报道,无初始值可供参考,基于文献 [142] 和作者经验选择两组参数值作为初始值,惩罚函数 $f_{\text{penalty}}(\boldsymbol{\theta}, \boldsymbol{\theta}_0)$ 和加权因子 ω_i 同 2.5.2 小节. 本节仍然采用 ARPE 和 APE 测量校正误差. 表 2.7 列出了 MEM 基于 S&P100 指数期权和两组初始值的校正结果.

表 2.7 显示,基于两组初始值得到的校正误差,APE 和 ARPE 比较接近,尽管都高于表 2.6 中的误差值,但均不超过 0.9989,表明 MEM 得到了较好的校正.

为考察 MEM 拟合美式期权市场的业绩,基于表 2.7 中的估计值 2 和美式期权价格计算 MEM 的隐含波动率. 为考察模型参数对隐含波动率的影响,固定其他模型参数值,变动 σ、λ 以及 p_1 和 p_2 的值,绘制隐含波动率三维曲线图. 图 2.5 ~ 图 2.7 分别为 MEM 在 $\sigma = 0.1291$、0.5291、0.7291、0.9291;$\lambda = 1.4767$、

3.4767、5.4767、7.4767；$p_1 = 0.4728, p_2 = 0.7658$；$p_1 = 1.4728, p_2 = -0.6473$；$p_1 = 2.4728, p_2 = -1.7658$；$p_1 = 4.4728, p_2 = -3.7658$ 时基于美式期权价格的隐含波动率三维图.

表 2.7　MEM 基于 S&P100 指数期权和两组初始值的校正结果

参数	σ	λ	p_1	p_2	q_1	APE	ARPE
初始值 1	0.3457	3.4767	2.4728	−1.7658	3.7859	—	—
估计值 1	0.9291	3.4767	2.4728	−1.7658	3.7859	—	—
初始值 2	0.7003	1.6874	0.8425	0.3768	1.2456	—	—
估计值 2	0.4178	1.6874	0.8425	0.3768	1.2456	—	—
参数	q_2	η_1	η_2	θ_1	θ_2	APE	ARPE
初始值 1	−2.4698	20.2145	47.6354	43.7289	51.7298	—	—
估计值 1	−2.4698	20.2145	47.6354	43.7289	51.7298	0.9978	0.9989
初始值 2	−0.1325	18.7385	30.7638	20.4728	44.2259	—	—
估计值 2	−0.1325	18.7385	30.7638	20.4728	44.2259	0.9979	0.9984

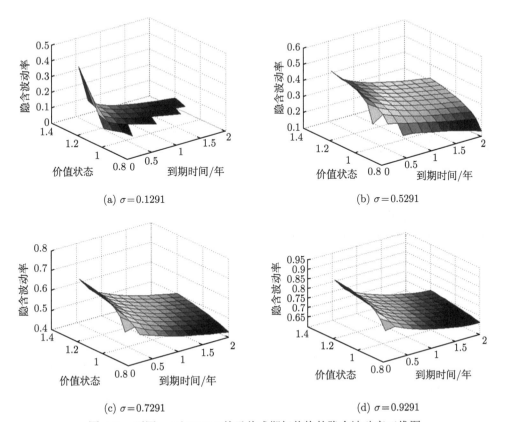

(a) $\sigma = 0.1291$　　　　　　　(b) $\sigma = 0.5291$

(c) $\sigma = 0.7291$　　　　　　　(d) $\sigma = 0.9291$

图 2.5　不同 σ 下 MEM 基于美式期权价格的隐含波动率三维图

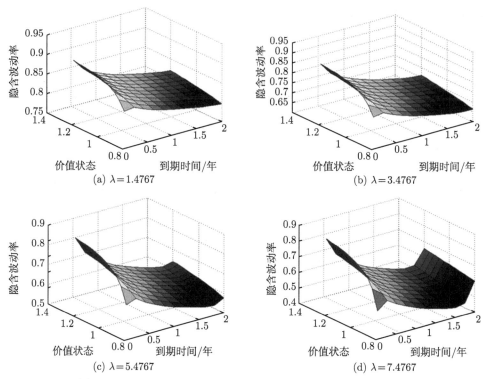

(a) $\lambda = 1.4767$　　　　　　　　(b) $\lambda = 3.4767$

(c) $\lambda = 5.4767$　　　　　　　　(d) $\lambda = 7.4767$

图 2.6　不同 λ 下 MEM 基于美式期权价格的隐含波动率三维图

图 2.5 ～ 图 2.7 显示，在所有参数组合下，隐含波动率图像均出现 "微笑" 现象，而且随着 σ、λ 以及 p_1 和 p_2 的改变，隐含波动率图像也呈现出不同的 "尖峰厚尾" 和 "波动率微笑" 现象，但是相比于欧式期权，基于美式期权价格的隐含波动率的 "微笑" 幅度较小. 由图 2.5～ 图 2.7 知，MEM 拟合美式期权市场的业绩虽然稍逊于拟合欧式期权市场的业绩，但是也能够展现美式期权市场的 "尖峰厚尾" 和 "波动率微笑" 等基本特征.

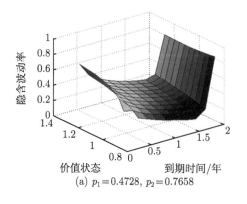

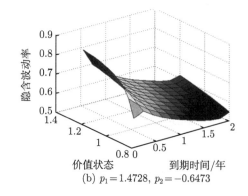

(a) $p_1 = 0.4728$, $p_2 = 0.7658$　　　　　　(b) $p_1 = 1.4728$, $p_2 = -0.6473$

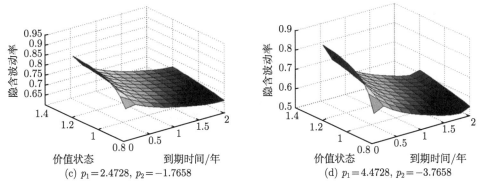

图 2.7　不同 p_1 和 p_2 下 MEM 基于美式期权价格的隐含波动率三维图

2.6　本 章 小 结

本章首次将 FST 方法应用到 MEM. 首先, 利用 FST 方法, 对于欧式期权价格满足的 PIDE 应用连续傅里叶变换, 将其转化为频域中的 ODE; 然后, 将求解 ODE 得到的解析式转换回时域, 最终得到期权价格. 此外, 本章结合 FST 方法和惩罚方法提出了定价美式期权的 FST 惩罚方法. 在 MEM 下通过数值实验分别检验了 FST 方法定价欧式期权和美式期权的有效性和收敛性, 以及 FST 惩罚方法定价美式看跌期权的有效性和收敛性, 通过实证分析分别将 MEM 校正到欧式期权和美式期权产生的金融市场. 数值结果表明: FST 方法是 MEM 下欧式期权和美式期权定价的一种快速、准确而又易于实施的数值方法, 同时也是求解 PIDE 的一种有效方法; FST 方法定价欧式看涨期权的收敛阶为 2 阶, 定价美式看跌期权的收敛阶为 1 阶, 相对于定价欧式期权, FST 方法定价美式期权的收敛速度稍慢. 实证结果表明: MEM 能够较好地拟合欧式期权产生的市场隐含波动率, 但拟合美式期权产生的市场隐含波动率效果稍差, 因此, 需要在 MEM 中引入其他随机因素以提高其拟合市场的效果.

第 3 章　均值回复混合指数跳扩散模型下基于 MRFST 方法的期权定价

3.1　引　言

本章在第 2 章的基础上，将均值回复因子引入 MEM，提出了均值回复混合指数跳扩散（mean-reverting mixed-exponential jump diffusion, MRMEJ）模型，结合 FST 方法提出定价欧式期权和美式期权的均值回复傅里叶空间时步（mean-reverting Fourier space time stepping，MRFST）方法，通过数值实验考察了所提数值方法的有效性和收敛性. 此外，通过搜集欧式类型和美式类型的期权交易数据分别对 MRMEJ 模型进行了校正，并基于校正结果对 MRMEJ 模型拟合金融市场的效果进行了实证分析.

大量研究 [157-159] 表明，标的资产价格的变化过程呈现出均值回复的特征，即当标的资产价格严重高于（低于）其价格的长期平均水平时，标的资产价格都会出现向其价格的长期平均值回归的现象. 因此，本章在 MEM 的基础上引入资产价格均值回复因子，提出了 MRMEJ 模型，以期能够更好地反映市场资产价格的典型特征. 第 2 章的数值结果表明，FST 方法是 MEM 下欧式期权和美式期权定价的快速、有效方法，但是该方法无法直接用于 MRMEJ 模型. 因此，基于 FST 方法，本章在均值回复因子影响下提出了定价欧式期权和美式期权的 MRFST 方法.

本章的贡献有三方面：① 通过在 MEM 中引入资产价格均值回复因子，提出了 MRMEJ 模型；② 在 MRMEJ 模型下提出了定价欧式期权和美式期权的 MRFST 方法；③ 对 MRMEJ 模型进行了校正，并检验了 MRMEJ 模型拟合金融市场的效果.

3.2　均值回复混合指数跳扩散模型

假设存在一个可连续交易的风险中性市场，该市场无摩擦且不存在套利机会，无风险利率 r 为常数，忽略红利支付. 在风险中性概率测度 P 下，假设标的资产价格 S_t 满足如下 MRMEJ 模型：

$$\mathrm{d}S_t = \kappa(\theta - \ln S_t)S_t\mathrm{d}t + \sigma S_t\mathrm{d}W_t + S_t\mathrm{d}\left(\sum_{i=1}^{N_t}(V_i - 1)\right), \tag{3.1}$$

其中，κ 为均值回复率；θ 为对数资产价格长期平均水平；σ 为瞬时波动率；W_t 为标准布朗运动；N_t 为强度为 λ 的泊松过程；$V_i(i = 1, 2, \cdots)$ 为跳跃幅度. 假设 W_t、N_t 和 V_i 相互独立，$S_0 = S$，$Z_i = \ln(V_i)$ 服从混合指数分布，其概率密度函数为

$$f_Z(x) = p_{\mathrm{u}} \sum_{i=1}^{m} \frac{p_i}{\eta_{i+}} \mathrm{e}^{-x/\eta_{i+}} I_{x \geqslant 0} + q_{\mathrm{d}} \sum_{j=1}^{n} \frac{q_j}{\theta_{j-}} \mathrm{e}^{x/\theta_{j-}} I_{x < 0}, \tag{3.2}$$

其中，$0 < \eta_{i+} < 1(i = 1, \cdots, m)$ 为第 i 个指数分布的均值；$\theta_{j-} \geqslant 0(j = 1, \cdots, n)$ 为第 j 个指数分布的均值，其他参数的含义同第 2 章.

根据伊藤公式，式 (3.1) 可改写为

$$\mathrm{d} \ln S_t = \kappa(\theta - \ln S_t)\mathrm{d}t + \sigma \mathrm{d}W_t + Z\mathrm{d}N_t. \tag{3.3}$$

在风险中性鞅测度下，令 $X_t = \ln S_t$，$\zeta = E\left(\mathrm{e}^{Z}\right) - 1$，式 (3.3) 等价为

$$\mathrm{d}X_t = \kappa \left[\left(\theta - \frac{\lambda}{\kappa}\zeta - \frac{\sigma^2}{2\kappa}\right) - X_t\right]\mathrm{d}t + \sigma \mathrm{d}W_t + Z\mathrm{d}N_t. \tag{3.4}$$

令 $\mu = \theta - \dfrac{\lambda}{\kappa}\zeta - \dfrac{\sigma^2}{2\kappa}$，式 (3.4) 可化为

$$\mathrm{d}X_t = \kappa\left(\mu - X_t\right)\mathrm{d}t + \sigma \mathrm{d}W_t + Z\mathrm{d}N_t, \tag{3.5}$$

这是一个 Ornstein-Uhlenbeck 过程. 令 $X_t = \mu + Y_t$，式 (3.5) 等价为

$$\mathrm{d}Y_t = -\kappa Y_{t-}\mathrm{d}t + \sigma \mathrm{d}W_t + Z\mathrm{d}N_t. \tag{3.6}$$

定理 3.1　如果空间 $\mathbb{R}$ 上由连续扩散项 σ 和跳跃项 $\nu(\mathrm{d}x) = \lambda f_z(x)\mathrm{d}x$ 共同定义的 Lévy 过程为 $J_t = \sigma \mathrm{d}W_t + Z\mathrm{d}N_t$，其中，$f_z(x)$ 满足式 (3.2)，则 J_t 的特征指数 $\psi(\omega)$ 为

$$\psi(\omega) = -\frac{1}{2}\omega^2 \sigma^2 + \lambda\left(p_{\mathrm{u}} \sum_{i=1}^{m} \frac{p_i}{1 - \mathrm{i}\omega\eta_{i+}} + q_{\mathrm{d}} \sum_{j=1}^{n} \frac{q_j}{1 + \mathrm{i}\omega\theta_{j-}} - 1\right). \tag{3.7}$$

证明　如果 J_t 是空间 $\mathbb{R}$ 上一个由线性漂移项 0、连续扩散项 σ 和跳跃项 $\nu(\mathrm{d}x) = \lambda f_z(x)\mathrm{d}x$ 共同组成的三元参数组 $(0, \sigma, \nu(\mathrm{d}x))$ 定义的 Lévy 过程. 根据 Lévy-Khinchine 公式，其特征函数对应的特征指数 $\psi(\omega)$ 为

$$\psi(\omega) = -\frac{1}{2}\omega^2 \sigma^2 + \int_{-\infty}^{+\infty} \left(\mathrm{e}^{\mathrm{i}\omega x} - 1 - \mathrm{i}\omega x I_{|x| < 1}\right)\nu(\mathrm{d}x).$$

记 $\widehat{\psi}(\omega)$ 为跳跃项对应的特征指数，则

$$\widehat{\psi}(\omega) = \lambda \int_{-\infty}^{+\infty} \left(\mathrm{e}^{\mathrm{i}\omega x} - 1 \right) f_Z(x)\mathrm{d}x.$$

由式 (3.2) 可得

$$\widehat{\psi}(\omega) = \lambda \left(p_{\mathrm{u}} \sum_{i=1}^{m} \frac{p_i}{1 - \mathrm{i}\omega\eta_{i+}} + q_{\mathrm{d}} \sum_{j=1}^{n} \frac{q_j}{1 + \mathrm{i}\omega\theta_{j-}} - 1 \right),$$

故而，Lévy 过程中 J_t 对应的特征指数为

$$\psi(\omega) = -\frac{1}{2}\omega^2\sigma^2 + \lambda \left(p_{\mathrm{u}} \sum_{i=1}^{m} \frac{p_i}{1 - \mathrm{i}\omega\eta_{i+}} + q_{\mathrm{d}} \sum_{j=1}^{n} \frac{q_j}{1 + \mathrm{i}\omega\theta_{j-}} - 1 \right),$$

即定理 3.1 得证.

3.3　MRMEJ 模型下期权定价的 MRFST 方法

3.3.1　期权定价的 MRFST 方法

令 $\mu = \theta - \sigma^2/2\kappa - \lambda\zeta/\kappa$, $v(t,x) = \varphi(t, Se^{\mu+x})$ 为欧式看涨期权价格. 若标的资产价格过程 S_t 满足模型（3.1），根据伊藤公式，$v(t,x)$ 在时域满足如下具有终值条件的 PIDE:

$$\begin{cases} \dfrac{\partial v}{\partial t} + \dfrac{\sigma^2}{2}\dfrac{\partial^2 v}{\partial x^2} - \kappa y\dfrac{\partial v}{\partial x} + \lambda \int_{-\infty}^{+\infty} [v(x+z) - v(z)]f_Z(x)\mathrm{d}x = 0, \\ v(T,x) = \varphi(T, S_0 e^{\mu+x}). \end{cases} \quad (3.8)$$

对式 (3.8) 进行傅里叶变换，可得 $v(t,x)$ 在频域满足如下具有终值条件的 PIDE:

$$\begin{cases} \dfrac{\partial}{\partial t}\mathcal{F}[v](t,\omega) + \mathcal{F}[v](t,\omega)\left[-\dfrac{\sigma^2}{2}\omega^2 + \left(\omega\kappa\dfrac{\partial}{\partial \omega} + \kappa \right) \right. \\ \left. + \lambda \int_{-\infty}^{+\infty} (\mathrm{e}^{\mathrm{i}\omega y} - 1) f_Z(y)\mathrm{d}y \right] = 0, \\ \mathcal{F}[v](T,\omega) = \mathcal{F}[\varphi](T,\omega). \end{cases} \quad (3.9)$$

式 (3.9) 等价为

$$\begin{cases} \left(\partial_t + \psi(\omega) + \omega\kappa\partial_\omega + \kappa \right) \mathcal{F}[v](t,\omega) = 0, \\ \mathcal{F}[v](T,\omega) = \mathcal{F}[\varphi](T,\omega). \end{cases} \quad (3.10)$$

根据傅里叶变换的尺度变换性质，令 $\mathcal{F}[\tilde{v}](t,\omega) = \mathcal{F}[v](t, \mathrm{e}^{-\kappa(T-t)}\omega)$，则式 (3.8) 在频域对应的 ODE 为

$$\begin{cases} \left[\partial_t + \psi(\mathrm{e}^{-\kappa(T-t)}\omega) + \kappa\right]\mathcal{F}[\tilde{v}](t,\omega) = 0, \\ \mathcal{F}[\tilde{v}](T,\omega) = \mathcal{F}[\tilde{\varphi}](T,\omega). \end{cases} \tag{3.11}$$

为求解 ODE（3.11），令 $\phi(\omega) = \psi\left(\mathrm{e}^{-\kappa(T-t)}\omega\right) + \kappa$，对式 (3.11) 两边同乘以积分因子 $\mathrm{e}^{\phi(\omega)t}$，得

$$\left[\mathrm{e}^{\phi(\omega)t}\partial_t + \mathrm{e}^{\phi(\omega)t}\phi(\omega)\right]\mathcal{F}[\tilde{v}](t,\omega) = 0. \tag{3.12}$$

根据函数求导法则，式 (3.12) 等价为

$$\frac{\partial}{\partial t}\left\{\mathrm{e}^{\phi(\omega)t} \cdot \mathcal{F}[\tilde{v}](t,\omega)\right\} = 0. \tag{3.13}$$

对式 (3.13) 两边进行积分运算，则 ODE（3.11）的通解为

$$\mathcal{F}[\tilde{v}](t,\omega) = C \cdot \mathrm{e}^{-\phi(\omega)t}, \tag{3.14}$$

其中，C 为任意常数.

对于任意 t_1、$t_2 \in [0,T]$，且 $t_1 < t_2$，令 $\Delta t = t_2 - t_1$. 如果已知 t_2 时刻对应的频域期权价格，t_1 时刻的频域期权价格为

$$\mathcal{F}[v](t_1,\omega) = \mathcal{F}[v](t_2, \omega\mathrm{e}^{\kappa\Delta t}) \cdot \mathrm{e}^{\psi(\omega,\Delta t)+\kappa\Delta t}, \tag{3.15}$$

其中，$\psi(\omega,\Delta t)$ 为频域中经过尺度变换后的特征指数，且

$$\psi(\omega,\Delta t) = -\frac{\omega^2\sigma^2}{4\kappa}\left(\mathrm{e}^{2\kappa\Delta t} - 1\right) + \int_0^{\Delta t}\widehat{\psi}(\omega\mathrm{e}^{\kappa u})\mathrm{d}u. \tag{3.16}$$

由定理 3.1 可知，式 (3.16) 中的积分项在 MRMEJ 模型下的表达式为

$$\int_0^{\Delta t}\widehat{\psi}(\mathrm{e}^{\kappa u}\omega)\mathrm{d}u$$

$$= \frac{\lambda}{\kappa}\left\{p_\mathrm{u}\sum_{i=1}^m\left[p_i \cdot \ln\left(\frac{1 - \mathrm{i}\omega\eta_{i+}}{\mathrm{e}^{-\kappa\Delta t} - \mathrm{i}\omega\eta_{i+}}\right)\right] + q_\mathrm{d}\sum_{j=1}^n\left[q_j \cdot \ln\left(\frac{1 + \mathrm{i}\omega\theta_{j-}}{\mathrm{e}^{-\kappa\Delta t} + \mathrm{i}\omega\theta_{j-}}\right)\right]\right\}$$

$$- \lambda\Delta t.$$

对式 (3.15) 进行傅里叶反变换，可得 t_1 时刻时域中与之对应的期权价格：

$$v(t_1,x) = \mathcal{F}^{-1}\left\{\mathcal{F}[v](t_2, \omega\mathrm{e}^{\kappa\Delta t}) \cdot \mathrm{e}^{\psi(\omega,\Delta t)+\kappa\Delta t}\right\}(x). \tag{3.17}$$

对时域中的期权价格乘以尺度因子 $e^{-\kappa\Delta t}$，并令 $\breve{v}(x) = v\left(xe^{-\kappa\Delta t}\right)$，根据傅里叶变换的尺度变换性质，有

$$\mathcal{F}[v](\cdot, e^{\kappa\Delta t}\omega) = \mathcal{F}[\breve{v}](\cdot, \omega)e^{-\kappa\Delta t}. \tag{3.18}$$

将式 (3.18) 代入式 (3.15) 中，有

$$v(t_1, x) = \mathcal{F}^{-1}\left[\mathcal{F}[\breve{v}](t_2, \omega)e^{\psi(\omega, \Delta t)}\right](x). \tag{3.19}$$

由 2.3.1 小节描述的 FST 算法，可得 t_{m-1} 对应的时域期权价格为

$$v^{m-1} = \mathrm{FFT}^{-1}\left\{\mathrm{FFT}[v^m] \cdot e^{\psi(\omega, \Delta t)}\right\}. \tag{3.20}$$

对于美式期权，只需在 MRFST 方法中加入 $v(t, x) \geqslant v(T, x)$ 这一边界条件. 在算法实施中，通过以下迭代算法产生边界条件：

$$\begin{cases} v^{m-1,*} = \mathrm{FFT}^{-1}[\mathrm{FFT}[v^m] \cdot e^{\psi\Delta t}], \\ v^{m-1} = \max\{v^{m-1,*}, v_{\mathrm{M}}\}, \end{cases}$$

其中，v_{M} 为到期时间之前期权价格的最大值.

3.3.2　MRFST 方法定价期权的收敛性分析

在一个 $N \times M$ 维的网格空间上，根据文献 [160]，期权真实价格 v 和其离散近似 $v^{[N,M]}$ 间的绝对误差为

$$\varepsilon^{[N,M]} \triangleq \left|v^{[N,M]} - v\right| = c_{\mathrm{n}}N^{-p_{\mathrm{n}}} + c_{\mathrm{m}}M^{-p_{\mathrm{m}}}, \tag{3.21}$$

其中，N 为 MRFST 方法实施中的积分区间划分数；M 为时步数；p_{n} 和 p_{m} 分别为数值算法的空间和时间收敛率；c_{n} 和 c_{m} 分别为与之对应的两个收敛系数.

对于欧式期权，$\varepsilon^{[N]} = c_{\mathrm{n}}N^{-p_{\mathrm{n}}}$，从而，MRFST 方法定价欧式期权的收敛阶为

$$p_{\mathrm{n}} = \log_2 \frac{\left|v^{[N]} - v^{[2N]}\right|}{\left|v^{[2N]} - v^{[4N]}\right|}. \tag{3.22}$$

对于美式期权，MRFST 方法的收敛性受积分区间划分数 N 和时步数 M 两方面的影响. 根据控制变量法，固定 N 的取值，使误差仅和 M 的取值有关. 类似式 (2.28)，有

$$\ell^{[\cdot,M]} \triangleq \left|v^{[\cdot,M]} - v\right| = c_{\mathrm{m}}M^{-p_{\mathrm{m}}}, \tag{3.23}$$

因此，MRFST 方法定价美式期权的收敛阶为

$$p_{\mathrm{m}} = \log_2 \frac{\left|v^{[\cdot,M]} - v^{[\cdot,2M]}\right|}{\left|v^{[\cdot,2M]} - v^{[\cdot,4M]}\right|}. \tag{3.24}$$

3.4　数　值　实　验

本节通过数值实验考察 MRFST 方法定价欧式看涨期权和美式看跌期权的有效性和收敛性. 假设市场无分红, $r = 0.05, S = 100, K = 100, T = 1$. MRMEJ 模型参数设置基于文献 [142], 如表 3.1 所示.

表 3.1　期权定价数值实验使用的 MRMEJ 模型参数值

m	n	κ	θ	σ	λ	p_u
2	2	5	$\ln 110$	0.2	1	0.4
p_1	p_2	q_1	η_1	η_2	θ_1	θ_2
1.2	-0.2	1.3	0.05	0.02	0.05	0.02

3.4.1　MRFST 方法定价欧式期权和美式期权的有效性检验

本节在 MRMEJ 模型下分别采用 MC 方法和 MRFST 方法定价欧式看涨期权, 并以 MC 方法定价结果为基准, 计算 MRFST 方法定价欧式期权的绝对误差, 以检验 MRFST 方法的有效性. MC 方法的时步数设为 256, 模拟次数设为 100000 次, MRFST 方法的积分区间离散为 32768 段. 为了检验 MRFST 方法的有效性, 变动 σ、η_1、λ 的取值. 设定两个波动率 $\sigma = 0.2$、0.3, 在每个瞬时波动率 σ 下, 分别设定 $\eta_1 = 0.05$、0.025, 在每个 η_1 下, 令 $\lambda = 1$、3、5, 且令 $\theta_1 = \eta_1$, 其他参数同表 3.1. 表 3.2 列出了 MRMEJ 模型下 MRFST 方法和 MC 方法定价欧式看涨期权结果的对比.

表 3.2　MRMEJ 模型下 MRFST 方法和 MC 方法定价欧式看涨期权结果的对比

η_1	λ	MRFST	耗时 (MRFST)/s	MC(标准差)	耗时 (MC)/s	绝对误差
			$\sigma = 0.2$			
	1	9.6810	0.0143	9.6976(0.0181)	479.312	0.0166
0.05	3	9.4070	0.0139	9.4224(0.0204)	487.015	0.0154
	5	9.1559	0.0141	9.1717(0.0184)	477.264	0.0158
	1	9.7426	0.0144	9.7469(0.0175)	500.064	0.0043
0.025	3	9.5754	0.0143	9.5492(0.0212)	482.745	0.0262
	5	9.4124	0.0151	9.4309(0.0194)	502.594	0.0185
			$\sigma = 0.3$			
η_1	λ	MRFST	耗时 (MRFST)/s	MC (标准差)	耗时 (MC)/s	绝对误差
	1	10.5118	0.0148	10.5247(0.0174)	493.172	0.0129
0.05	3	10.2657	0.0141	10.2768(0.0187)	502.745	0.0111
	5	10.0328	0.0141	10.0481(0.0199)	510.184	0.0153
	1	10.5649	0.0133	10.5443(0.0168)	498.834	0.0206
0.025	3	10.4160	0.0102	10.4355(0.0179)	512.679	0.0195
	5	10.2697	0.0135	10.2671(0.0186)	507.764	0.0026

表 3.2 显示，MRFST 方法和 MC 方法的计算结果十分接近，两种方法定价结果的绝对误差最大不超过 0.0262. MC 方法的精度及运算速度受模拟次数和时步数的影响. 当模拟次数为 100000 且时步数设为 256 时，MC 方法计算一支期权最长需要 512.679s. 当积分区间离散为 32768 段时，MRFST 方法计算一支期权最长耗时仅为 0.0151s，因此 MRFST 方法在 CPU 运行时间上具有显著优势. 由表 3.2 可知，MRFST 方法定价欧式期权快速、有效.

进一步，以 LSM 方法的定价结果作为基准，考察 MRFST 方法定价美式期权的有效性. LSM 方法定价美式看跌期权的理论基础依然是 MC 方法，其主要区别在于，利用 LSM 方法可以有效解决美式期权可"提前实施"特性对应的最优停时问题. LSM 方法的基本原理：在合约有效期内，将标的资产价格变化过程离散化，得到很多条标的资产价格路径. 根据资产价格在每个时刻对应的截面数据，利用最小二乘回归方法，求得在当前时刻继续持有合约的期望收益，并将其收益值和当前时刻立即执行合约的收益值做比较，进而判定是否在当前时刻执行合约. 将 LSM 方法的时步数设为 256，模拟次数设为 100000 次，MRFST 方法的积分区间离散为 32768 段，并将期权有效期划分为 1024 段，参数设置同表 3.2，表 3.3 列出了 MRMEJ 模型下 MRFST 方法和 LSM 方法定价美式看跌期权结果对比.

表 3.3　MRMEJ 模型下 MRFST 方法和 LSM 方法定价美式看跌期权结果对比

η_1	λ	MRFST	耗时 (MRFST)/s	LSM (标准差)	耗时 (LSM)/s	绝对误差
			$\sigma = 0.2$			
0.05	1	10.4263	4.3011	10.4667 (0.0181)	789.3612	0.0404
	3	11.2294	3.9282	10.9434 (0.0204)	837.0451	0.2860
	5	12.1837	4.1054	12.7170 (0.0184)	877.2854	0.5333
0.025	1	10.2184	4.4372	10.4691 (0.0175)	907.0403	0.2507
	3	10.3892	4.3823	10.3526 (0.0212)	828.7621	0.0366
	5	10.5909	5.1781	10.3402 (0.0194)	924.5816	0.2507
			$\sigma = 0.3$			
0.05	1	12.8357	8.7701	12.7934 (0.0198)	872.3944	0.0423
	3	13.6749	9.3065	13.4281 (0.0273)	745.0251	0.2468
	5	14.5144	8.6172	14.7632 (0.0204)	842.1502	0.2488
0.025	1	12.5414	7.2153	12.9510 (0.0328)	834.1873	0.4096
	3	12.7805	9.5881	12.3793 (0.0147)	790.2082	0.4012
	5	13.0215	7.8052	12.5796 (0.0464)	764.5645	0.4419

表 3.3 显示，在运行速度上，MRFST 方法展现出明显的优势，当积分区间离散为 32768 段，期权有效期划分为 1024 段时，MRFST 方法计算一支期权最长耗时仅为 9.5881s，LSM 方法的计算速度与模拟次数和时间步长划分有关，当模拟次数为 100000 且时步数设为 256 时，计算一支期权最短耗时为 745.0251s；在计算精度上，MRFST 方法定价美式期权的精度稍逊于欧式期权，两种方法定

价结果的绝对误差最大为 0.5333. 由表 3.3 可知：MRFST 方法定价美式期权依然快速，相对于定价欧式期权，精度略微下降.

3.4.2　MRFST 方法定价欧式期权和美式期权的收敛性检验

通过改变积分区间划分数 N，考察 MRFST 方法在 MRMEJ 模型下定价欧式看涨期权的收敛性，模型参数设置同表 3.1. 表 3.4 列出了 MRMEJ 模型下 MRFST 方法定价欧式看涨期权的收敛性.

表 3.4　MRMEJ 模型下 MRFST 方法定价欧式看涨期权的收敛性

N	期权价格/美元	价格改变/美元	收敛阶	CPU 耗时/s
2048	9.6815137037605	—	—	0.0092
4096	9.6818171616934	2.97×10^{-4}	—	0.0091
8192	9.6817430620957	7.41×10^{-5}	2.0219	0.0099
16384	9.6817245420773	1.85×10^{-5}	2.0216	0.0131
32768	9.6817199127113	0.46×10^{-5}	2.0214	0.0146

表 3.4 显示，MRFST 方法计算 MRMEJ 模型下欧式看涨期权价格的收敛阶为 2 阶，说明所提数值方法计算欧式期权价格具有较快的收敛速度.

进一步，通过同时改变积分区间划分数 N 和时步数 M，考察 MRFST 方法定价美式期权的收敛性，模型参数设置同表 3.1. 表 3.5 列出了 MRMEJ 模型下 MRFST 方法定价美式看跌期权的收敛性. 表 3.5 显示，MRMEJ 模型下 MRFST 方法计算美式看跌期权价格的收敛阶为 2 阶. 相比 FST 方法，MRFST 方法定价美式看跌期权的收敛阶提高了 1 阶，表现出较快的收敛速度.

表 3.5　MRMEJ 模型下 MRFST 方法定价美式看跌期权的收敛性

N	M	期权价格/美元	价格改变/美元	收敛阶	CPU 耗时/s
4096	256	10.42634269	—	—	7.171
4096	512	10.42631342	2.519×10^{-3}	—	6.754
4096	1024	10.42637671	9.361×10^{-4}	2.1403	6.703
4096	2048	10.42637688	9.356×10^{-4}	2.0384	7.980
8192	256	10.42634822	—	—	9.164
8192	512	10.42634203	6.062×10^{-4}	—	10.041
8192	1024	10.42630923	5.238×10^{-4}	2.0162	11.618
8192	2018	10.42630923	5.024×10^{-4}	2.0224	12.434
16384	256	10.42630286	—	—	10.041
16384	512	10.42636607	2.434×10^{-4}	—	11.104
16384	1024	10.42637996	1.156×10^{-4}	2.1448	13.547
16384	2048	10.42637996	1.097×10^{-4}	2.0242	15.835

3.4.3　MRMEJ 模型参数对期权价格的影响

本小节通过控制变量法，利用 MRFST 方法对欧式看涨期权进行一系列单变量变化定价实验，着重考察均值回复参数和跳强度对欧式期权和美式期权价格的影响. 假设市场无分红，令 $r = 0.05, S = 100$, 基于表 3.1 中的模型参数值，设置两组控制变量组合.

（1）变动均值回复参数 κ、θ，同时固定其他模型参数值. 令 $\kappa = 0.05$、0.5、2，对于每一个 κ，令 $\theta = \ln 100$、$\ln 110$、$\ln 120$，分别考察均值回复参数对到期时间 T 为 0.25 年和 3 年的期权价格的影响. 表 3.6 列出了 MRMEJ 模型下均值回复参数对执行价格 K 为 90 和 100 的欧式看涨期权价格的影响，表 3.7 列出了 MRMEJ 模型下均值回复参数对执行价格 K 为 100 和 110 的美式看跌期权价格的影响.

表 3.6　　MRMEJ 模型下均值回复参数对欧式看涨期权价格的影响

到期时间/年	θ	$K = 100$			$K = 90$		
		$\kappa = 0.05$	$\kappa = 0.5$	$\kappa = 2$	$\kappa = 0.05$	$\kappa = 0.5$	$\kappa = 2$
$T = 0.25$	$\ln 100$	4.2838	4.0397	3.3802	10.9368	10.7792	10.3999
	$\ln 110$	4.3464	4.6550	5.6902	11.0379	11.7632	13.9327
	$\ln 120$	4.4041	5.2666	8.4103	11.1306	12.6911	17.4084
$T = 3$	$\ln 100$	12.9747	7.2338	3.6291	17.4394	12.0582	9.3122
	$\ln 110$	13.6848	11.3097	9.5261	18.2810	17.2716	17.2476
	$\ln 120$	14.3568	16.0882	17.2967	19.0727	22.9289	25.7169

表 3.7　　MRMEJ 模型下均值回复参数对美式看跌期权价格的影响

到期时间/年	θ	$K = 110$			$K = 100$		
		$\kappa = 0.05$	$\kappa = 0.5$	$\kappa = 2$	$\kappa = 0.05$	$\kappa = 0.5$	$\kappa = 2$
$T = 0.25$	$\ln 100$	11.9280	12.0030	12.2987	5.5599	5.4648	5.2840
	$\ln 110$	11.8749	11.5404	10.8840	5.5174	5.0905	4.1305
	$\ln 120$	11.8273	11.1777	10.1617	5.4790	4.7769	3.3222
$T = 3$	$\ln 100$	21.1321	21.9721	23.2990	15.4123	15.1366	14.9053
	$\ln 110$	20.7910	19.4728	17.8840	15.1059	12.9571	10.1334
	$\ln 120$	20.4863	17.4543	13.7210	14.8319	11.2008	6.6488

根据表 3.6 和表 3.7，可以得出以下结论：

① κ、θ 对短期期权（$T = 0.25$）价格的影响弱于对长期期权（$T = 3$）价格的影响. 这一结果不难理解，因为资产价格的变化是一个时间累积过程，在完善的市场环境下，资产价格一般不会在很短的几个月内出现特别大的波动，且资产价格在一个较长的期限结构内才会表现出均值回复现象.

② 当 θ 与执行价格 K 之间的差别较大时，期权价格会出现较为异常的数值结果. 对于这一现象较为合理的解释：由于执行价格是期权合约参与者基于市场行情的变化趋势分析，是对未来到期时刻标的资产价格的预期，而对数资产价格长期均值也表示资产价格在有效期内相对稳定的平均价格水平. 二者所指含义大致相同.

③ 均值回复率 κ 对长期期权（$T=3$）价格的影响显著. 对于这一现象较为合理的解释：当 κ 的取值较大时，标的资产价格会被均值回复参数以很快的速率拉回至长期均值附近.

（2）变动均值回复参数 κ、θ 和跳强度参数 λ，同时固定其他模型参数. 分别取 $\kappa=0.05$、0.5、0.2 和 $\theta=\ln100$、$\ln110$. 对于短期期权（$T=0.25$），分别取 $\lambda=0.5$、1.0、2.0；对于长期期权（$T=2$），分别取 $\lambda=0.05$、0.5、1.0，考察均值回复参数与跳强度共同对欧式看涨期权（$K=100$）和美式看跌期权（$K=110$）价格的影响，实验结果分别如表 3.8 和表 3.9 所示.

表 3.8　MRMEJ 模型下均值回复参数和跳强度对欧式看涨期权价格的影响

$K=100$		$\theta=\ln100$			$\theta=\ln110$		
到期时间/年	λ	$\kappa=0.05$	$\kappa=0.2$	$\kappa=0.5$	$\kappa=0.05$	$\kappa=0.2$	$\kappa=0.5$
	0.5	4.2292	3.9887	3.7481	4.2923	4.6096	4.9658
$T=0.25$	1.0	4.2838	4.0397	3.7956	4.3464	4.6550	5.0016
	2.0	4.3879	4.1370	3.8861	4.4495	4.7416	5.0699
	0.05	11.6097	9.8745	7.5684	12.1317	11.7052	11.1937
$T=2$	0.5	11.4392	9.7272	7.4613	11.9468	11.5068	10.9877
	1.0	11.2541	9.5675	7.3452	11.7465	11.2933	10.7673

表 3.9　MRMEJ 模型下均值回复参数和跳强度对美式看跌期权价格的影响

$K=110$		$\theta=\ln100$			$\theta=\ln110$		
到期时间/年	λ	$\kappa=0.05$	$\kappa=0.2$	$\kappa=0.5$	$\kappa=0.05$	$\kappa=0.2$	$\kappa=0.5$
	0.5	11.8830	11.9073	11.9603	11.8305	11.7078	11.5018
$T=0.25$	1.0	11.9280	11.9514	12.0030	11.8749	11.7499	11.5404
	2.0	12.0188	12.0403	12.0890	11.9646	11.8349	11.6183
	0.05	18.7359	18.8888	19.2926	18.4784	17.9634	17.3076
$T=2$	0.5	18.9084	19.0504	19.4398	18.6482	18.1173	17.4428
	1.0	19.1012	19.2307	19.6037	18.8381	18.2892	17.5935

根据表 3.8 和表 3.9，可以得出以下结论：

① 对于欧式期权和美式期权，当 κ 和 θ 均固定时，跳强度 λ 对期权价格的影响均很小. 对于这一现象较为合理的解释：由于标的资产价格的跳跃主要导致资产价格出现异常的波动，均值回复参数正好反作用于这一异常现象，可以将标的资产价格拉回至其价格的长期均值附近.

② 对于欧式期权，当固定 κ 和跳强度 λ 时，θ 对短期期权和长期期权价格的影响均显著，尤其是对长期期权价格的影响更加明显，随着 θ 的增大，欧式看涨期权价格相应变大. 对于美式期权，当固定 κ 和跳强度 λ 时，θ 仅对长期期权价格的影响显著，随着 θ 的增大，美式看跌期权价格相应变小.

③ 对于欧式期权和美式期权，当 θ 和 λ 均固定时，κ 对长期期权价格的影响均显著，对短期期权价格的影响均微弱.

综上，MRMEJ 模型中的均值回复因子和跳因素相互制约，共同作用于标的资产的价格变化过程，使得期权定价的结果趋于一个更加合理的值.

3.5 模 型 校 正

本节采用 2.5.1 小节中的校正算法，分别采用欧式类型和美式类型的期权交易数据对 MRMEJ 模型进行校正.

3.5.1   基于 S&P500 指数期权的 MRMEJ 模型校正

本节使用 S&P500 指数看涨期权从 2018.12.1~2018.12.30 的每日收盘价校正 MRMEJ 模型. 根据 2.5.2 小节中的筛选规则，筛选了到期时间从 6 天到 2 年，价值状态处于 0.94~1.06 的期权 30603 个，包括平价期权 15297 个、价内期权 7359 个和价外期权 7947 个. 设定无风险利率为年利率 2.5%，假设市场无分红. 基于文献 [142] 和 [157]，选择 2 组参数值作为初始值对 MRMEJ 模型进行校正，仍然采用 APE 和 ARPE 测量校正误差，结果如表 3.10 所示.

表 3.10   MRMEJ 模型基于 S&P500 指数看涨期权
2018.12.1~2018.12.30 数据的校正结果

参数	σ	λ	p_u	θ	κ	p_1	APE	ARPE
初始值 1	0.1347	1.3270	0.6152	ln2500	0.5000	1.6224	—	—
估计值 1	0.0579	3.9778	0.5976	ln2612	3.4475	1.5141	—	—
初始值 2	0.5003	3.0103	0.4005	ln2700	6.0108	1.2073	—	—
估计值 2	0.0702	3.9794	0.6976	ln2679	0.1603	1.1607	—	—

参数	q_1	η_1	η_2	θ_1	θ_2	—	APE	ARPE
初始值 1	1.0083	0.0556	0.0208	0.0556	0.0208	—	—	—
估计值 1	1.0421	0.0483	0.0312	0.1878	0.0227	—	0.0254	0.0283
初始值 2	1.3001	0.0660	0.0205	0.0506	0.0210	—	—	—
估计值 2	1.3003	0.0513	0.0984	0.0948	0.0284	—	0.0214	0.0267

表 3.10 显示，基于两组初始值的 MRMEJ 模型校正结果的 APE 和 ARPE 误差几乎相同，且均不超过 0.0283，表明 MRMEJ 模型得到了较好的校正.

令现货价格 $S = 1$，无风险利率 $r = 2.5\%$，市场无分红，执行价格 K 为 $0.8 \sim 1.2$，到期时间 T 为 $0.3 \sim 2$ 年. 基于表 3.10 中的两组估计值和 BS 公式[3] 分别计算隐含波动率，并绘制隐含波动率三维图，结果如图 3.1 所示.

图 3.1 显示：基于两组估计值的隐含波动率曲面在价值状态截面（固定期限的不同价值状态）均呈现出隐含波动率"偏斜"和"微笑"特征，且短期期权对应的隐含波动率"微笑"特征更加明显，较短期限内的隐含波动率的曲率大于较长

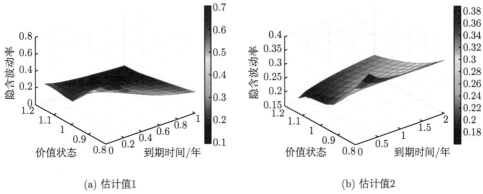

(a) 估计值1　　　　　　　　　　　　　　(b) 估计值2

图 3.1　MRMEJ 模型基于欧式期权价格和两组估计值的隐含波动率三维图

期限内的隐含波动率的曲率, 且随着时间的增加, 整体趋于平稳; 在期权有效时间截面 (固定价值状态的不同期限), 短期期权的隐含波动率随到期时间的增加而减小, 随着期权合约到期时间的临近, 短期期权的隐含波动率大于长期期权的隐含波动率, 对于长期期权, 由于到期时间较长, 隐含波动率相对稳定且随时间增加呈现缓慢上升趋势.

由表 3.10 中两组估计值的拟合误差可知, MRMEJ 模型对长期期权的拟合误差比对短期期权的拟合误差更小. 这一现象也进一步说明了定价模型中的均值回复过程对长期期权的作用效果更好, 说明资产价格从长期看将回归到一个稳定的价格附近.

基于表 3.10 中的估计值 2, 分别计算 MRMEJ 模型在 $T = 35$ 天和 $T = 1$ 年时的隐含波动率, 并与 DexpJ 模型和 MEM 的隐含波动率进行对比. DexpJ 模型的参数值取自文献 [59], 即 $p = 0.04, \eta_1 = 3.7, \theta_1 = 1.8, \sigma = 0.21, \lambda = 1.4$. MEM 的参数值取自文献 [142], 即 $\sigma = 0.10997, \lambda = 6.19653, \eta_1 = 202, \theta_1 = 45.21588, \theta_2 = 78.40339, p_1 = 0.00077, q_1 = 3.09202, q_2 = -2.09279, m = 1, n = 2$, 其他参数设置同图 3.1, 图 3.2 报道了主要结果.

图 3.2 显示: 对于短期期权 ($T = 35$ 天), 相对于另外两种模型, MRMEJ 模型的隐含波动率的 "微笑" 现象更加明显; 对于长期期权 ($T = 1$ 年), MRMEJ 模型和 DexpJ 模型的隐含波动率无明显差异, 当价值状态大于 1 时, 相对于 MEM, MRMEJ 模型和 DexpJ 模型的隐含波动率均趋于平缓, 这与实证特征是一致的. 由图 3.2 可知, 相对于 DexpJ 模型和 MEM, MRMEJ 模型能够更好地拟合短期期权的隐含波动率 "微笑" 特征, 也能较好反映长期期权的隐含波动率偏斜特征.

进一步, 考察均值回复参数和资产价格跳强度对隐含波动率的影响. 现货价格、无风险利率的设定同图 3.1, 基于表 3.10 中的估计值 2、不同的均值回复参数和跳强度分别绘制隐含波动率三维曲面图. 图 3.3 ~ 图 3.5 分别为在不同均值

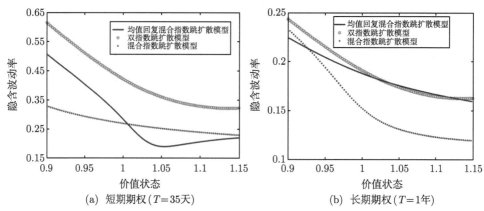

(a) 短期期权($T=35$天)　　　　　　(b) 长期期权($T=1$年)

图 3.2　三类指数跳扩散模型短期隐含波动率和长期隐含波动率曲线对比

回复率 κ、对数资产价格长期平均水平 θ 和跳强度 λ 下，MRMEJ 模型基于欧式期权价格的隐含波动率曲面图.

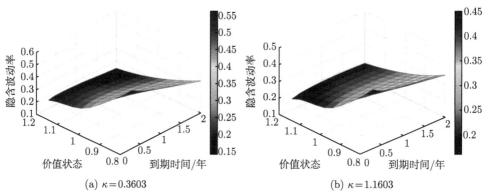

(a) $\kappa=0.3603$　　　　　　　　　(b) $\kappa=1.1603$

图 3.3　不同 κ 下 MRMEJ 模型基于欧式期权价格的隐含波动率曲面图

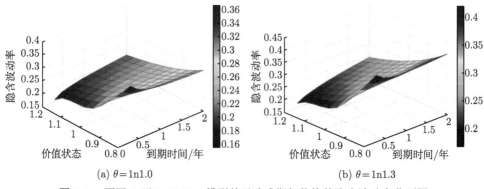

(a) $\theta=\ln 1.0$　　　　　　　　　(b) $\theta=\ln 1.3$

图 3.4　不同 θ 下 MRMEJ 模型基于欧式期权价格的隐含波动率曲面图

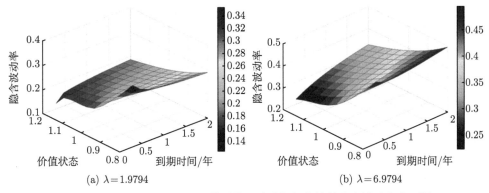

图 3.5　不同 λ 下 MRMEJ 模型基于欧式期权价格的隐含波动率曲面图

图 3.3 显示，均值回复率 κ 对隐含波动率曲面的影响十分显著. 隐含波动率在时间期限内的收敛速率与均值回复率 κ 成正比，即标的资产价格回归到其价格均值的时间越短，说明资产价格变化的波动程度越小，隐含波动率变化也就越小. 由于标的资产价格变化过程是一个时间积累过程，故 MRMEJ 模型对长期期权定价过程中的均值回复率 κ 的校正作用更小一些.

图 3.4 显示，对数资产价格长期平均水平 θ 对隐含波动率的影响相对较弱. 隐含波动率与 θ 成正比，但 θ 对隐含波动率曲面的偏斜及"微笑"特征的整体影响较小. 在完善的市场环境下，资产价格一般不会在很短时间内出现大的波动，且资产价格变化趋向于一个较为稳定的水平需要一个较长的期限，因此当资产价格的长期均值与执行价格越接近时，其对隐含波动率的影响越小.

图 3.5 显示，跳强度 λ 对隐含波动率曲面在时间截面上的斜率影响显著. 此外，隐含波动率的值随着跳强度 λ 的增大而增大. 这一现象的合理解释：金融市场中突发事件的严重程度会影响市场交易者对未来资产价格变化趋势的判断.

3.5.2　基于 S&P100 指数期权的 MRMEJ 模型校正

本节模型校正以 S&P100 指数看跌期权从 2018.8.1~2018.8.30 的每日收盘价格为数据. 根据 2.5.2 小节中的筛选规则，筛选了到期时间为 15~400 天，价值状态处于 0.94~1.06 的期权 3157 个，包括平价期权 2174 个（约占总数据的 68.9%）、价内期权 458 个（约占总数据的 14.5%）和价外期权 525 个（约占总数据的 16.6%）. 设无风险利率为年利率 2.5%，假设市场无分红. 基于文献 [142] 和 [157]，选择 2 组参数值作为初始值. 仍然采用 2.5.1 小节中的校正算法对 MRMEJ 模型进行校正，并以 APE 和 ARPE 测量校正误差，校正结果及误差如表 3.11 所示.

表 3.11　　MRMEJ 模型基于 S&P100 指数看跌期权的校正结果及误差

参数	σ	λ	p_u	θ	κ	p_1	APE	ARPE
初始估计 1	0.3457	3.2701	0.4152	ln1500	0.5000	1.0083	—	—
估计值 1	0.1579	0.4350	0.6543	ln1547	3.9405	1.2510	—	—
初始估计 2	0.5457	0.5103	0.6005	ln1700	6.0108	1.3001	—	—
估计值 2	0.7082	1.9847	0.4782	ln1697	0.7401	1.0644	—	—
参数	q_1	η_1	η_2	θ_1	θ_2	—	APE	ARPE
初始估计 1	0.0556	0.0208	0.0556	0.0208	1.0083	—	—	—
估计值 1	0.0501	0.0337	0.2028	0.0188	1.2510	—	0.0938	0.0834
初始估计 2	0.0660	0.0205	0.0506	0.0210	1.3001	—	—	—
估计值 2	0.0410	0.0743	0.0734	0.0208	1.0644	—	0.0659	0.0716

　　表 3.11 显示, 基于估计值 1 的 APE 和 ARPE 误差略高于基于估计值 2 的 APE 和 ARPE 误差. 相对于基于 S&P500 指数期权的校正结果, MRMEJ 模型基于 S&P100 指数期权的校正误差略高, 但均不超过 0.1, 表明 MRMEJ 模型也得到了较好的校正.

　　进一步, 以表 3.11 中的两组估计值作为模型参数, 将估计值 1 对应的期权到期时间设为 0.08~1 年, 估计值 2 对应的期权到期时间设为 0.3~2 年, 分别绘制 MRMEJ 模型的隐含波动率三维图, 结果如图 3.6 所示.

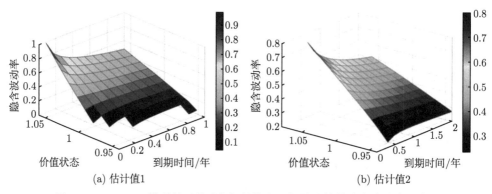

(a) 估计值1　　　　　　　　　　　　　　(b) 估计值2

图 3.6　　MRMEJ 模型基于美式期权价格和两组估计值的隐含波动率三维图

　　图 3.6 显示, 基于两组估计值的隐含波动率曲面在价值状态截面均呈现出明显的隐含波动率 "偏斜" 特征, 即价外期权的隐含波动率高于平价期权和价内期权的隐含波动率, 使得波动率曲线呈现为 "偏斜" 现象, 但是两种情况下的隐含波动率曲面均未展现 "微笑" 特征. 在期权有效时间截面 (固定价值状态的不同期限) 上, 短期期权和长期期权对应的隐含波动率均随时间的增长趋于减小, 当价值状态大于对数资产价格长期平均水平 θ 时, 隐含波动率在时间轴上的减小速率更大, 在价值状态接近并小于对数资产价格长期平均水平 θ 时, 隐含波动率在时

间轴上的变化相对微弱.

综合表 3.11 和图 3.6 可得, 相对于欧式期权, MRMEJ 模型对美式期权的市场拟合效果相对较弱, 尤其是对于到期时间为 15~150 天的期权, 对应的市场数据的拟合误差接近 0.1. 产生这一现象可能的原因有两个: ① 美式期权的可提前执行特征, 导致实际期权市场中的美式期权交易更为灵活, 某些短期期权可能被一些投资者用于高频交易以获得更多的投机收益, 因而并非在最佳实施时刻进行合约的交割; ② MRMEJ 模型自身的缺陷导致基于美式期权价格的市场隐含波动率拟合不够理想.

3.6　本章小结

本章结合均值回复因子和 MEM 提出了 MRMEJ 模型, 基于 FST 方法提出了定价欧式期权和美式期权的 MRFST 算法. 通过数值实验检验了 MRFST 方法用于 MRMEJ 模型下欧式期权和美式期权的有效性和收敛性, 通过实证分析分别将 MRMEJ 模型校正到欧式期权和美式期权产生的金融市场. 数值结果表明: 在 MRMEJ 模型下, MRFST 方法定价欧式期权快速、有效, 定价美式期权依然快速, 但精度略微下降; MRFST 方法定价欧式看涨期权和美式看跌期权的收敛阶均为 2 阶, 相对于 FST 方法, MRFST 方法定价美式期权的收敛阶提高了 1 阶, 表现出较快的收敛速度. 实证结果表明: MRMEJ 模型能够较好地拟合欧式期权产生的市场隐含波动率, 但是, 该模型拟合美式期权产生的市场隐含波动率效果稍差.

第 4 章　随机波动、随机利率、混合指数跳影响下欧式期权定价

4.1　引　　言

本章通过在 MEM 中分别引入随机波动、随机利率和混合指数跳提出了两个组合模型, 利用计价单位转换、测度变换和傅里叶变换推导了组合模型的特征函数, 利用伊藤公式、随机积分和 Feynman-Kac 公式推导组合模型下欧式期权定价的闭形解, 结合 Carr 等 [117] 和 Lord 等 [161] 的 FFT 技术开发了定价问题的快速数值解, 结合优化算法和实证数据对所提模型进行了校正, 比较了组合模型与其嵌套模型的概率密度曲线, 分析了随机利率、随机波动、混合指数跳和几个关键模型参数对期权价格的影响.

经典 BS 模型与实际数据的分析结果存在偏差, 大量学者提出许多改进模型, 其中具有代表性的有两类: 一类是随机波动模型; 另一类是跳扩散模型. 但是, 正如 Gatheral[7] 所述, 跳扩散模型虽能成功复制短期期权的 "波动率微笑" 现象, 但对于长期期权, 跳扩散模型的拟合效果较差, 且无法复制标的资产价格变化展现的波动率聚集效应 [162], 而随机波动模型对长期期权有一个较好的描述, 但对于短期期权的拟合效果较差. 因此, 合并随机波动和跳扩散的组合模型成为定价金融衍生品的首选模型. 而且, 随机波动和跳的实证证据出现在许多文献中. 例如, 在 log 正态跳扩散框架下, Bates[65]、Bakshi 等 [163]、Chernov 等 [164]、Pillay 等 [165]、Cont 等 [72] 合并随机波动和 log 正态跳开发了具有随机波动风险的高斯跳扩散模型, 文献 [69] 和文献 [166] 分别合并随机波动和双指数跳开发了具有随机波动风险的双指数跳扩散模型.

利率也是一个不容忽视的随机因素, 它能够保证未来收益的合理贴现, 反映了资本投资的长期水平. 有大量关于拟合利率结构的文献, 其中关于刻画利率衍生品的定价和风险管理的主要模型有文献 [33]~[39] 先后提出的一系列随机利率模型. 这些模型主要分为三类: 短期利率、Heath-Jarrow-Morton 利率以及市场和马尔可夫功能利率, 关于利率模型文献的综述请参阅文献 [41]. 由此可以看出, 随机利率对于金融衍生品定价和风险管理非常重要. 因此, 许多学者在拟合股价实际走势时引入了随机利率. 例如, Yu 等 [167]、Johannes[168] 和 Bo 等 [64] 分别合并跳和随机利率开发了随机利率跳扩散模型; Louis[66]、Espinosa 等 [67]、Gómez-Valle 等 [169]

在随机波动、随机利率和 log 正态跳下分别研究了欧式期权定价；Deng[170] 和 Zhang 等 [70] 在随机波动、随机利率和双指数跳下研究了欧式期权定价.

正如第 2 章所述：MEM 除具有 DexpJ 模型的时间无记忆和便于得到路径依赖期权定价的解析解 [171] 等优势外，还具有能够逼近许多厚尾分布的优势. 然而，在 MEM 框架下，进一步的研究尚未见报道. 本章将结合 CIR 短期利率模型 [36]、CIR 随机波动模型 [22] 和 MEM 建立组合模型. 此处的利率模型和波动模型均选择 CIR 结构的原因有三个：① CIR 过程能充分捕获利率和波动的均值回复特征；② CIR 过程属于平方根过程，可以保证利率和波动的非负性；③ CIR 短期利率模型属于仿射过程，其零复合债券定价的解析解存在.

本章的贡献有四方面：① 合并 CIR 随机波动、CIR 短期随机利率、混合指数跳，建立两个组合模型，并推导组合模型的特征函数；② 基于所提组合模型，推导欧式期权定价的闭形解，并提供了欧式期权定价的数值积分方法；③ 所提组合模型下，开发定价欧式期权的 FFT 算法；④ 将所提组合模型校正到实际市场得到模型的最优参数，并考察所提模型拟合实际市场的业绩.

4.2　组合模型及其特征函数

4.2.1　随机波动混合指数跳扩散模型

考虑一个无套利、无摩擦、可连续交易的金融市场. 假设该市场仅包含两种资产：无风险资产 B 和无红利支付的风险资产 S. 设 $\{\Omega, \mathcal{F}, \{\mathcal{F}_t\}_{0 \leqslant t \leqslant T}, P\}$ 是一个具有满足通常条件流域的完备概率空间. 这里的通常条件是指流域右连续，$\mathcal{F}_0$ 包含所有的非零集 P，P 为风险中性概率测度. 令 W_t、W_t^{V} 均为 $(\Omega, \mathcal{F}, P)$ 上 $\mathcal{F}_t$ 适应的标准布朗运动，且 W_t 和 W_t^{V} 具有相关系数 ρ.

假设 S_t 为标的资产价格，其连续部分 S_t^{c} 满足：

$$\mathrm{d}S_t^{\mathrm{c}} = r\mathrm{d}t + \sigma\sqrt{V_t}\mathrm{d}W_t, \tag{4.1}$$

其中，r 为无风险利率；σ 为非负常值波动率. 假设 $S_0^{\mathrm{c}} = s$. 令 V_t 为影响标的资产价格的波动因素，假设 V_t 满足 CIR 过程：

$$\mathrm{d}V_t = (\theta_{\mathrm{V}} - \alpha_{\mathrm{V}}V_t)\mathrm{d}t + \sigma_{\mathrm{V}}\sqrt{V_t}\mathrm{d}W_t^{\mathrm{V}}, \tag{4.2}$$

其中，非负常数 θ_{V}、$\theta_{\mathrm{V}}/\alpha_{\mathrm{V}}$、$\sigma_{\mathrm{V}}$ 分别为方差过程的回复速率、长期平均水平和瞬时波动率，且假设参数之间满足 Feller 条件 [172]：$2\theta_{\mathrm{V}} > \sigma_{\mathrm{V}}^2$. 令 $V_0 = V$. 用一个非负的独立同分布的随机变量序列 $U = \{U_j\}_{j \geqslant 1}$ 表示对数资产价格中的跳跃幅度. 假设跳由一个具有强度为 $\lambda > 0$ 的泊松过程确定，且 $Y = \ln U$ 服从混合指

数分布, 其概率密度函数为

$$f_Y(y) = p_{\mathrm{u}} \sum_{i=1}^{m} p_i \eta_i \mathrm{e}^{-\eta_i x} I_{x \geqslant 0} + q_{\mathrm{d}} \sum_{j=1}^{n} q_j \theta_j \mathrm{e}^{-\theta_j x} I_{x < 0}, \tag{4.3}$$

式 (4.3) 中参数的含义同 2.2.1 小节中的模型参数.

除 W_t 和 W_t^{V} 相关外, 假设所有的随机源 W_t、W_t^{V}、N_t、Y 之间相互独立. 令 $k = E[\mathrm{e}^Y] - 1$, X_t 为所有跳的和, 假设存在一个相当于 P 的等价鞅测度 Q, 使得 $X_t - \lambda kt$ 为 Q-鞅. 令

$$J(t) = \exp\left(X_t - \lambda kt\right), \tag{4.4}$$

定义随机波动混合指数跳扩散模型(mixed-exponential jump diffusion model with stochastic volatility, SVMJ) 为

$$S_t = S_t^{\mathrm{c}} J_t. \tag{4.5}$$

4.2.2　随机利率随机波动混合指数跳扩散模型

假设基本市场条件同 4.2.1 小节, 设瞬时利率 r_t 满足 CIR 过程:

$$\mathrm{d}r_t = (\theta_{\mathrm{r}} - \alpha_{\mathrm{r}} r_t)\mathrm{d}t + \sigma_{\mathrm{r}} \sqrt{r_t} \mathrm{d}Z_{1t}, \tag{4.6}$$

其中, Z_{1t} 为 $\mathcal{F}_t$ 适应的标准布朗运动; 非负常数 θ_{r}、$\theta_{\mathrm{r}}/\alpha_{\mathrm{r}}$、$\sigma_{\mathrm{r}}$ 分别为利率过程 r_t 的拉力速率、长期平均水平和瞬时波动率, 并且假设它们满足 Feller 条件[172] $2\theta_{\mathrm{r}} > \sigma_{\mathrm{r}}^2$. 令 $r_0 = r$.

假设波动过程 V_t 也满足 CIR 过程:

$$\mathrm{d}V_t = (\theta_{\mathrm{V}} - \alpha_{\mathrm{V}} V_t)\mathrm{d}t + \sigma_{\mathrm{V}} \sqrt{V_t} \mathrm{d}Z_{2t},$$

其中, Z_{2t} 为 $\mathcal{F}_t$ 适应的标准布朗运动, 其他参数的含义同式 (4.2). 令 $k = E(U-1)$, 其中, $U = (U_j)_{j \geqslant 1}$ 为独立同分布的随机变量序列, 并且 $Y = \ln U$ 服从概率密度函数形如式 (4.3) 的混合指数分布. 假设 S_t 满足随机利率随机波动混合指数跳扩散模型(mixed-exponential jump diffusion model with stochastic interest rate and stochastic volatility, SISVMJ)

$$\mathrm{d}S_t = (r_t - \lambda k)S_t \mathrm{d}t + \sigma \sqrt{V_t} S_t \mathrm{d}W_t + S_t \mathrm{d}\left(\sum_{j=1}^{N_t}(U_j - 1)\right), \tag{4.7}$$

其中, W_t 为 $\mathcal{F}_t$ 适应的标准布朗运动; $\sigma > 0$ 为标的资产价格的波动系数; N_t 为具有常值强度 $\lambda > 0$ 的泊松过程. 假设 W_t 和 Z_{2t} 具有相关系数 ρ, 除了 W_t 和 Z_{2t} 相关外, 所有的随机源 W_t、Z_{1t}、Z_{2t}、N_t、Y 之间相互独立, 令 $S_0 = S$.

注记 4.1　模型（4.7）可以通过指定参数值转化为六个嵌套模型：① BS 模型，通过令 $\lambda = \theta_V = \alpha_V = \sigma_V = \theta_r = \alpha_r = \sigma_r = 0$；② Heston 模型，通过令 $\lambda = \theta_r = \alpha_r = \sigma_r = 0$；③ MEM，通过令 $\theta_V = \alpha_V = \sigma_V = \theta_r = \alpha_r = \sigma_r = 0$；④ DexpJ 模型，通过令 $m = n = 1, \theta_V = \alpha_V = \sigma_V = \theta_r = \alpha_r = \sigma_r = 0$；⑤ 随机利率混合指数跳扩散模型（mixed-exponential jump diffusion model with stochastic interest rate, SIMJ），通过令 $\theta_V = \alpha_V = \sigma_V = 0$；⑥ 随机利率随机波动模型（stochastic interest rate stochastic volatility model, SISV），通过令 $\lambda = 0$.

4.2.3　特征函数推导

本节推导两个组合模型的特征函数，这是在欧式期权定价闭形解和 FFT 方法中都需要用到的重要结论. 为此，先给出几个引理.

引理 4.1（Feynman-Kac 公式 [173]）　假设 X_t 为随机微分方程：

$$\mathrm{d}X_t = a(X_t, t)\mathrm{d}t + b(X_t, t)\mathrm{d}W_t$$

具有初值 $X_{t-h} = x(x \in \mathbb{R}, t \in [0, T))$ 在 t 时刻的解，则条件数学期望：

$$\nu(x, t) = E\left(f(X_t)\mathrm{e}^{\int_t^T g(X_s, s)\mathrm{d}s} \,|X_t = x \right)$$

是下述倒向抛物型方程 Cauchy 问题的解：

$$\begin{cases} \dfrac{\partial \nu}{\partial t} + a(x, t)\dfrac{\partial \nu}{\partial x} + \dfrac{1}{2}b^2(x, t)\dfrac{\partial^2 \nu}{\partial x^2} + g(x, t)\nu = 0, \\ \nu(x, T) = f(x). \end{cases}$$

证明　令 $E_{x,t}\left(f(X_t)\mathrm{e}^{\int_t^T g(X_s, s)\mathrm{d}s} \right) = E\left(f(X_t)\mathrm{e}^{\int_t^T g(X_s, s)\mathrm{d}s} \,|X_t = x \right)$，当 $t < T$ 时，考察差商：

$$\frac{\nu(x, t) - \nu(x, t - h)}{h}$$

$$= -\frac{1}{h}E_{x,t-h}\int_{t-h}^t \left\{ g(X_\tau, \tau)\mathrm{e}^{\int_{t-h}^t g(X_s, s)\mathrm{d}s}\nu(X_\tau, t) \right.$$

$$\left. + \mathrm{e}^{\int_{t-h}^t g(X_s, s)\mathrm{d}s}\left[a(X_\tau, \tau)\nu_x(X_\tau, t) + \frac{1}{2}b^2(X_\tau, \tau)\nu_{xx}(X_\tau, t) \right] \right\}\mathrm{d}\tau, \qquad (4.8)$$

在式 (4.8) 两边同时令 $h \to 0$，可得

$$\frac{\partial \nu}{\partial t} + a(x, t)\frac{\partial \nu}{\partial x} + \frac{1}{2}b^2(x, t)\frac{\partial^2 \nu}{\partial x^2} + g(x, t)\nu = 0,$$

又

$$\lim_{t \to T} E_{x,t} \left(f(X_t) e^{\int_t^T g(X_s,s)\mathrm{d}s} \right) = f(x),$$

故引理 4.1 得证.

引理 4.2 假设方差过程 V_t 满足式 (4.2), 令 $\gamma = \sqrt{a_V^2 + 2\sigma_V^2 s_1}$, 则

$$E \left[\exp \left(-s_1 \int_0^T V_u \mathrm{d}u - s_2 V_t \right) \right]$$

$$= \exp \left\{ \frac{2\theta_V}{\sigma_V^2} \ln \left[\frac{2\gamma_i e^{(1/2)(a_V - \gamma)T}}{2\gamma e^{-\gamma T} + (a_V + \gamma + \sigma_V^2 s_2)(1 - e^{-\gamma T})} \right] \right.$$

$$\left. - \frac{(1 - e^{-\gamma T})(2s_1 - a_V s_2) + \gamma s_2(1 + e^{-\gamma T})}{2\gamma e^{-\gamma T} + (a_V + \gamma + \sigma_V^2 s_2)(1 - e^{-\gamma T})} V \right\},$$

其中, s_1、s_2 为任意复数.

证明 令 $F(V,0,T) = E \left[\exp \left(-s_1 \int_0^T V_s \mathrm{d}s - s_2 V_t \right) \right]$. 因方差过程 (4.2) 具有仿射结构, 因此 $F(V,0,T)$ 具有形式 $\exp\{A(T) - B(T)V\}$. 由 Feynman-Kac 公式, $F(V,0,T)$ 是下述倒向抛物型方程:

$$\begin{cases} \dfrac{\partial F}{\partial t} + (\theta_V - \alpha_V V)\dfrac{\partial F}{\partial V} + \dfrac{1}{2}\sigma_V^2 \dfrac{\partial^2 F}{\partial V^2} - s_1 V F = 0, \\ F(V,0,0) = \exp(-s_2 V), \end{cases} \tag{4.9}$$

Cauchy 问题的解. 将 $\exp\{A(T) - B(T)V\}$ 代入式 (4.9), 得

$$\begin{cases} A_t(T) - \theta_V B(T) = 0, & A(0) = 0, \\ -B_t(T) + \dfrac{1}{2}\sigma_V^2 B^2(T) + \alpha_V B(T) - s_1 = 0, & B(0) = s_2. \end{cases} \tag{4.10}$$

解方程组 (4.10), 即得引理 4.2 结论.

引理 4.3 假设资产价格 S_t 满足模型 (4.5), z 为任意复数, 则

$$E[\exp(-rT + z \ln S_T)]$$

$$= \exp \left\{ (z-1)rT + \lambda T \left(p_u \sum_{i=1}^m \frac{p_i \eta_i}{\eta_i - z} + \sum_{j=1}^n q_d \frac{q_j \theta_j}{\theta_j + z} - 1 \right) - z\lambda Tk \right.$$

$$\left. - z\frac{\rho\sigma}{\sigma_V}(V(T) + \theta_V T) + \frac{2\theta_V}{\sigma_V^2} \ln \left[\frac{2\gamma e^{(1/2)(a_V - \gamma)T}}{2\gamma e^{-\gamma T} + (a_V + \gamma + \sigma_V^2 s_2)(1 - e^{-\gamma T})} \right] \right.$$

$$- \frac{(1 - \mathrm{e}^{-\gamma T})(2s_1 - a_{\mathrm{V}} s_2) + \gamma s_2 (1 + \mathrm{e}^{-\gamma T})}{2\gamma \mathrm{e}^{-\gamma T} + (a_{\mathrm{V}} + \gamma + \sigma_{\mathrm{V}}^2 s_2)(1 - \mathrm{e}^{-\gamma T})} V \Bigg\},$$

其中，$s_1 = -(z-1)z\sigma^2(1-\rho^2)/2 - z(\rho\sigma a_{\mathrm{V}}/\sigma_{\mathrm{V}} - \sigma^2\rho^2/2)$ $s_2 = -z\rho\sigma/\sigma_{\mathrm{V}}$.

证明　令 $\mathrm{d}W_t = \rho\mathrm{d}W_t^{\mathrm{V}} + \sqrt{1-\rho^2}\mathrm{d}W_t'$，其中，$W_t'$ 为 $(\Omega, \mathcal{F}, P)$ 上 $\mathcal{F}_t$ 适应的标准布朗运动，且与 W_t^{V}、N_t、U_j 相互独立. 由伊藤公式，可得

$$\ln S_t = X_t - \lambda t \left(p_{\mathrm{u}} \sum_{i=1}^m \frac{p_i \eta_i}{\eta_i - 1} + \sum_{j=1}^n q_{\mathrm{d}} \frac{q_j \theta_j}{\theta_j + 1} - 1 \right) + rt$$

$$+ \left(\sigma\rho \int_0^t \sqrt{V_t}\mathrm{d}W_t^{\mathrm{V}} - \frac{1}{2}\sigma^2\rho^2 \int_0^t V_t \mathrm{d}t \right)$$

$$+ \left[\sigma\sqrt{1-\rho^2} \int_0^t \sqrt{V_t}\mathrm{d}W_t' - \frac{1}{2}\sigma^2(1-\rho^2) \int_0^t V_t \mathrm{d}t \right]$$

$$= X_t - \lambda t \left(p_{\mathrm{u}} \sum_{i=1}^m \frac{p_i \eta_i}{\eta_i - 1} + \sum_{j=1}^n q_{\mathrm{d}} \frac{q_j \theta_j}{\theta_j + 1} - 1 \right) + rt + \xi_t + \varsigma_t.$$

令 $\phi(z) = E[\exp(-rT + z\ln S_T)]$. 由 N_t 与 W_t、W_t^{V}、W_t' 相互独立，有

$$\phi(z) = E\{\exp[(z-1)rT + z\xi_T + z\varsigma_T]\} \cdot E[\exp(z\ln J_T)] = \mathrm{e}^{(z-1)rT} C(T) D(T). \tag{4.11}$$

由式 (4.3) 和式 (4.4)，可得

$$C(T) = \exp\Bigg[\lambda T \left(p_{\mathrm{u}} \sum_{i=1}^m \frac{p_i \eta_i}{\eta_i - z} + \sum_{j=1}^n q_{\mathrm{d}} \frac{q_j \theta_j}{\theta_j + z} - 1 \right)$$

$$- z\lambda T \left(p_{\mathrm{u}} \sum_{i=1}^m \frac{p_i \eta_i}{\eta_i - 1} + \sum_{j=1}^n q_{\mathrm{d}} \frac{q_j \theta_j}{\theta_j + 1} - 1 \right) \Bigg], \tag{4.12}$$

由 W_t' 为标准布朗运动，可得

$$E(\xi_T) = -\frac{\sigma^2(1-\rho^2)}{2} \int_0^T V_t \mathrm{d}t, \mathrm{Var}(\xi_T) = \sigma^2(1-\rho^2) \int_0^T V_t \mathrm{d}t.$$

$$D(T) = E\left\{ \exp\left[(z-1)z\sigma^2(1-\rho^2)/2 \int_0^T V_t \mathrm{d}t + z\xi_T \right] \right\}$$

$$= \exp[-z\rho\sigma/\sigma_{\mathrm{V}}(V_T + \theta_{\mathrm{V}} T)] E\left\{ \exp\left[(z-1)z\sigma^2(1-\rho^2)/2 \right.\right.$$

$$\left.\left. + z(\rho\sigma\alpha_{\mathrm{V}}/\sigma_{\mathrm{V}} - \sigma^2\rho^2/2) \right] \int_0^T V_t \mathrm{d}t - z\rho\sigma/\sigma_{\mathrm{V}} V \right\}.$$

令 $s_1 = -(z-1)z\sigma^2(1-\rho^2)/2 - z(\rho\sigma a_{\mathrm{V}}/\sigma_{\mathrm{V}} - \sigma^2\rho^2/2)$, $s_2 = -z\rho\sigma/\sigma_{\mathrm{V}}$, 由引理 4.1 可得

$$
\begin{aligned}
& D(T) \\
& = \exp\left\{ -z\rho\sigma/\sigma_{\mathrm{V}}(V_T + \theta_{\mathrm{V}}T) + \frac{2\theta_{\mathrm{V}}}{\sigma_{\mathrm{V}}^2}\ln\left[\frac{2\gamma\mathrm{e}^{(1/2)(a_{\mathrm{V}}-\gamma)T}}{2\gamma\mathrm{e}^{-\gamma T} + (a_{\mathrm{V}}+\gamma+\sigma_{\mathrm{V}}^2 s_2)(1-\mathrm{e}^{-\gamma T})}\right] \right. \\
& \left. - \frac{(1-\mathrm{e}^{-\gamma T})(2s_1 - a_{\mathrm{V}}s_2) + \gamma s_2(1+\mathrm{e}^{-\gamma T})}{2\gamma\mathrm{e}^{-\gamma T} + (a_{\mathrm{V}}+\gamma+\sigma_{\mathrm{V}}^2 s_2)(1-\mathrm{e}^{-\gamma T})}V \right\}
\end{aligned}
\tag{4.13}
$$

由式 (4.11) $\sim$ 式 (4.13)，即得引理 4.3 结论.

引理 4.4　假设利率过程 r_t 满足式 (4.6)，则零复合债券价格 $P(t,T)$ 为

$$
\begin{aligned}
P(t,T) = & \left[\frac{2m_1\mathrm{e}^{(\alpha_{\mathrm{r}}+m_1)(T-t)/2}}{(\alpha_{\mathrm{r}}+m_1)(\mathrm{e}^{m_1(T-t)}-1)+2m_1}\right]^{\frac{2\theta_{\mathrm{r}}}{\sigma_{\mathrm{r}}^2}} \\
& \cdot \exp\left[-\frac{2(\mathrm{e}^{m_1(T-t)}-1)}{(\alpha_{\mathrm{r}}+m_1)(\mathrm{e}^{m_1(T-t)}-1)+2m_1}r_t\right],
\end{aligned}
\tag{4.14}
$$

其中，$m_1 = \sqrt{\alpha_{\mathrm{r}}^2 + 2\sigma_{\mathrm{r}}^2}$.

证明　见文献 [173].

定理 4.1　假设资产价格 S_t 满足模型 (4.5)，则 $\ln S_t$ 的特征函数 $\varphi(u) = E[\exp(iu\ln S_T)]$ 为

$$
\begin{aligned}
\varphi(u) = & \left[\frac{2\delta}{2\delta + (\alpha_{\mathrm{V}} - \delta - iu\rho\sigma\sigma_{\mathrm{V}})(1-\mathrm{e}^{-\delta T})}\right]^{\frac{2\theta_{\mathrm{V}}}{\sigma_{\mathrm{V}}^2}} \\
& \cdot \exp\left\{ iu\ln S_t + \frac{\theta_{\mathrm{V}}(\alpha_{\mathrm{V}}-\delta)T}{\sigma_{\mathrm{V}}^2} - \frac{iu\theta_{\mathrm{V}}\sigma\rho T}{\sigma_{\mathrm{V}}} \right. \\
& + \lambda T\left[p_{\mathrm{u}}\sum_{i=1}^{m}\frac{p_i\eta_i}{\eta_i - iu} + \sum_{j=1}^{n}q_{\mathrm{d}}\frac{q_j\theta_j}{\theta_j + iu} - 1 \right. \\
& \left. \left. - iu\left(p_{\mathrm{u}}\sum_{i=1}^{m}\frac{p_i\eta_i}{\eta_i - 1} + \sum_{j=1}^{n}q_{\mathrm{d}}\frac{q_j\theta_j}{\theta_j + 1} - 1\right)\right] + iurT + \varepsilon V \right\},
\end{aligned}
\tag{4.15}
$$

其中，

$$
\delta = \sqrt{(\alpha_{\mathrm{V}} - iu\rho\sigma\sigma_{\mathrm{V}})^2 + iu(1-iu)\sigma^2\sigma_{\mathrm{V}}^2};
$$

$$\varepsilon = \frac{iu(iu-1)\sigma^2(1-\mathrm{e}^{-\delta T})}{2\delta + (\alpha_{\mathrm{V}} - \delta - iu\rho\sigma\sigma_{\mathrm{V}})(1-\mathrm{e}^{-\delta T})}.$$

证明　令 $\Psi(z) = E[\exp(-rT + z\ln S_T)]$，因为

$$\varphi(u) = E[\exp(iu\ln S_T)] = \frac{E[\exp(-rT + iu\ln S_T)]}{E[\exp(-rT)]} = \frac{\Psi(iu)}{\psi(0)},$$

由引理 4.3，即得定理 4.1 结论.

定理 4.2　假设资产价格 S_t 满足模型（4.7），则 $\ln S_t$ 的特征函数为

$$\varphi(u) = \left[\frac{2m}{2m + (\alpha_{\mathrm{V}} - m - iu\rho\sigma\sigma_{\mathrm{V}})(1-\mathrm{e}^{-mT})}\right]^{\frac{2\theta_{\mathrm{V}}}{\sigma_{\mathrm{V}}^2}}$$

$$\cdot \exp\left\{ iu\ln s + \frac{\theta_{\mathrm{V}}(\alpha_{\mathrm{V}} - m)T}{\sigma_{\mathrm{V}}^2} + \lambda T(L - iuk - 1) \right.$$

$$+ r\left[\frac{2(1-\mathrm{e}^{-m_1 T})}{2m_1 + (\alpha_{\mathrm{r}} - m_1)(1-\mathrm{e}^{-m_1 T})} - \frac{2(1-iu)(1-\mathrm{e}^{-m_2 T})}{2m_2 + (\alpha_{\mathrm{r}} - m_2)(1-\mathrm{e}^{-m_2 T})}\right]$$

$$+ \frac{\theta_{\mathrm{r}}}{\sigma_{\mathrm{r}}^2}\left[(\alpha_{\mathrm{r}} - m_2)T + 2\ln\frac{2m_2}{2m_2 + (\alpha_{\mathrm{r}} - m_2)(1-\mathrm{e}^{-m_2 T})}\right]$$

$$- \frac{\theta_{\mathrm{r}}}{\sigma_{\mathrm{r}}^2}\left[(\alpha_{\mathrm{r}} - m_1)T + 2\ln\frac{2m_1}{2m_1 + (\alpha_{\mathrm{r}} - m_1)(1-\mathrm{e}^{-m_1 T})}\right]$$

$$\left. + V\frac{iu(iu-1)(1-\mathrm{e}^{-mT})}{2m + (\alpha_{\mathrm{V}} - m - iu\rho\sigma\sigma_{\mathrm{V}})(1-\mathrm{e}^{-mT})} \right\}, \tag{4.16}$$

其中, $k = p_{\mathrm{u}}\sum\limits_{i=1}^{m}\frac{p_i\eta_i}{\eta_i - 1} + \sum\limits_{j=1}^{n}q_{\mathrm{d}}\frac{q_j\theta_j}{\theta_j + 1} - 1$; $L = p_{\mathrm{u}}\sum\limits_{i=1}^{m}\frac{p_i\eta_i}{\eta_i - z} + \sum\limits_{j=1}^{n}q_{\mathrm{d}}\frac{q_j\theta_j}{\theta_j + z}$; $m_1 =$ $\sqrt{\alpha_{\mathrm{r}}^2 + 2\sigma_{\mathrm{r}}^2}$; $m = \sqrt{(\alpha_{\mathrm{V}} - iu\rho\sigma\sigma_{\mathrm{V}})^2 + iu(1-iu)\sigma^2\sigma_{\mathrm{V}}^2}$; $m_2 = \sqrt{\alpha_{\mathrm{r}}^2 + 2\sigma_{\mathrm{r}}^2(1-iu)}$.

证明　以 T-期零复合债券的价格 $P(0,T)$ 作为计价单位，通过 Radon-Nikodym 导数

$$\frac{\mathrm{d}Q}{\mathrm{d}P} = \frac{\exp\left[-\displaystyle\int_0^T r(t)\mathrm{d}t\right]}{P(0,T)}, \tag{4.17}$$

将风险中性概率测度 P 变换为 Q. 在风险中性概率测度 Q 下，由式 (4.17) 得

$\ln S_T$ 的特征函数为

$$\varphi(u) = E\left[\frac{\exp\left(-\int_0^T r_t \mathrm{d}t\right)}{P(0,T)} \mathrm{e}^{iu \ln S_T}\right].\qquad(4.18)$$

对任意复数 z，令 $R_T = \int_0^T r_t \mathrm{d}t$，$\phi(z) = E[\exp(-R_T + z \ln S_T)]$，式 (4.18) 可表示为 $\varphi(u) = \dfrac{\phi(iu)}{\phi(0)}$. 为了计算特征函数，只需计算 $\phi(z)$.

令 Z_t 为标准布朗运动，且与 Z_{1t}、Z_{2t}、N_t、Y_j 相互独立，并令 $\mathrm{d}W_t = \rho \mathrm{d}Z_{2t} + \sqrt{1-\rho^2}\mathrm{d}Z_t$，由伊藤公式，可得

$$\ln S_t = \ln s - \lambda kt + R_t + \sum_{j=1}^{N_t} Y_j + \left(\sigma\rho\int_0^t \sqrt{V_t}\mathrm{d}Z_{2t} - \frac{1}{2}\sigma^2\rho^2\int_0^t V_t\mathrm{d}t\right)$$

$$+ \left[\sigma\sqrt{1-\rho^2}\int_0^t \sqrt{V_t}\mathrm{d}Z_t - \frac{1}{2}\sigma^2(1-\rho^2)\int_0^t V_t\mathrm{d}t\right]$$

$$= \ln s - \lambda kt + R_t + \sum_{j=1}^{N_t} Y_j + \xi_t + \varsigma_t.\qquad(4.19)$$

由于随机过程 N_t、W_t、Z_{1t} 和随机变量序列 Y_j 相互独立，由式 (4.19)，可得

$$\phi(z) = \mathrm{e}^{z\ln s - z\lambda kT} E^Q\left(\mathrm{e}^{z\sum\limits_{j=1}^{N_T} Y_j}\right) E^Q\{\exp[(z-1)R_T]\} E^Q[\exp(z\xi_T + z\varsigma_T)].\quad(4.20)$$

由式 (4.3) 可得

$$E^Q\left(\mathrm{e}^{z\sum\limits_{j=1}^{N_T} Y_j}\right) = \exp\left[\lambda T\left(p_{\mathrm{u}}\sum_{i=1}^{m}\frac{p_i\eta_i}{\eta_i - z} + \sum_{j=1}^{n} q_{\mathrm{d}}\frac{q_j\theta_j}{\theta_j + z} - 1\right)\right].\qquad(4.21)$$

设 $F(r,0,T) = E^Q\{\exp[(z-1)R_T]\}$. 因利率过程（4.6）为仿射过程，猜想 $F(r,0,T)$ 具有形式 $\exp\{C(T) - D(T)r\}$. 由 Feynman-Kac 公式，$F(r,0,T)$ 是倒向抛物型方程：

$$\begin{cases} \dfrac{\partial F}{\partial t} + (\theta_{\mathrm{r}} - \alpha_{\mathrm{r}}r)\dfrac{\partial F}{\partial r} + \dfrac{1}{2}\sigma_{\mathrm{r}}^2 r\dfrac{\partial^2 F}{\partial r^2} - (z-1)rF = 0, \\ F(r,T,T) = 1, \end{cases}\qquad(4.22)$$

Cauchy 问题的解. 将 $\exp\{C(T) - D(T)r\}$ 代入式 (4.22)，得

$$
\begin{cases}
C_t(T) - \theta_r D(T) = 0, & C(0) = 0, \\
-D_t(T) + \dfrac{1}{2}\sigma_r^2 r D^2(T) + \alpha_r D(T) + z - 1 = 0, & D(0) = 0.
\end{cases}
\tag{4.23}
$$

解方程组 (4.23)，得

$$
\begin{aligned}
F(r,0,T) = \exp\Bigg\{ & \frac{\theta_r}{\sigma_r^2}\left[(\alpha_r - \gamma)T + 2\ln\frac{2\gamma}{2\gamma + (a_r - \gamma)(1 - e^{-\gamma T})}\right] \\
& - \frac{2(1 - z)(1 - e^{-\gamma T})}{2\gamma + (a_V - \gamma)(1 - e^{-\gamma T})}r \Bigg\},
\end{aligned}
\tag{4.24}
$$

其中，$\gamma = \sqrt{\alpha_r^2 + 2\sigma_r^2(1 - z)}$.

由 Z_t 为标准布朗运动，可得

$$
E(\xi_T) = -\frac{\sigma^2(1 - \rho^2)}{2}\int_0^T V_t \mathrm{d}t, \quad \mathrm{Var}(\xi_T) = \sigma^2(1 - \rho^2)\int_0^T V_t \mathrm{d}t,
$$

$$
\begin{aligned}
& E^Q[\exp(z\xi_T + z\varsigma_T)] \\
&= E^Q\left\{\exp\left[(z - 1)z\sigma^2(1 - \rho^2)/2\int_0^T V_t \mathrm{d}t + z\xi_T\right]\right\} \\
&= \exp\left[-z\rho\sigma/\sigma_V(V_T + \theta_V T)\right]E^Q\bigg\{\exp\big[(z - 1)z\sigma^2(1 - \rho^2)/2 \\
&\quad + z(\rho\sigma\alpha_V/\sigma_V - \sigma^2\rho^2/2)\big]\int_0^T V_t \mathrm{d}t - z\rho\sigma/\sigma_V V\bigg\}.
\end{aligned}
$$

令 $s_1 = -(z - 1)z\sigma^2(1 - \rho^2)/2 - z(\rho\sigma a_V/\sigma_V - \sigma^2\rho^2/2)$，$s_2 = -z\rho\sigma/\sigma_V$，由引理 4.1，可得

$$
\begin{aligned}
& E^Q[\exp(z\xi_T + z\varsigma_T)] \\
&= \exp\Bigg[-z\frac{\rho\sigma}{\sigma_V}(V_t + \theta_V T) + \frac{2\theta_V}{\sigma_V^2}\ln\frac{2\gamma e^{(1/2)(a_V - \gamma)T}}{2\gamma e^{-\gamma T} + (a_V + \gamma + \sigma_V^2 s_2)(1 - e^{-\gamma T})} \\
&\quad - \frac{(1 - e^{-\gamma T})(2s_1 - a_V s_2) + \gamma s_2(1 + e^{-\gamma T})}{2\gamma e^{-\gamma T} + (a_V + \gamma + \sigma_V^2 s_2)(1 - e^{-\gamma T})}V\Bigg].
\end{aligned}
\tag{4.25}
$$

由式 (4.18)、式 (4.20)、式 (4.21) 和式 (4.25)，可得定理 4.2 结论.

4.3 欧式期权定价的闭形解

4.3.1 欧式期权定价的闭形解公式

定理 4.3 在等价鞅测度 Q 下，假设标的资产价格 S_t 满足模型（4.5），$\varphi(u)$ 为 $\ln S_t$ 的特征函数，T 为到期时间，K 为执行价格. 令 $k = \ln K$，$C_T(K)$ 为欧式看涨期权在时刻 t 的价格，则

$$C_T(k) = \frac{1}{2}(S_t - \mathrm{e}^{-rT}K)$$
$$+ \frac{1}{\pi}\int_0^{+\infty}\left\{S_t\Re\left[\frac{\mathrm{e}^{iuk}\varphi_T(u-\mathrm{i})}{\mathrm{i}u}\right] - \mathrm{e}^{-rT}K\Re\left[\frac{\mathrm{e}^{iuk}\varphi_T(u)}{\mathrm{i}u}\right]\right\}\mathrm{d}u, \quad (4.26)$$

其中，$\Re(\cdot)$ 为实部.

证明 令 $x_T = \ln S_T$，假设 $f(x)$ 是 x_T 的概率密度函数，由无风险定价理论，可得

$$C_T(K) = E[\exp(-rT)(S_T - K)^+]$$
$$= \mathrm{e}^{-rT}\int_0^{+\infty}(S_T - K)^+ f(S_T)\mathrm{d}S_T$$
$$= \mathrm{e}^{-rT}\int_0^{+\infty}\mathrm{e}^{x_T}f(x)\mathrm{d}x - \mathrm{e}^{-rT}K\int_0^{+\infty}f(x)\mathrm{d}x$$
$$= S\Pi_1 - \mathrm{e}^{-rT}K\Pi_2. \quad (4.27)$$

通过 Radon-Nikodym 导数 $\dfrac{\mathrm{d}Q^*}{\mathrm{d}Q} = \dfrac{\mathrm{e}^{x_T}}{E(\mathrm{e}^{x_T})}$，将测度 Q 变换到 Q^*. 在新测度 Q^* 下，Π_1 的傅里叶变换定义为 $E^{Q^*}[\exp(iu\ln S_T)] = \dfrac{\varphi(u-\mathrm{i})}{\varphi(-\mathrm{i})}$. 由无套利条件，有

$$\Pi_1 = \frac{1}{2} + \frac{1}{\pi}\int_0^{+\infty}\Re\left[\frac{\mathrm{e}^{iu\ln K}\varphi_T(u-\mathrm{i})}{\mathrm{i}u\varphi_T(-\mathrm{i})}\right]\mathrm{d}u. \quad (4.28)$$

由傅里叶变换，得模型（4.5）的概率密度函数为 $f(x) = \dfrac{1}{\pi}\displaystyle\int_0^{+\infty}\mathrm{e}^{-iu\ln K}\varphi_T(u)\mathrm{d}u$，因此

$$\Pi_2 = \frac{1}{2} + \frac{1}{\pi}\int_0^{+\infty}\Re\left[\frac{\mathrm{e}^{iu\ln K}\varphi_T(u)}{\mathrm{i}u}\right]\mathrm{d}u. \quad (4.29)$$

由式 (4.27)、式 (4.28) 和式 (4.29) 即得定理 4.3 结论.

定理 4.4 假设标的资产价格 S_t 满足式 (4.7)，$\varphi(u)$ 为 $\ln S_t$ 的特征函数，$P(t,T)$ 为利率过程（4.6）的零复合债券价格，$C_T(K)$ 为欧式看涨期权在时刻 t 的价格，则

$$C_T(K) = S\left\{\frac{1}{2} + \frac{1}{\pi}\int_0^{+\infty}\Re\left[\frac{\mathrm{e}^{\mathrm{i}u\ln K}\varphi_T(u-\mathrm{i})}{\mathrm{i}u\varphi_T(-\mathrm{i})}\right]\mathrm{d}u\right\}$$
$$- P(t,T)K\left\{\frac{1}{2} + \frac{1}{\pi}\int_0^{+\infty}\Re\left[\frac{\mathrm{e}^{\mathrm{i}u\ln K}\varphi_T(u)}{\mathrm{i}u}\right]\mathrm{d}u\right\}. \tag{4.30}$$

证明 由无风险定价理论, 可得

$$C_T(K) = E\left[\exp\left(-\int_t^T r_s\mathrm{d}s\right)(S_T - K)^+\right]$$
$$= E\left[\exp\left(-\int_t^T r_s\mathrm{d}s\right)S_T I_{S_T \geqslant K}\right]$$
$$- KE\left[\exp\left(-\int_t^T r_s\mathrm{d}s\right)S_T I_{S_T \geqslant K}\right]. \tag{4.31}$$

令 $I_1 = E\left[\exp\left(-\int_t^T r_s\mathrm{d}s\right)S_T I_{S_T \geqslant K}\right]$, 以资产价格 S 为计价单位, 由 Radon-Nikodym 导数 $\dfrac{\mathrm{d}Q_1}{\mathrm{d}P} = \dfrac{\mathrm{e}^{-\int_t^T r_s\mathrm{d}s}S_T}{S_t}$, 将测度 P 变换到测度 Q_1. 在新测度 Q_1 下, 由无套利条件, 有

$$I_1 = \frac{1}{2} + \frac{1}{\pi}\int_0^{+\infty}\Re\left[\frac{\mathrm{e}^{\mathrm{i}u\ln K}\varphi_T(u-\mathrm{i})}{\mathrm{i}u\varphi_T(-\mathrm{i})}\right]\mathrm{d}u. \tag{4.32}$$

令 $I_2 = E\left[\exp\left(-\int_t^T r_s\mathrm{d}s\right)S_T I_{S_T \geqslant K}\right]$, 以零复合债券价格 $P(t,T)$ 为计价单位, 由 Radon-Nikodym 导数 $\dfrac{\mathrm{d}Q_2}{\mathrm{d}P} = \dfrac{\mathrm{e}^{-\int_t^T r_s\mathrm{d}s}}{P(t,T)}$, 将测度 P 变换到测度 Q_2. 在新测度 Q_2 下, 可得

$$I_2 = \frac{1}{2} + \frac{1}{\pi}\int_0^{+\infty}\Re\left[\frac{\mathrm{e}^{\mathrm{i}u\ln K}\varphi_T(u)}{\mathrm{i}u}\right]\mathrm{d}u. \tag{4.33}$$

由式 (4.31)、式 (4.32) 和式 (4.33) 即得定理 4.4 成立.

注记 4.2 在定理 4.3 和定理 4.4 中, 当 K 趋近 $-\infty$ 时, $C_T(K)$ 趋近 S_t 而不是 0, 因此 $C_T(K)$ 不是绝对可积, 可以利用经典的数值积分得到期权定价的近似数值解.

4.3.2 欧式期权定价的数值积分方法

为了利用 4.3.1 小节中的闭形解公式得到组合模型下的欧式期权价格，需要计算式 (4.26) 和式 (4.30) 中的积分. 由于式 (4.26) 和式 (4.30) 中被积函数异常复杂，无法找到其原函数，本节采用数值积分方法近似计算.

假设 $f(x)$ 为任意函数，$[a, b] \in \mathbb{R}^2$，积分 $\int_a^b f(x)\mathrm{d}x$ 可通过数值积分格法近似为

$$\int_a^b f(x)\mathrm{d}x \approx \sum_{j=1}^N \omega_j f(x_j), \tag{4.34}$$

其中，$(x_1, \cdots, x_N)$ 为节点；$(\omega_1, \cdots, \omega_N)$ 为节点对应的加权因子；N 为节点个数. 常用的数值积分格法有牛顿–柯特斯公式和高斯积分方法，关于数值积分的详细介绍请参考 Gander 等 [174] 的研究.

牛顿–柯特斯公式是最简单的数值积分方法. 牛顿–柯特斯公式基于某些法则通过节点 $x_1, x_2, \cdots, x_N$ 将积分区间 $[a, b]$ 剖分为等距的子区间，常用的法则有中点法则、梯形法则和辛普森法则. 令 $h = (b - a)/(N - 1)$，定义节点 $x_j = a + (j - 1)h(j = 1, \cdots, N)$ 和加权因子 ω_j 为

$$\omega_j = \begin{cases} h/3, & j = 1, N, \\ 4h/3, & j = 2n, 1 < j < N, n \in \mathbb{Z}, \\ 2h/3, & j = 2n - 1, 1 < j < N, n \in \mathbb{Z}. \end{cases}$$

辛普森法则通过式 (4.35) 近似积分得

$$\int_a^b f(x)\mathrm{d}x \approx \frac{h}{3}f(x_1) + \frac{4h}{3}\sum_{j=1}^{N/2-1} f(x_{2j}) + \frac{2h}{3}\sum_{j=1}^{N/2} f(x_{2j-1}) + \frac{h}{3}f(x_N). \tag{4.35}$$

类似于牛顿–柯特斯公式，高斯积分方法需要确定节点集 $(x_1, \cdots, x_N)$ 和加权因子集 $(\omega_1, \cdots, \omega_N)$. 节点和加权因子的确定依赖于积分法则和节点数，Gauss-Laguerre、Gauss-Legendre 和 Gauss-Lobatto 是常用的积分法则. Gauss-Laguerre 积分要求用于逼近的积分区间为 $[0, \infty]$，刚好与式 (4.26) 和式 (4.27) 中的积分区间相同，非常适合逼近欧式期权定价闭形解. 假设节点集 $(x_1, \cdots, x_N)$ 为 N 次 Laguerre 多项式 $L_N(x)$ 的根，即

$$L_N(x) = \sum_{k=1}^N \frac{(-1)^k}{k!} C_N^k x^k, \tag{4.36}$$

其中, C_N^k 为二项式系数. 加权因子集 $(\omega_1, \cdots, \omega_N)$ 通过对 $L_N(x)$ 关于每个节点求偏导数得到, 即

$$L_N'(x_j) = \sum_{k=1}^{N} \frac{(-1)^k}{(k-1)!} C_N^k x_j^{k-1}, \quad j = 1, \cdots, N. \tag{4.37}$$

则每个节点对应的加权因子为

$$\omega_j = \frac{(n!)^2 e^{x_j}}{x_j [L_N'(x_j)]^2}, \quad j = 1, \cdots, N. \tag{4.38}$$

数值上, 为了逼近式 (4.26) 和式 (4.30) 中的积分, 首先产生节点和加权因子, 然后在每个节点近似积分, 最后求和.

4.4　欧式期权定价的 FFT 方法

由于定理 4.3 和定理 4.4 中的积分不绝对可积, 因此 FFT 方法不能直接用来计算以上所提到的积分. Carr 等 [117] 提出, 在特征函数已知的情况下, 通过引入一个指数阻尼因子对期权价格进行修正, 然后采用 FFT 方法解决修正的期权定价问题.

4.4.1　FFT 算法原理

FFT 算法是 DFT 的一种快速算法, 该算法使计算复杂度由原本的 $O(N^2)$ 降为 $N \log_2 N$. 设 $x(n)$ 为有限长序列, 其离散傅里叶变换为

$$X(k) = \text{DFT}[x(n)] = \sum_{n=0}^{N-1} x(n) e^{-i\frac{2\pi n k}{N}}, \ 0 \leqslant k \leqslant N - 1. \tag{4.39}$$

相反, 若已知 $X(k)$, 则 $x(n)$ 可通过离散傅里叶反变换得到:

$$x(n) = \text{IDFT}[X(k)] = \frac{1}{N} \sum_{k=0}^{N-1} X(k) e^{i\frac{2\pi n k}{N}}, \ 0 \leqslant n \leqslant N - 1. \tag{4.40}$$

记 $W_N = e^{-i\frac{2\pi}{N}}$, 则可将式 (4.39) 简化为 $X(k) = \sum_{n=0}^{N-1} x(n) W_N^{nk}$, 将 DFT 改写为矩阵形式:

$$
\begin{bmatrix} X(0) \\ X(1) \\ \vdots \\ X(N-1) \end{bmatrix} = \begin{bmatrix} W_N^0 & W_N^0 & \cdots & W_N^0 \\ W_N^0 & W_N^{1\times 1} & \cdots & W_N^{(N-1)\times 1} \\ \vdots & \vdots & & \vdots \\ W_N^0 & W_N^{1\times(N-1)} & \cdots & W_N^{(N-1)\times(N-1)} \end{bmatrix} \begin{bmatrix} x(0) \\ x(1) \\ \vdots \\ x(N-1) \end{bmatrix}.
$$

$$(4.41)$$

如式 (4.41) 所示, 对于 DFT, 当计算一个 $X(k)$ 或者 $x(n)$ 时, 需要计算 N 次复数乘法和 $N-1$ 次复数加法. 若计算 N 个 $X(k)$ 或者 $x(n)$, 则需要计算 N^2 次复数乘法和 $N(N-1)$ 次复数加法. 当 N 取值较大时, 该方法的计算量将会非常大.

FFT 算法的基本思想: 由于 W_N 因子具有周期性和对称性, 即 $W^{(nk+\frac{N}{2})}=-W^{nk}$ 和 $W^{nk}=W^{\mathrm{mod}\left(\frac{nk}{N}\right)}$ ($\mathrm{mod}\left(\dfrac{nk}{N}\right)$ 为 nk 除以 N 取得的余数), 因此可以通过合并 DFT 运算中的有些项, 以有效减少运算次数.

由 W_N 的对称性可知, 若对某一序列 $x(0),x(1),\cdots,x(N-1)$ 进行 DFT, 可将 $X(k)$ 拆分为一个奇 DFT 和一个偶 DFT, 即

$$
X(k) = \sum_{m=0}^{N/2-1} x(2m)W_{N/2}^{mk} + \sum_{m=0}^{N/2-1} x(2m+1)W_{N/2}^{mk}W_N^k. \tag{4.42}
$$

然后, 对式 (4.42) 的每一项分别利用对称性, 将其拆分为一个奇 DFT 和一个偶 DFT, 如此继续下去, 直到分解出来的子问题小到无法再分解. 为了能够一直分解下去, 通常令 $N=2^M$ (M 为正整数).

当取 $N=2^M$ 时, 计算一个以 2 为底的完整的 FFT, 复数乘法的计算量由 N^2 次降低到 $(N\log_2 N)/2$ 次, 复数加法的计算量由 $N(N-1)$ 次降低到 $N\log_2 N$ 次. 同时, 当 $N\to\infty$ 时, $(\log_2 N)/N\to 0$, 因此应用 FFT 可以极大降低 DFT 的运算量, 使得计算时间减少, 尤其当序列长度 N 较大时, 效果更为显著.

4.4.2 SVMJ 模型下欧式期权定价的 FFT 方法

本节基于 Carr 等[117] 的思想分别开发 SVMJ 模型下价内期权 (执行价格低于当时资产价格的看涨期权)、平价期权 (执行价格等于当时资产价格的看涨期权) 和价外期权 (执行价格高于当时资产价格的看涨期权) 定价的近似数值解.

1. 价内期权和平价期权定价的 FFT 数值近似

假设标的资产价格 S_t 满足模型 (4.5), $\varphi(t)$ 和 $f(x)$ 分别为 $\ln S_t$ 的特征函数和概率密度函数, $C_T(K)$ 为欧式看涨期权在时刻 0 的价格, 令 $x_t=\ln S_t, k=\ln K$, 由式 (4.27), 有

$$C_T(K) = \exp(-rT) \int_0^{+\infty} (\mathrm{e}^{xT} - \mathrm{e}^k) f(x)\mathrm{d}x. \tag{4.43}$$

为了使式 (4.43) 平方可积, 在式 (4.43) 中引入一个指数阻尼因子 $\mathrm{e}^{\alpha k} (\alpha > 0)$, 将 $C_T(K)$ 修正为

$$c_T(K) = \mathrm{e}^{\alpha k} C_T(K). \tag{4.44}$$

由式 (4.43) 和式 (4.44) 可得, $c_T(K)$ 的傅里叶变换为

$$\begin{aligned}
\psi_T(u) &= \int_{-\infty}^{+\infty} \mathrm{e}^{\mathrm{i}uk} \int_k^{+\infty} \mathrm{e}^{\alpha k} \mathrm{e}^{-rT} (\mathrm{e}^x - \mathrm{e}^k) f(x)\mathrm{d}x\mathrm{d}k \\
&= \int_{-\infty}^{+\infty} \mathrm{e}^{-rT} f(x) \int_k^{+\infty} \mathrm{e}^{\alpha k} (\mathrm{e}^{x+\alpha k} - \mathrm{e}^{(1+\alpha)k}) \mathrm{e}^{\mathrm{i}uk}\mathrm{d}x\mathrm{d}k \\
&= \int_{-\infty}^{+\infty} \mathrm{e}^{-rT} f(x) \left(\frac{\mathrm{e}^{(\alpha+1+\mathrm{i}u)x}}{\alpha + \mathrm{i}u} - \frac{\mathrm{e}^{(\alpha+1+\mathrm{i}u)x}}{\alpha + 1 + \mathrm{i}u} \right) \mathrm{d}x \\
&= \frac{\mathrm{e}^{-rT} \varphi(u - (\alpha+1)\mathrm{i})}{\alpha^2 + \alpha - u^2 + \mathrm{i}(2\alpha+1)u}.
\end{aligned} \tag{4.45}$$

对式 (4.45) 进行傅里叶反变换, 可得

$$C_T(K) = \frac{\exp(-\alpha k)}{\pi} \Re \left(\int_0^{+\infty} \mathrm{e}^{-\mathrm{i}uk} \psi_T(u)\mathrm{d}u \right).$$

令 $v_j = \eta(j-1)$, 由梯形法则可得

$$C_T(K) \approx \frac{\exp(-\alpha k)}{\pi} \Re \left(\sum_{j=1}^N \mathrm{e}^{-\mathrm{i}v_j k} \psi_T(v_j) \eta \right).$$

令 $k_u = -b + h(u-1)(u = 1, \cdots, N)$, 其中, h 为步长; b 为 $\frac{1}{2} Nh$. k 从 $-b$ 变化到 b, 令 $\eta h = \dfrac{2\pi}{N}$. 当 η 较大时, 为了获得较准确的积分, 合并辛普森法则和 FFT 算法, 可得价内和平价看涨期权价格的近似数值解为

$$C(k_u) \approx \frac{\exp(-\alpha k)}{\pi} \Re \left\{ \sum_{j=1}^N \mathrm{e}^{-\mathrm{i}\frac{2\pi}{N}(j-1)(u-1)} \mathrm{e}^{\mathrm{i}bv_j} \psi_T(v_j) \frac{\eta}{3} [3 + (-1)^j - \omega_{j-1}] \right\}, \tag{4.46}$$

其中, $\omega_{j-1}(j = 1, 2, \cdots, n)$ 为 Kronecker delta 函数, 当 $n = 0$ 时, 其值为 1, 其他时候为 0. 由看涨–看跌期权定价的平价公式 [2], 可得相应的欧式看跌期权价格

的近似数值解为

$$P(k_u) \approx \frac{\exp(-\alpha k)}{\pi} \Re \left\{ \sum_{j=1}^{N} \mathrm{e}^{-\mathrm{i}\frac{2\pi}{N}(j-1)(u-1)} \mathrm{e}^{\mathrm{i}bv_j} \Upsilon_T(v_j) \frac{\eta}{3} [3 + (-1)^j - \omega_{j-1}] \right\},$$

(4.47)

其中，$\Upsilon_T(v_j) = \dfrac{\varphi(T, v - (-\alpha + 1)\mathrm{i})}{\alpha^2 + \alpha - v^2 + \mathrm{i}(-2\alpha + 1)v}$.

2. 价外期权定价的 FFT 数值近似

由前面的结果可知，对于价内期权和平价期权，可以通过引入一个指数阻尼因子使得看涨期权价格平方可积，从而可以应用 FFT 方法得到其定价问题的近似数值解. 然而，对于到期时间非常短的期权，以上方法不再适用. 为此，引入一个修正的时间值函数，以期利用 FFT 方法获得看涨期权定价的近似数值解.

令 $z_T(k)$ 为价外期权的时间值，$z_T(k)$ 定义为

$$z_T(k) = \exp(-rT) \int_{-\infty}^{+\infty} [(\mathrm{e}^k - \mathrm{e}^{x_T})I_{(x_T<k,k<0)} + (\mathrm{e}^{x_T} - \mathrm{e}^k)I_{(x_T>k,k>0)}]f(x)\mathrm{d}x.$$

设 $\varsigma_T(u)$ 为 $z_T(k)$ 的傅里叶变换，则

$$\varsigma_T(u) = \int_{-\infty}^{+\infty} \mathrm{e}^{\mathrm{i}uk} z_T(u)\mathrm{d}u. \tag{4.48}$$

注意式 (4.48)，当 $k \to 0$ 时，积分结果会出现强烈震动的现象，导致很难得到精确的数值解. 这可以通过引入一个阻尼函数 $\sinh(\alpha k)$ 消除，式 (4.48) 变为

$$\chi_T(u) = \int_{-\infty}^{+\infty} \sinh(\alpha u)\mathrm{e}^{\mathrm{i}uk} z_T(u)\mathrm{d}u = \frac{\varsigma_T(u - \mathrm{i}\alpha) - \varsigma_T(u + \mathrm{i}\alpha)}{2}. \tag{4.49}$$

对式 (4.49) 进行傅里叶反变换，可得价外期权价格为

$$z_T(k) = \frac{1}{\sinh(\alpha k)} \frac{1}{2\pi} \int_{-\infty}^{+\infty} \mathrm{e}^{-\mathrm{i}uk} \chi_T(u)\mathrm{d}u.$$

价外期权价格的傅里叶变换和式 (4.46) 类似，不同之处是阻尼因子由原来的 $\exp(-\alpha k)$ 调整为 $\dfrac{1}{\sinh(\alpha k)}$，将原来的 $\psi_T(u)$ 调整为 $\chi_T(u)$.

4.4.3 SISVMJ 模型下欧式期权定价的 FFT 方法

假设标的资产价格 S_t 满足模型 (4.7)，零复合债券价格 $P(t, T)$ 满足式 (4.14)，令 $k = \ln K$，$x_T = \ln S(T)$，$\varphi(t)$ 和 $f(x)$ 分别为 $\ln S_t$ 的特征函数和概率密度函

数, $C_T(K)$ 为欧式期权在时刻 t 的价格, 在风险中性概率测度 P 下, 由式 (4.31) 可得

$$C_T(K) = P(0,T) \int_k^{+\infty} (\mathrm{e}^{x_T} - \mathrm{e}^k) f(x) \mathrm{d}x. \tag{4.50}$$

式 (4.50) 不是平方可积, 引入阻尼因子 $\mathrm{e}^{\alpha k}$, 将式 (4.50) 修正为

$$C_T(K) = P(0,T) \frac{\mathrm{e}^{-\alpha k}}{\pi} \Re \left(\int_0^{+\infty} \mathrm{e}^{-\mathrm{i}vk} \psi(v) \mathrm{d}v \right), \tag{4.51}$$

其中, $\psi(v) = \dfrac{\varphi(v - (\alpha + 1)\mathrm{i})}{\alpha^2 + \alpha - v^2 + \mathrm{i}(2\alpha + 1)v}.$

对式 (4.51) 右边的积分利用梯形法则, 并令 $v_j = \eta(j-1)$, 可得

$$C_T(K) \approx \frac{\exp(-\alpha k)}{\pi} \Re \left(\sum_{j=1}^{N} \mathrm{e}^{-\mathrm{i}v_j k} \psi_T(v_j) \eta \right).$$

FFT 返回 N 个 k 值, 采用常规的步长 h, 并令 $b = Nh/2$, 定义 $\eta h = 2\pi/N$. 则 $k_u = -b + h(u-1)(u = 1, \cdots, N)$, k 从 $-b$ 变化到 b.

当 η 较大时, 为了获得较精确的积分值, 合并辛普森法则和 FFT 算法, 得到欧式看涨期权定价的近似数值解:

$$C(k_u) \approx P(0,T) \frac{\exp(-\alpha k)}{\pi} \Re \left\{ \sum_{j=1}^{N} \mathrm{e}^{-\mathrm{i}\frac{2\pi}{N}(j-1)(u-1)} \mathrm{e}^{\mathrm{i}bv_j} \psi(v_j) \frac{\eta}{3} [3 + (-1)^j - \omega_{j-1}] \right\}. \tag{4.52}$$

由欧式看涨–看跌期权定价的平价公式, 欧式看跌期权定价的近似数值解为

$$P(k_u) \approx P(0,T) \frac{\exp(-\alpha k)}{\pi} \Re \left\{ \sum_{j=1}^{N} \mathrm{e}^{-\mathrm{i}\frac{2\pi}{N}(j-1)(u-1)} \mathrm{e}^{\mathrm{i}bv_j} \Upsilon(v_j) \frac{\eta}{3} [3 + (-1)^j - \omega_{j-1}] \right\}, \tag{4.53}$$

其中, $\Upsilon(v_j) = \dfrac{\varphi(T, v - (-\alpha + 1)\mathrm{i})}{\alpha^2 + \alpha - v^2 + \mathrm{i}(-2\alpha + 1)v}.$

4.4.4　阻尼因子的确定

FFT 算法的精度和阻尼因子 α 的选择有直接关系, 尤其对于到期时间非常短的期权, α 如何确定呢? Carr 等 [117] 认为当 α 取允许的最大值的四分之一时算法的近似效果最好, Lee[121] 建议选择离散误差和绝对误差之和最小时的 α 值, Lord 等 [161] 利用优化方法来确定 α 的值. 本节综合 Carr 等 [117] 和 Lord 等 [161] 的方法确定 α 的值.

依据 Carr 等 [117] 的研究, 修正后的期权价格平方可积的一个充分条件是 $\psi(0)$ 有限, 即 $\varphi_T(-(\alpha+1)\mathrm{i}) < \infty$, 这相当于 $E[S_T^{1+\alpha}] < \infty$, 这将产生 α 的一个取值范围 (α_-, α_+). 在复平面内定义 $\Lambda_x = \{u = x + \mathrm{i}y \in \mathbb{C} \,|\, \alpha_- < -y < \alpha_+\}$, 对于所有的 $u \in \Lambda_x$, 由于

$$|\varphi(u)| = \left|E(\mathrm{e}^{\mathrm{i}u\ln S_T})\right| \leqslant E(\left|\mathrm{e}^{\mathrm{i}u\ln S_T}\right|) = \varphi(\mathrm{i}y), \tag{4.54}$$

从而 $\ln S_T$ 的特征函数一定存在, 因而 $(\alpha_- - 1, \alpha_+ - 1)$ 包括所有 α 的值. 记 $\alpha_{\min} = \alpha_- - 1$, $\alpha_{\max} = \alpha_+ - 1$, 选择使积分的总变差达到最小时的 α 值, 即

$$\alpha^* = \underset{\alpha \in [\alpha_{\min}, \alpha_{\max}]}{\arg\min} \; \mathrm{e}^{-\alpha k} \int_0^{+\infty} \left|\frac{\partial}{\partial v}\psi_T(v)\right| \mathrm{d}v. \tag{4.55}$$

式 (4.55) 意味着 $\psi_T(v)$ 在区间 $[0, +\infty]$ 上关于 v 单调, 事实上,

$$\mathrm{e}^{-\alpha k} \int_0^{+\infty} \left|\frac{\partial}{\partial v}\psi_T(v)\right| \mathrm{d}v = \mathrm{e}^{-\alpha k} \left|\psi_T(0) - \psi_T(\infty)\right| = \mathrm{e}^{-\alpha k} \left|\psi_T(0)\right|. \tag{4.56}$$

另外, 可以通过使绝对误差最小选择 α 值, 即

$$\alpha^* = \underset{\alpha \in [\alpha_{\min}, \alpha_{\max}]}{\arg\min} \; |C_T(k) - C(k_u)|, \tag{4.57}$$

其中, $C_T(k)$ 为期权价格的积分形式; $C(k_u)$ 为期权价格的数值近似形式. 注意到式 (4.55) 是式 (4.56) 的一阶条件, 可以按照以下条件选择 α:

$$\alpha^* = \underset{\alpha \in [\alpha_{\min}, \alpha_{\max}]}{\arg\min} \; \mathrm{e}^{-\alpha k} \left|\psi_T(-(\alpha+1)\mathrm{i})\right|, \tag{4.58}$$

或者等价地, 依照以下条件选择 α:

$$\alpha^* = \underset{\alpha \in [\alpha_{\min}, \alpha_{\max}]}{\arg\min} \; \mathrm{e}^{-\alpha k} \left[-\alpha k + \frac{1}{2}\ln(\psi_T(-(\alpha+1)\mathrm{i})^2)\right]. \tag{4.59}$$

4.5　数值实验

本节利用 4.3 节提出的欧式期权定价的数值积分方法和 4.4 节提出的 FFT 方法分别在两个组合模型下定价欧式期权. 首先, 通过和数值积分方法对比检验了 FFT 方法定价欧式期权的速度和精度; 然后, 比较了 SVMJ 模型与 BS 模型和 MEM 的概率密度曲线; 最后, 分别分析了 SVMJ 模型和 SISVMJ 模型几个主要模型参数对期权价格的影响. 为了简化, 本节所有实验结果均在 $m = 1, n = 1$ 的假设下得到.

4.5.1　FFT 方法定价欧式期权的有效性检验

令 $r = 0.05, s = 100$，分别采用 FFT 方法和数值积分方法计算 SVMJ 模型和 SISVMJ 模型下欧式看涨期权价格. 对于数值积分方法，采用 Gauss-Laguerre 积分格法计算，节点数设为 32 个；对于 FFT 方法，离散点数设为 4096 个，对数执行价格的步长设为 $\pi/300$.

对于 SVMJ 模型，参数设置基于 Kou[59]、Deng[170] 和 Ramezani 等 [175] 的研究，即 $p = 0.6, \sigma = 0.16, \eta_1 = 40, \eta_2 = 40, \lambda = 10, V = 1, \alpha_V = 0.2, \theta_V = 0.6, \sigma_V = 0.25, \rho = -0.8$. 设定两个到期时间 $T = 0.25$ 和 $T = 2$，并令执行价格 K 为 $80 \sim 120$. SVMJ 模型下 FFT 方法和数值积分方法在不同执行价格和到期时间下的欧式看涨期权价格对比如表 4.1 所示.

表 4.1　SVMJ 模型下 FFT 方法和数值积分方法定价欧式看涨期权价格对比

到期时间/年	执行价格/美元	FFT 方法	数值积分方法	相对误差/%
	80	21.2425	21.0295	0.0101
	85	16.3534	16.2142	−0.0130
	90	11.5122	11.6644	−0.0130
	95	7.6000	7.6702	−0.0091
$T = 0.25$	100	4.4323	4.5350	−0.0226
	105	2.5347	2.3948	0.0584
	110	1.1109	1.1366	−0.0266
	115	0.5043	0.4939	0.0210
	120	0.2092	0.2016	0.0377
	80	29.6040	29.5391	0.0021
	85	25.9741	25.9259	0.0018
	90	22.5682	22.5701	−0.0001
	95	19.4825	19.4913	−0.0004
$T = 2$	100	16.6750	16.7011	−0.0015
	105	14.3225	14.2021	0.0084
	110	11.9507	11.9895	−0.0032
	115	10.0809	10.0516	0.0029
	120	8.4157	8.3718	0.0052

表 4.1 显示：FFT 方法与数值积分方法的精度非常接近，最大相对误差仅为 0.0584%，而且 FFT 方法定价长期期权（$T = 2$）的精度优于短期期权（$T = 0.25$），这可能是因为短期期权的波动性更大. 因此，FFT 方法是计算欧式期权价格的一种有效的数值方法.

对于 SISVMJ 模型，参数设置基于 Deng[170] 的研究，即 $p = 0.4, \sigma = 0.2, \eta_1 = 5, \eta_2 = 5, \lambda = 1, V = 1, \alpha_r = 0.4, \theta_r = 0.035, \sigma_r = 0.095, \alpha_V = 0.3, \theta_V = 0.6, \sigma_V = $

$0.1, \rho = -0.25$. 令执行价格 K 为 $90 \sim 115, T = 0.5$. 表 4.2 对比了 SISVMJ 模型下两种方法在不同执行价格下的欧式看涨期权价格. 表 4.2 进一步证实了 FFT 方法的有效性, 且在 SISVMJ 模型下 FFT 方法与数值积分方法的精度更加接近, 最大相对误差仅为 0.8961%.

表 4.2　SISVMJ 模型下 FFT 方法和数值积分方法定价欧式看涨期权价格对比

执行价格/美元	FFT 方法	数值积分方法	相对误差/%
90	15.9380	15.9476	0.0602
95	12.6728	12.6801	0.0576
100	9.9010	9.9301	0.2930
105	7.7801	7.7110	0.8961
110	5.9743	5.9872	0.2155
115	4.7020	4.6884	0.2901

4.5.2　组合模型与嵌套模型的对比

概率密度曲线能够捕获期权定价模型的关键结构, 也就是说, 如果两个模型存在不同的定价业绩, 它们的概率密度曲线将呈现出不同的形状. 反之, 如果两个模型的概率密度曲线具有明显不同的形状, 它们的定价业绩也大不相同. 本节通过绘制 SVMJ 模型、BS 模型和 MEM 的概率密度曲线, 对比它们的定价业绩. 由 FFT 方法, 概率密度函数 $f(x)$ 可近似为

$$f(x) \approx \frac{1}{\pi} \sum_{j=1}^{N} \mathrm{e}^{-\mathrm{i}\frac{2\pi}{N}(j-1)(k-1)} \varphi(x), \quad k = 1, 2, \cdots, N. \tag{4.60}$$

其中, $\varphi(x)$ 为 $f(x)$ 对应的特征函数. $f(x)$ 的期望和方差分别为

$$E(f) = \varphi'(0)/\mathrm{i}, \quad \mathrm{Var}(f) = -\varphi''(0) + (\varphi'(0))^2.$$

除 $T = 0.25$ 年和 $T = 2$ 年外, 其他参数的设置同表 4.1 和表 4.2. 根据式 (4.60) 分别绘制 SVMJ 模型、BS 模型和 MEM 的概率密度曲线, 图 4.1 对比了三种模型在 $T = 0.25$ 年和 $T = 2$ 年时的概率密度曲线.

图 4.1 表明, 对于短期 ($T = 0.25$ 年) 期权, SVMJ 模型和 MEM 概率密度曲线的形状基本相同, 只是在尾部有些轻微的分离. 这说明, 一般 SVMJ 模型和 MEM 的定价业绩相同, 只有在定价深度价内期权和深度价外期权时, 两个模型的定价业绩才会不同. 然而相对于 BS 模型, SVMJ 模型和 MEM 都呈现出明显的尖峰、厚尾特征. 说明 SVMJ 模型和 MEM 都能够较好地纠正 BS 模型低估深度价外期权和高估深度价外期权的缺陷. 对于长期 ($T = 2$ 年) 期权, SVMJ 模型

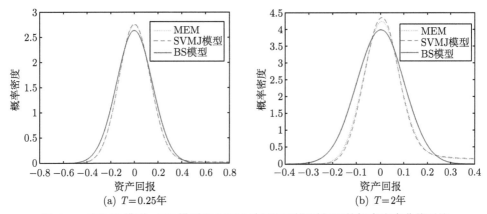

图 4.1　SVMJ 模型、BS 模型和 MEM 在不同到期时间下的概率密度曲线对比

和 MEM 的概率密度曲线与 BS 模型仍然呈现明显的不同. 更重要的是，SVMJ 模型和 MEM 之间也开始呈现出较明显的分离. 相对于 MEM，SVMJ 模型的概率密度曲线有更高的峰值和更厚的尾部. 这说明在定价长期期权时，SVMJ 模型比 MEM 有更好的定价业绩.

4.5.3　模型主要参数对欧式期权价格的影响

1. SVMJ 模型主要参数对期权价格的影响分析

首先，考察了 SVMJ 模型随机波动和跳在不同相关系数和到期时间下对欧式看涨期权价格的影响. 为了考察随机波动和跳的影响，分别令 $\theta_V = \alpha_V = \sigma_V = 0$ 和 $\lambda = 0$ 关闭随机波动和跳项，设定两个到期时间 $T = 0.25$ 和 $T = 2$，在每个到期时间下，分别设定 $\rho = -0.8, \rho = 0$，其他参数设置同表 4.1，表 4.3 和表 4.4 报道了主要结果.

表 4.3 显示，随机波动下的期权价格要比相应的固定波动下的期权价格要高. 对于短期期权（$T = 0.25$ 年），随机波动模型和固定波动模型下的期权价格相差不是很大. 当 $\rho = -0.8$ 时，最大定价偏差为 0.0619，最大定价相对误差不超过 0.0081；当 $\rho = 0$ 时，最大定价偏差为 0.0582，所有定价相对误差不超过 0.0275. 对于长期期权（$T = 2$ 年），两种模型下的期权价格的偏差部分增大. 当 $\rho = -0.8$ 时，最大定价偏差由原来的 0.0619 增加到 0.8917，最大定价相对误差由原来的 0.0081 增加到 0.0764；当 $\rho = 0$ 时，最大定价偏差由原来的 0.0582 增加到 0.8778，而最大定价相对误差由原来的 0.0275 增加到 0.0837.

表 4.3 表明，随机波动对长期期权的影响比短期期权显著. 导致这一现象的可能原因：长期期权面临着更多风险. 对于随机波动模型，负相关系数对价外期权产生较高的期权价格，而对于价内期权总会产生较低的价格，但对于固定波动

模型, 方差为常数, 因而固定波动模型不受相关系数的影响.

表 4.3　SVMJ 模型中随机波动、相关系数和到期时间对欧式看涨期权价格的影响

到期时间/年	执行价格/美元	$\rho = -0.8$		$\rho = 0$	
		随机波动	固定波动	随机波动	固定波动
$T = 0.25$	90	11.5122	11.4669	11.4870	11.4669
	95	7.6000	7.5381	7.5633	7.5381
	100	4.4323	4.3853	4.4197	4.3853
	105	2.5347	2.4985	2.5567	2.4985
	110	1.1109	1.1100	1.1476	1.1100
	115	0.5043	0.5143	0.5364	0.5143
$T = 2$	90	22.5682	21.8351	22.4412	21.8351
	95	19.4825	18.6888	19.3953	18.6888
	100	16.6750	15.8522	16.6494	15.8522
	105	14.3225	13.4308	14.2025	13.4308
	110	11.9507	11.1674	12.0452	11.1674
	115	10.0809	9.3112	10.1619	9.3112

表 4.4 显示, 随机波动跳扩散模型下期权的价格比连续随机波动模型下高, 因为跳因素的引入增加了未来标的资产价格的不确定性, 所以相应的期权价格要高一些. 由表 4.4 可知, 对于短期期权, 随机波动跳扩散模型和连续随机波动模型下的期权价格相对误差比较大, 最大定价相对误差为 0.6288; 对于长期期权, 两种模型下的期权价格的相对误差明显缩小, 最大定价相对误差由原来的 0.6288 降低为 0.1840. 表 4.4 表明, 跳对短期期权的影响比对长期期权的影响显著, 导致这一现象的可能原因: 跳往往在短期内会使标的资产价格产生大幅的震荡, 而对

表 4.4　SVMJ 模型中跳、相关系数和到期时间对欧式看涨期权价格的影响

到期时间/年	执行价格/美元	$\rho = -0.8$		$\rho = 0$	
		带跳	不带跳	带跳	不带跳
$T = 0.25$	90	11.5122	11.2062	11.4870	11.1701
	95	7.6000	7.1077	7.5633	7.0682
	100	4.4323	3.7735	4.4197	3.7670
	105	2.5347	1.8849	2.5567	1.9161
	110	1.1109	0.6123	1.1476	0.6640
	115	0.5043	0.1882	0.5364	0.2277
$T = 2$	90	22.5682	21.3461	22.4412	21.1388
	95	19.4825	18.1010	19.3953	17.9293
	100	16.6750	15.0849	16.6494	14.9746
	105	14.3225	12.6588	14.2025	12.6158
	110	11.9507	10.1476	12.0452	10.2021
	115	10.0809	8.2264	10.1619	8.3657

于长期期权的影响似乎没那么明显. 相关系数对期权价格的影响同连续随机波动情形.

为了分别考察相关系数、波动过程的瞬时波动率和到期时间对期权价格的影响, 固定其他模型参数, 分别变动 σ_V、ρ、T, 设定三个相关系数 $\rho = -0.8, \rho = 0$ 和 $\rho = 0.8$, 在每个相关系数下, 分别设定 $\sigma_V = 0.15, \sigma_V = 0.25$ 和 $T = 0.25, T = 2$, 除所列参数外, 其他模型参数的设置同表 4.1. 表 4.5 列出了 SVMJ 模型中波动过程的瞬时波动率、相关系数和到期时间对欧式看涨期权价格的影响.

表 4.5 表明, 期权价格随执行价格的增加而降低. 对于短期期权, 不同 σ_V 下的期权价格差别不大, 具体表现: 当 $\rho = -0.8$ 时, 最大定价偏差为 0.0149; 当 $\rho = 0$ 时, 最大定价偏差为 0.0008; 当 $\rho = 0.8$ 时, 最大定价偏差为 0.0213. 对于长期期权, 不同 σ_V 下的期权价格的偏差明显增大, 具体表现: 当 $\rho = -0.8$ 时, 最大定价偏差由原来的 0.0149 增加到 0.0545; 当 $\rho = 0$ 时, 最大定价偏差由原来的 0.0008 增加到 0.01; 当 $\rho = 0.8$ 时, 最大定价偏差由原来的 0.0213 增加到 0.0633. 因此, 相关系数 ρ 对期权价格的影响与执行价格和到期时间有关.

表 4.5　SVMJ 模型中波动过程的瞬时波动率、相关系数和到期时间对欧式看涨期权价格的影响

到期时间/年	执行价格/美元	$\rho = -0.8$		$\rho = 0$		$\rho = 0.8$	
		$\sigma_V = 0.15$	$\sigma_V = 0.25$	$\sigma_V = 0.15$	$\sigma_V = 0.25$	$\sigma_V = 0.15$	$\sigma_V = 0.25$
$T = 0.25$	90	11.5004	11.5122	11.4827	11.4829	11.4647	11.4527
	95	7.5901	7.6000	7.5745	7.5741	7.5585	7.5472
	100	4.4325	4.4323	4.4315	4.4307	4.4303	4.4287
	105	2.5442	2.5347	2.5573	2.5567	2.5567	2.5780
	110	1.1258	1.1109	1.1476	1.1476	1.1690	1.1830
	115	0.5169	0.5043	0.5361	0.5364	0.5532	0.5681
$T = 2$	90	22.5229	22.5682	22.4438	22.4398	22.3592	22.2959
	95	19.4525	19.4825	19.3935	19.3872	19.3293	19.2776
	100	16.6650	16.6750	16.6337	16.6255	16.5979	16.5633
	105	14.3313	14.3225	14.3271	14.3179	14.3189	14.3018
	110	11.9850	11.9507	12.0183	12.0083	12.0476	12.0549
	115	10.1354	10.0809	10.1994	10.1896	10.2594	10.2871

2. SISVMJ 模型主要参数对期权价格的影响分析

通过令 $\alpha_r = \theta_r = \sigma_r = 0$ 和 $\alpha_V = \theta_V = \sigma_V = 0$ 分别关闭随机利率和随机波动项, 考察 SISVMJ 模型中随机利率和随机波动对期权价格的影响. 分别设定 $\rho = -0.25$ 和 $\rho = 0$, $T = 0.25$ 和 $T = 2$, 除所列参数外, 其他模型参数的设置同表 4.2, 表 4.6 和表 4.7 报道了主要结果.

表 4.6 显示: 当 $T = 0.25$ 时, 随机利率和固定利率下的期权价格比较接近, 两种情形下的最大定价偏差仅为 0.0391; 当 $T = 2$ 时, 两种情形下的期权价格的

偏差明显增大，最大定价偏差由原来的 0.0391 增加到 1.8245. 表 4.6 表明：随机利率对短期期权的影响可以忽略，但对长期期权的影响不可忽视. 相关系数对期权价格的影响和 SVMJ 模型下的情形相同.

表 4.6　SISVMJ 模型中随机利率、相关系数和到期时间对欧式看涨期权价格的影响

到期时间/年	执行价格/美元	$\rho = -0.25$		$\rho = 0$	
		随机利率	固定利率	随机利率	固定利率
	90	12.8492	12.8101	12.8438	12.8048
	95	9.1684	9.1350	9.1639	9.1305
$T = 0.25$	100	6.1814	6.1555	6.1810	6.1551
	105	4.2399	4.2211	4.2435	4.2247
	110	2.7658	2.7540	2.7724	2.7606
	115	1.9830	1.9755	1.9893	1.9818
	90	29.1451	27.3206	29.1329	27.3098
	95	26.5229	24.7901	26.5139	24.7830
$T = 2$	100	23.9933	22.3613	23.9888	22.3591
	105	22.0416	20.4966	22.0415	20.4990
	110	19.7378	18.3059	19.7438	18.3146
	115	17.9947	16.6570	18.0059	16.6707

表 4.7 显示：对于短期期权（$T = 0.25$ 年），随机波动模型和固定波动模型下的期权价格相差仍然不是很大；对于长期期权（$T = 2$ 年），两种模型下的期权价格的偏差部分增大，最大定价偏差由原来的 0.1060 增加到 0.8325，且不同相关系数下定价偏差增加的幅度几乎相同. 表 4.7 表明：随机波动对长期期权的影响比对短期期权略微显著，但似乎没有很大区别.

表 4.7　SISVMJ 模型中随机波动、相关系数和到期时间对欧式看涨期权价格的影响

到期时间/年	执行价格/美元	$\rho = -0.25$		$\rho = 0$	
		随机波动	固定波动	随机波动	固定波动
	90	12.8492	12.7432	12.8438	12.7432
	95	9.1684	9.1162	9.1639	9.1162
$T = 0.25$	100	6.1814	6.0963	6.1810	6.0963
	105	4.2399	4.2430	4.2435	4.2430
	110	2.7658	2.6706	2.7724	2.6706
	115	1.9830	1.8872	1.9893	1.8872
	90	29.1451	28.3126	29.1329	28.3126
	95	26.5229	25.8107	26.5139	25.8107
$T = 2$	100	23.9933	23.5043	23.9888	23.5043
	105	22.0416	21.4651	22.0415	21.4651
	110	19.7378	19.5057	19.7438	19.5057
	115	17.9947	17.8013	18.0059	17.8013

由注记 4.1，通过令 $\lambda = 0$，关闭跳项得到不含跳的 SISVMJ 模型，结合

表 4.7 相同的参数设置, 表 4.8 列出了 SISVMJ 模型中跳、相关系数和到期时间对欧式看涨期权价格的影响.

表 4.8　SISVMJ 模型中跳、相关系数和到期时间对欧式看涨期权价格的影响

到期时间/年	执行价格/美元	$\rho = -0.25$		$\rho = 0$	
		带跳	不带跳	带跳	不带跳
$T = 0.25$	90	12.8492	11.6330	12.8438	11.6265
	95	9.1684	7.7505	9.1639	7.7450
	100	6.1814	4.6213	6.1810	4.6207
	105	4.2399	2.6770	4.2435	2.6811
	110	2.7658	1.2229	2.7724	1.2308
	115	1.9830	0.5564	1.9893	0.5641
$T = 2$	90	29.1451	24.4142	29.1329	24.3848
	95	26.5229	21.3278	26.5139	21.3044
	100	23.9933	18.5750	23.9888	18.5601
	105	22.0416	16.0228	22.0415	16.0166
	110	19.7378	13.8351	19.7438	13.8408
	115	17.9947	11.8597	18.0059	11.8756

从表 4.8 可知: 对于短期期权 ($T = 0.25$ 年), 带跳的随机模型和不带跳的连续模型下的期权价格相对比较接近; 对于长期期权 ($T = 2$ 年), 两种模型下的期权价格的偏差明显增大. 当 $\rho = -0.25$ 时, 最大定价偏差由原来的 1.5629 增加到 6.1350; 当 $\rho = 0$ 时, 最大定价偏差由原来的 1.5624 增加到 6.1303. 表 4.8 表明: 跳对长期期权的影响比对短期期权的影响较大, 但对于两者的影响均不可忽视; 相关系数对期权价格的影响同随机利率下的情形.

综上, SISVMJ 模型下的期权价格最高, 这是因为该模型考虑的随机因素最多; 随机利率因素、随机波动因素和混合指数跳因素三者之中混合指数跳因素对期权价格的影响最大, 说明混合指数跳对拟合标的资产价格实际走势是一个必不可少的随机因素; 随机利率对期权价格的影响和到期时间有关, 到期时间越长, 期权价格受随机利率因素的影响越显著; 相比于随机利率, 随机波动受到期时间的影响要小一些, 但总的来说, 随机波动对期权价格的影响略大于随机利率; 对于 SVMJ 模型和 SISVMJ 模型, 负相关系数对欧式期权价格的影响相同, 即能够增大价内期权价格, 降低价外期权价格.

4.6　实　证　分　析

本节使用 S&P500 指数看涨期权 2017 年 2 月的每日收盘价格作为实证数据校正所提组合模型. 根据 2.5.2 小节中的筛选规则, 筛选了到期时间为 7~600 天, 价值状态处于 0.94~1.06 的期权 23112 个, 包括平价期权 11787 个、价内期权

5778 个和价外期权 5547 个. 设定无风险利率为年利率 1.2%. 为了简便, 假设市场无分红, 筛选数据的描述性统计如表 4.9 所示.

表 4.9　　S&P500 指数看涨期权 2017 年 2 月筛选数据的描述性统计

期权类型	观察值	平价期权	价内期权	价外期权
短期期权	均值	0.9999	1.0448	0.9551
	标准差	0.0173	0.0087	0.0087
	总数	4988	2445	2348
中期期权	均值	0.9998	1.0448	0.9551
	标准差	0.0172	0.0087	0.0086
	总数	5625	2757	2647
长期期权	均值	0.9999	1.449	0.9555
	标准差	0.0171	0.0087	0.0086
	总数	1174	576	552
—	总均值	0.9999	1.0448	0.9552
	总标准差	0.0172	0.0087	0.0086
	总数	11787	5778	5547

基于文献 [43] 和 [142], 选择 2 组参数值作为初始值, 利用 2.5.1 小节中的校正算法校正 SISVMJ 模型, 校正结果及拟合误差如表 4.10 所示.

表 4.10　　SISVMJ 模型基于 S&P500 指数看涨期权 2017 年 2 月筛选数据的校正结果

参数	k_v	θ_v	σ_v	k_r	θ_r	σ_r	APE	ARPE
初始值 1	9.2334	0.3743	1.5375	86.0014	0.0421	1.3012	—	—
估计值 1	141.3361	0.2009	3.1002	1786.4216	0.0217	0.6833	—	—
初始值 2	15.2275	0.1721	1.3012	82.1340	0.0721	2.3012	—	—
估计值 2	407.5180	0.1754	4.7403	60.6083	0.0148	0.0021	—	—

参数	σ	λ	p_u	p_1	q_1	η_1	APE	ARPE
初始值 1	0.2200	3.6140	0.4152	0.4571	0.5623	20.3128	—	—
估计值 1	0.1181	1.9326	0.7164	0.2449	0.2956	24.8516	—	—
初始值 2	0.1200	1.6140	0.8152	0.2571	0.3623	18.3128	—	—
估计值 2	0.1284	1.6775	0.0002	0.3403	0.3484	5.1693	—	—

参数	η_2	θ_1	θ_2	ρ	—	—	APE	ARPE
初始值 1	44.7621	20.3128	44.7621	−0.4176	—	—	—	—
估计值 1	47.1804	24.9233	47.2347	−0.3003	—	—	0.0983	0.1764
初始值 2	40.7621	18.3128	40.7621	−0.2176	—	—	—	—
估计值 2	40.0310	21.6411	28.5578	−0.9635	—	—	0.0256	0.0291

为了检验所提模型的业绩, 也采用同样的数据和校正算法校正了 SISVMJ 模型的嵌套模型 DexpJ、MEM 和 SIMJ 模型. 表 4.11 ～ 表 4.13 分别列出了这三个模型的校正结果及拟合误差.

表 4.10 ～ 表 4.13 显示, 四个模型基于初始值 1 的校正误差均大于基于初始值 2 的校正误差, 但最大误差值不超过 0.1764, 表明四个模型都得到了较好的

校正.

假设现货价格 $S = 1$，执行价格 K 为 $0.8 \sim 1.6$，无风险利率 $r = 1.2\%$，市场红利率 $q = 0$. 以表 4.10 ~ 表 4.13 中的估计值 1 作为模型参数，分别计算四种模型的隐含波动率. 为考察短期隐含波动率和长期隐含波动率的不同，取两个到期时间 $T = 1/2$ 年和 $T = 3$ 年，并分别绘制了四种模型在两个到期时间下的隐含波动率曲线，如图 4.2 所示.

表 4.11　DexpJ 模型基于 S&P500 指数看涨期权 2017 年 2 月筛选数据的校正结果

参数	σ	λ	p_u	η_1	η_2	APE	ARPE
初始值 1	0.2200	3.6140	0.7152	20.2128	44.7621	—	—
估计值 1	0.0542	0.3260	0.0516	3.8241	9.4681	0.0942	0.1717
初始值 2	0.1200	1.6140	0.6152	18.2128	40.7621	—	—
估计值 2	0.0531	0.9999	0.0038	3.5973	18.0910	0.0240	0.0272

表 4.12　MEM 模型基于 S&P500 指数看涨期权 2017 年 2 月筛选数据的校正结果

参数	σ	λ	p_u	p_1	q_1	η_1	APE	ARPE
初始值 1	0.2200	3.6140	0.7152	0.4571	0.5623	20.2128	—	—
估计值 1	0.0544	0.4471	0.0284	0.2120	0.6919	47.4059	—	—
初始值 2	0.1200	1.6140	0.6152	0.2571	0.3623	18.2128	—	—
估计值 2	0.0639	0.4553	0.6062	0.2672	0.0052	39.4141	—	—

参数	η_2	θ_1	θ_2				APE	ARPE
初始值 1	44.7621	20.2128	44.7621	—	—	—	—	—
估计值 1	2.7762	28.2344	5.6276	—	—	—	0.0961	0.1738
初始值 2	40.7621	18.2128	40.7621	—	—	—	—	—
估计值 2	43.7011	11.7797	13.5587	—	—	—	0.0244	0.0275

表 4.13　SIMJ 模型基于 S&P500 指数看涨期权 2017 年 2 月筛选数据的校正结果

参数	k_r	θ_r	σ_r	σ	λ	p_u	APE	ARPE
初始值 1	45.2562	0.1021	1.3012	0.2200	3.6140	0.0715	—	—
估计值 1	219.1128	0.0262	0.7466	0.0547	2.1665	0.1562	—	—
初始值 2	82.1340	0.0721	2.3012	0.1200	1.6140	0.6152	—	—
估计值 2	1.2844	0.0551	0.0676	0.0510	2.1558	0.0002	—	—

参数	p_1	q_1	η_1	η_2	θ_1	θ_2	APE	ARPE
初始值 1	0.4571	0.5623	20.3128	44.7621	20.3128	44.7621	—	—
估计值 1	0.0789	0.0513	24.8511	49.9957	29.9972	49.9999	0.0966	0.1757
初始值 2	0.2571	0.3623	18.3128	40.7621	18.3128	40.7621	—	—
估计值 2	0.0208	0.4537	29.6956	49.9923	21.9439	38.6827	0.0251	0.0283

图 4.2 显示，四个模型的隐含波动率曲线均呈现明显的波动率 "微笑" 特征，而且隐含波动率曲线随着到期时间的增大而逐渐趋于平缓. 图 4.2(a) 表明，对于 $T = 1/2$ 年的期权，DexpJ 模型和 MEM 的隐含波动率曲线十分接近，而与 SIMJ

模型和 SISVMJ 模型的隐含波动率曲线存在较大差异, 这说明随机利率因素和随机波动率因素对于短期隐含波动率有较大影响. 图 4.2(b) 表明: 对于 $T = 3$ 年的期权, 四个模型的隐含波动率曲线出现了明显的差异. 当价值状态小于 1.1 时, SIMJ 模型和 SISVMJ 模型的隐含波动率曲线更为陡峭, 且隐含波动率的值也高于 DexpJ 模型和 MEM; 当价值状态大于 1.1 时, SIMJ 模型和 SISVMJ 模型的隐含波动率随着到期时间的增大更为平缓, 且隐含波动率的值低于 DexpJ 模型和 MEM. 图 4.2 表明, SIMJ 模型和 SISVMJ 模型在拟合市场隐含波动率方面优于另外两个模型.

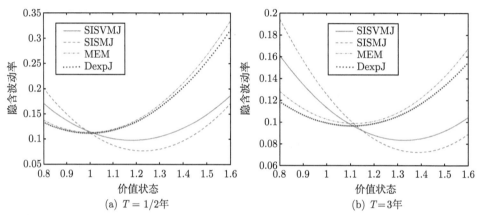

图 4.2　　DexpJ、MEM、SIMJ、SISVMJ 模型在不同到期时间下隐含波动率曲线对比

4.7　本 章 小 结

本章结合混合指数跳扩散模型、CIR 随机波动和 CIR 随机利率提出两个组合模型——SVMJ 模型和 SISVMJ 模型, 利用傅里叶反变换、偏微分方程和 Feynman-Kac 公式推导了两个组合模型的特征函数, 基于 FFT 算法开发了欧式期权定价问题的快速数值解, 通过数值实验, 检验了 FFT 算法定价欧式期权的有效性, 基于 S&P500 指数期权 2017 年 2 月的市场数据和优化算法将所提组合模型校正到金融市场, 得到了组合模型的最优参数, 通过实证分析检验了所提模型拟合市场的业绩.

数值结果表明: FFT 算法计算组合模型下欧式期权价格快速、有效; 所提组合模型都能较好地展现隐含波动率的 "尖峰厚尾" 和 "微笑" 现象; 随机利率因素、随机波动因素和跳因素三者之中跳因素对期权价格的影响最大, 其次是随机波动因素, 再次是随机利率因素, 而且, 随机波动因素对长期期权的影响较大, 而混合指数跳因素对短期期权的影响显著, 随机利率对期权价格的影响和期权到期时间有关，到期时间越长，期权价格受随机利率因素的影响越显著，负相关系数往往会增大价内期权价格，降低价外期权价格.

实证分析表明：相比于单纯的混合指数跳扩散模型，添加了随机利率和随机波动因素的组合模型对市场隐含波动率的"微笑"拟合得更好. 本章所提模型和期权定价方法对奇异期权的定价以及保险产品的风险对冲有着很好的启示. 因此，合并随机波动、随机利率和指数类跳因素的组合模型是定价欧式期权的较合理的选择.

第 5 章 随机利率、随机波动、双指数跳影响下 远期开始期权定价

5.1 引   言

本章将随机利率、随机波动、双随机波动引入双指数跳扩散模型，分别提出了随机波动双指数跳扩散模型和随机利率双随机波动双指数跳扩散模型，利用期望塔式原理、Feynman-Kac 公式和傅里叶反变换分别推导了两个组合模型的远期开始特征函数，提出了定价远期开始期权的傅里叶余弦级数展式 (Fourier-cosine expansion，COS) 方法，以及两个组合模型的路径模拟格法，基于路径模拟格法开发了定价远期开始期权的 MC 算法. 通过数值实验，分别在两个组合模型下检验了 COS 方法用于定价远期开始期权的精度和有效性，并考察了模型主要参数对远期开始期权价格的影响，通过搜集实际期权交易数据，将组合模型校正到金融市场，检验了所提模型拟合市场远期隐含波动率的业绩.

远期开始期权，又称远期生效期权，或称延迟期权，是最简单也是最重要的一种奇异期权. 这类期权的一个典型特征：其执行价格是在到期时间前的某个未来日确定，即该期权不仅依赖标的资产在到期时间的价格，而且和到期前的某个时间点（通常称为确定执行时间）的资产价格有关，因此远期开始期权属于路径依赖期权. 一般，远期开始合约会赋予持有者一张看涨（看跌）期权，该期权的执行价格等于标的资产价格在确定执行时间的一个固定的比例，此外，包括远期开始期权的结构产品在保护投资者避免利润下滑的同时，还能寻找利润上升的空间，股票期权是远期开始期权的一个典型例子.

一般有两类远期开始期权：基于标的资产价格的远期开始期权和基于标的资产价格回报的远期开始期权. 前者流行于员工股票期权计划，后者是分阶段期权、保险期权的组成部分. 这两类合约的期权费都是在购买日偿付，然而期权的生命周期是在购买日和确定执行时间开始，因而这两类期权的最终收益不仅依赖于标的资产在到期时间的价格，而且依赖于期权的开始日期. 下面给出以上两类远期开始期权欧式看涨情况的定义.

定义 5.1 假设标的资产价格为 S_t，执行价格为 K，百分比执行价格为 k，到期时间为 T，确定执行时间为 $t_0(0 \leqslant t_0 \leqslant T)$，则欧式远期开始看涨期权基于标的资产价格的最终收益为

$$[S(t_0) - kS(T)]^+, \tag{5.1}$$

基于标的资产价格回报的最终收益为

$$[S(t_0)/S(T) - K]^+. \tag{5.2}$$

由于远期开始期权的持有者在时间区间 (t_0, T) 内通常暴露于远期波动和远期跳的风险, 远期开始期权具有和欧式期权不同的性质. 例如, 和欧式期权价格不同的是, 远期开始期权的价格并不总是随着到期时间的增加而增加, 它依赖于利率目前的期限结构.

近年来, 由于奇异期权的日益流行, 远期开始期权的定价问题越来越受到学术界和研究人员的关注. Rubinstein[176] 基于 BS 模型的假设, 首次考虑了远期开始期权的定价问题. Kruse 等 [133] 在单因子 Heston 随机波动模型下, 利用计价单位转换推导了远期开始期权定价的闭形解, 并利用数值积分方法给出了远期开始期权定价的数值解. Lin 等 [177] 在体制转换随机波动下, 提供了定价远期开始期权的闭形解. Ahlip[178] 在随机波动和独立的随机利率下评价了远期开始期权. Haastrecht 等 [49] 在随机波动和相关随机利率下评价了远期开始期权. Ahlip 等 [179] 将 Ahlip[178] 所提方法推广到 log 正态跳扩散情形, 利用模型的仿射结构定价了远期开始期权.

然而, 除文献 [176] 外, 以上研究均是在单因子随机波动框架下进行的. 大量资料 [72,180-182] 显示, 单因子随机波动模型拟合短期隐含波动率的期限结构不够理想. 通过在 Heston 模型 [22] 中引入另一个波动过程, Christoffersen 等 [183] 提出了双 Heston 模型. 他们发现该模型能够提供更灵活的波动期限结构. Li 等 [184]、Zhang 等 [83,93,185] 先后证实了这一结论. 文献 [186] 和 [187] 发现: 相对于 Heston 模型, 双 Heston 跳扩散模型在拟合市场隐含波动率和对冲风险方面有更好的业绩.

第 4 章的研究结果显示, 随机波动和跳是拟合标的资产价格实际走势的两个重要因素, 因而综合考虑随机波动和跳因素评价远期开始期权更加合理. 这方面的贡献包括: Broadie 等 [188] 结合 log 正态跳和 Heston 随机波动因素, 利用 MC 算法评价了远期开始期权; Nunes 等 [189] 在 log 正态跳和 Heston 随机波动因素下推导了远期开始期权定价的闭形解; Zhang 等 [69] 认为, 合并随机波动和双指数跳的期权定价模型更加合理. 因而, 在随机波动和双指数跳下评价远期开始期权似乎更加合理.

正如第 4 章所述, 利率也是合理定价期权的一个不容忽视的随机因素. Zhang 等 [53-54] 分别在双随机波动和随机利率下研究了障碍期权和美式期权的定价问题. 由于远期开始期权的到期时间通常很长, 因此在对远期开始期权进行定价时, 将利率看作一个随机因素更为合理.

本章旨在 Heston 随机波动、双 Heston 随机波动、双指数跳、CIR 随机利率等因素影响下，开发远期开始期权定价的有效数值方法. 本章的贡献有四方面：① 合并 Heston 随机波动、双 Heston 随机波动、CIR 随机利率、双指数跳，建立两个组合模型，并推导组合模型的远期特征函数；② 开发组合模型下定价远期开始期权的 COS 方法；③ 开发两个组合模型的 MC 路径模拟格法，并开发定价远期开始期权的 MC 方法；④ 将所提组合模型校正到实际市场，并考察了所提组合模型拟合实际市场的业绩.

5.2　组合模型及其远期特征函数

5.2.1　组合模型

考虑一个无套利、无摩擦、可连续交易的金融市场. 设 $\{\Omega, \mathcal{F}, \{\mathcal{F}_t\}_{0 \leqslant t \leqslant T}, P\}$ 是一个具有满足通常条件流域的完备概率空间，P 为风险中性概率测度，W_t^{V} 和 Z_t 均为 $\mathcal{F}_t$ 适应的标准布朗运动，N_t 为强度为 λ 的泊松过程. 假设标的资产价格 S_t 满足随机波动双指数跳扩散模型（double exponential jump-diffusion model with stochastic volatility, SVDJ）：

$$S_t = S_t^{\mathrm{c}} J_t, \tag{5.3}$$

其中，J_t 为标的资产价格的跳部分；S_t^{c} 为 S_t 的连续部分，满足：

$$\mathrm{d}S_t^{\mathrm{c}} = r S_t^{\mathrm{c}} \mathrm{d}t + \sqrt{V_t} S_t^{\mathrm{c}} (\rho \mathrm{d}W_t^{\mathrm{V}} + \sqrt{1-\rho^2} \mathrm{d}Z_t), \tag{5.4}$$

其中，r 为无风险利率；ρ 为方差过程和资产价格过程的相关系数；V_t 为方差过程，满足：

$$\mathrm{d}V_t = b(\theta - V_t)\mathrm{d}t + \sigma \sqrt{V_t} \mathrm{d}W_t^{\mathrm{V}}, \tag{5.5}$$

其中，非负常数 b、θ、σ 分别为 V_t 的回复速率、长期平均水平和瞬时波动率. 跳跃幅度 J_t 用一个非负的独立同分布的随机变量序列 $U = \{U_j\}_{j \geqslant 1}$ 来描述，并且假设 $Y = \ln U$ 具有双指数分布，其概率密度函数为

$$f_Y(y) = p\eta_1 \mathrm{e}^{-\eta_1 y} I_{y \geqslant 0} + q\eta_2 \mathrm{e}^{\eta_2 y} I_{y<0}, \quad \eta_1 > 1, \eta_2 > 0, \tag{5.6}$$

其中，p、$q \geqslant 0(p+q=1)$ 分别为股价向上跳和向下跳的概率；$\eta_1 > 1$ 和 $\eta_2 > 0$ 分别为两个指数分布均值的倒数. 令 X_t 为所有跳的和，则

$$J_t = \exp\left[X_t - \lambda t \left(\frac{p\eta_1}{\eta_1 - 1} + \frac{q\eta_2}{\eta_2 + 1} - 1\right)\right]. \tag{5.7}$$

除了 W_t 和 W_t^{V} 相关外，假设所有的随机源 Z_t、W_t^{V}、N_t、Y 之间相互独立.

假设 W_{jt}^{S}、$W_{jt}^{\mathrm{V}}(j=1,2)$ 和 W_t^{r} 均为 $\mathcal{F}_t$ 适应的标准布朗运动,标的资产价格 S_t 满足如下随机利率双随机波动双指数跳扩散模型(double exponential jump-diffusion model with stochastic interest rate and double stochastic volatility, SIDSVDJ):

$$\begin{cases} \dfrac{\mathrm{d}S_t}{S_t} = (r_t - \lambda\delta)\mathrm{d}t + \sqrt{V_{1t}}\mathrm{d}W_{1t}^{\mathrm{S}} + \sqrt{V_{2t}}\mathrm{d}W_{2t}^{\mathrm{S}} + \mathrm{d}\left(\sum_{j=1}^{N_t}(\xi_j - 1)\right), \\ \mathrm{d}V_{1t} = k_1(\theta_1 - V_{1t})\mathrm{d}t + \sigma_1\sqrt{V_{1t}}\mathrm{d}W_{1t}^{\mathrm{V}}, \\ \mathrm{d}V_{2t} = k_2(\theta_2 - V_{2t})\mathrm{d}t + \sigma_2\sqrt{V_{2t}}\mathrm{d}W_{2t}^{\mathrm{V}}, \\ \mathrm{d}r_t = k_{\mathrm{r}}(\theta_{\mathrm{r}} - r_t)\mathrm{d}t + \sigma_{\mathrm{r}}\sqrt{r_t}\mathrm{d}W_t^{\mathrm{r}}, \end{cases} \tag{5.8}$$

其中,k_j、θ_j、$\sigma_j(j=1,2)$ 分别为方差过程的回复速率、长期平均水平和瞬时波动率;k_{r}、θ_{r}、σ_{r} 分别为利率过程的拉力速率、长期平均水平和瞬时波动率. 为了避免方差和利率为负,假设方差过程的参数和利率过程的参数均满足 Feller 条件:$2k_j\theta_j > \sigma_j^2(j=1,2,r)$. 假设 $U = \{U_j\}_{j\geqslant 1}$ 为独立同分布的随机变量序列,并且 $Y = \ln U$ 服从具有概率密度函数为式 (5.6) 的双指数分布. 由式 (5.6) 得 $\delta = E^P(U-1) = \dfrac{p\eta_1}{\eta_1 - 1} + \dfrac{q\eta_2}{\eta_2 + 1} - 1$. 对于式 (5.8) 中的利率过程 r_t,其 T-期零复合债券价格为

$$\begin{aligned} P(t,T) = \exp\Bigg[&\frac{(k_{\mathrm{r}} - \gamma)k_{\mathrm{r}}\theta_{\mathrm{r}}T}{\sigma_{\mathrm{r}}^2} + \frac{2k_{\mathrm{r}}\theta_{\mathrm{r}}}{\sigma_{\mathrm{r}}^2}\ln\frac{2\gamma}{(k_{\mathrm{r}} - \gamma)(1 - \mathrm{e}^{-\gamma T}) + 2\gamma} \\ &+ \frac{2(\mathrm{e}^{-\lambda T} - 1)}{(k_{\mathrm{r}} - \gamma)(1 - \mathrm{e}^{-\gamma T}) + 2\gamma}r \Bigg], \end{aligned} \tag{5.9}$$

其中,$\gamma = \sqrt{k_{\mathrm{r}}^2 + 2\sigma_{\mathrm{r}}^2}$.

假设 $\mathrm{Cov}(\mathrm{d}W_{1t}^{\mathrm{S}}, \mathrm{d}W_{1t}^{\mathrm{V}}) = \rho_1\mathrm{d}t, \mathrm{Cov}(\mathrm{d}W_{2t}^{\mathrm{S}}, \mathrm{d}W_{2t}^{\mathrm{V}}) = \rho_2\mathrm{d}t$,其他所有的随机源 W_{jt}^{S}、W_{jt}^{V}、W_t^{r}、N_t 和 Y 之间相互独立,记 $S_0 = S, V_{10} = V_1, V_{20} = V_2, r_0 = r$.

5.2.2 远期特征函数的推导

引理 5.1 令 $x_t = \ln S_t^{\mathrm{c}}$. 若标的资产价格 S_t^{c} 满足式 (5.4) 和式 (5.5),则 x_t 的特征函数为

$$\begin{aligned} \varphi_X(u,x,V,\tau) = \exp\Bigg\{ &\mathrm{i}ux + \mathrm{i}ur\tau + \frac{b\theta}{\sigma^2}\left[(b - \rho\sigma\mathrm{i}u - d)\tau - 2\ln\left(\frac{1 - G\mathrm{e}^{-d\tau}}{1 - G}\right)\right] \\ &+ \frac{b - \rho\sigma\mathrm{i}u - d}{\sigma^2}\frac{1 - \mathrm{e}^{-d\tau}}{1 - G\mathrm{e}^{-d\tau}}V_0 \Bigg\} \end{aligned} \tag{5.10}$$

其中, $G = \dfrac{b - \rho\sigma\mathrm{i}u - d}{b - \rho\sigma\mathrm{i}u + d}$; $d = \sqrt{(\rho\sigma\mathrm{i}u - b)^2 + \sigma^2(u^2 + \mathrm{i}u)}$; $\tau = T - t$.

证明 当标的资产过程 S_t^c 满足式 (5.4) 和式 (5.5) 时, 资产价格过程遵从 Heston 随机波动过程. 令 $d = \sqrt{(\rho\sigma\mathrm{i}u - b)^2 + \sigma^2(u^2 + \mathrm{i}u)}$, $\tau = T - t$, 由文献 [4], x_t 的特征函数为

$$\varphi_X(u, x, V, \tau) = \exp\left\{\mathrm{i}ux + \mathrm{i}ur\tau + \frac{b\theta}{\sigma^2}\left[(b - \rho\sigma\mathrm{i}u + d)\tau - 2\ln\left(\frac{1 - G_1\mathrm{e}^{d\tau}}{1 - G_1}\right)\right]\right.$$
$$\left. + \frac{b - \rho\sigma\mathrm{i}u + d}{\sigma^2}\frac{1 - \mathrm{e}^{d\tau}}{1 - G_1\mathrm{e}^{d\tau}}V_0\right\} \tag{5.11}$$

其中, $G_1 = \dfrac{b - \rho\sigma\mathrm{i}u + d}{b - \rho\sigma\mathrm{i}u - d}$.

注意到 d 前面的 "$+$" 和 "$-$" 具有对称性, 可得

$$d\tau - 2\ln\left(\frac{1 - G_1\mathrm{e}^{d\tau}}{1 - G_1}\right) = -d\tau - 2\ln\left(\frac{1 - \mathrm{e}^{-d\tau}/G_1}{1 - 1/G_1}\right) = -d\tau - 2\ln\left(\frac{1 - G\mathrm{e}^{-d\tau}}{1 - G}\right)$$

又因为

$$(b - \rho\sigma\mathrm{i}u + d)\frac{1 - \mathrm{e}^{d\tau}}{1 - G_1\mathrm{e}^{d\tau}} = \frac{b - \rho\sigma\mathrm{i}u + d}{G_1}\frac{1 - \mathrm{e}^{-d\tau}}{1 - \mathrm{e}^{-d\tau}/G_1} = (b - \rho\sigma\mathrm{i}u - d)\frac{1 - \mathrm{e}^{-d\tau}}{1 - G\mathrm{e}^{-d\tau}}$$

从而引理 5.1 得证.

注记 5.1 依据 Albrecher 等 [190] 的研究, 基于形如式 (5.11) 的特征函数定价欧式期权时, 通常会产生一些数值问题, 而基于形如式 (5.10) 的特征函数的数值计算通常能产生一个稳定的数值解. 因此, 本章采用形如式 (5.10) 形式的特征函数.

引理 5.2 若 V_t 满足 CIR 过程 (5.5), 则 V_t 的特征函数为

$$E^p[\exp(\mathrm{i}uV_t)] = \left[1 - \frac{1}{2}\mathrm{i}u\frac{\sigma^2}{b}(1 - \mathrm{e}^{-bt})\right]^{-\frac{2b\theta}{\sigma^2}}\exp\left[\frac{\mathrm{i}u\mathrm{e}^{-bt}V}{1 - \frac{1}{2}\mathrm{i}u\frac{\sigma^2}{b}(1 - \mathrm{e}^{-bt})}\right]. \tag{5.12}$$

证明 设 $p(V, t)$ 是 CIR 过程 (5.5) 的概率密度函数, 则 $p(V, t)$ 是倒向抛物型方程 Cauchy 问题的解:

$$\begin{cases} \dfrac{\partial p}{\partial t} + \dfrac{\partial[b(\theta - V(t))p]}{\partial V} - \dfrac{1}{2}\dfrac{\partial^2(\sigma^2 V p)}{\partial V^2} = 0, \\ p(V, 0) = \delta(V - V_0), \end{cases}$$

其中，$\delta(\cdot)$ 为狄利克雷函数. 令 $\varphi_V(u)$ 为过程（5.5）的特征函数. 由傅里叶变换，可得 $\varphi_V(u)$ 是倒向抛物型方程 Cauchy 问题的解：

$$\begin{cases} \dfrac{\partial \varphi_V}{\partial t} = \mathrm{i}bu\varphi_V + \left(-bu + \dfrac{1}{2}\mathrm{i}\sigma^2 u^2\right)\dfrac{\partial \varphi_V}{\partial u}, \\ \varphi_V(0, V) = \mathrm{e}^{\mathrm{i}uV}. \end{cases} \tag{5.13}$$

定理 5.1　若标的资产价格 S_t 满足模型（5.3），则 $\ln S_t$ 的特征函数为

$$\varphi(u) = \exp\left\{\mathrm{i}u\ln S(t) + \mathrm{i}urt + \frac{b\theta}{\sigma^2}\left[(b - \rho\sigma\mathrm{i}u - d)t - 2\ln\left(\frac{1 - G\mathrm{e}^{-dt}}{1 - G}\right)\right]\right.$$

$$\left. + \frac{b - \rho\sigma\mathrm{i}u - d}{\sigma^2}\frac{1 - \mathrm{e}^{-dt}}{1 - G\mathrm{e}^{-dt}}V_0 + \lambda t\left(\frac{p\eta_1}{\eta_1 - \mathrm{i}u} + \frac{q\eta_2}{\eta_2 + \mathrm{i}u} - 1 - \mathrm{i}u\delta\right)\right\}, \tag{5.14}$$

其中，$\delta = \dfrac{p\eta_1}{\eta_1 - 1} + \dfrac{q\eta_2}{\eta_2 + 1} - 1$.

　　证明　同引理 5.2 的证明.

　　定理 5.2　若标的资产价格 S_t 满足模型（5.3），无风险中性测度 Q^S 下，$\ln S_{t,T}$ 的远期特征函数为

$$E^{Q^S}\left\{\exp\left[\mathrm{i}u\left(\ln\frac{S_T}{S_t}\right)\right]\right\}$$

$$= \exp\left\{\mathrm{i}ur\tau + \frac{b\theta}{\sigma^2}\left[(b - \mathrm{i}\rho\sigma u - d)\tau - 2\ln\frac{1 - G\mathrm{e}^{d\tau}}{1 - G}\right] + \lambda\tau\frac{p\eta_1}{\eta_1 - \mathrm{i}u}\right.$$

$$\left. + \frac{q\eta_2}{\eta_2 + \mathrm{i}u} - 1 - \mathrm{i}u\delta + \frac{\dfrac{b - \rho\sigma\mathrm{i}u - d}{\sigma^2}\dfrac{1 - \mathrm{e}^{-d\tau}}{1 - G\mathrm{e}^{-d\tau}}\mathrm{e}^{-bt}}{1 - \dfrac{b - \rho\sigma\mathrm{i}u - d}{\sigma^2 h(t)}\dfrac{1 - \mathrm{e}^{-d\tau}}{1 - G\mathrm{e}^{-d\tau}}}V_0\right\}$$

$$\cdot \left[1 - \frac{b - \rho\sigma\mathrm{i}u - d}{\sigma^2 h(t)}\frac{1 - \mathrm{e}^{-d\tau}}{1 - G\mathrm{e}^{-d\tau}}\right]^{-2b\theta/\sigma^2}, \tag{5.15}$$

其中，$\delta = \dfrac{p\eta_1}{\eta_1 - 1} + \dfrac{q\eta_2}{\eta_2 + 1} - 1$；$h(t) = \dfrac{2b}{\sigma^2(1 - \mathrm{e}^{-bt})}$；$\tau = T - t$.

　　证明　$\varphi_F(t, T, u)$ 为 $\ln S_{t,T}$ 的远期特征函数. 既然 Z_t、W_t^V、N_t、Y 之间相互独立，由式 (5.3) 可得

$$\varphi_F(t, T, u) = E^{Q^S}(\mathrm{e}^{\mathrm{i}u\ln S_{t,T}}\,|\mathcal{F}_0)$$

$$= E^{Q^S}(\mathrm{e}^{\mathrm{iu}\sum\limits_{j=1}^{N_\tau} Y_j}|\mathcal{F}_0)E^{Q^S}(\mathrm{e}^{\mathrm{iu}\ln S_T^c-\mathrm{iu}\ln S_t^c}|\mathcal{F}_0)$$

$$= \varphi_1(\tau,u)\varphi_2(\tau,u).$$

由式 (5.6)，可得

$$\varphi_1(\tau,u) = \mathrm{e}^{\lambda\tau\left(\frac{p\eta_1}{\eta_1-\mathrm{iu}}+\frac{q\eta_2}{\eta_2+\mathrm{iu}}-1\right)}. \tag{5.16}$$

利用条件期望的塔式原理，有

$$\varphi_2(\tau,u) = E^{Q^S}[E^{Q^S}(\mathrm{e}^{\mathrm{iu}\ln S_T^c-\mathrm{iu}\ln S_t^c}|\mathcal{F}_t)|\mathcal{F}_0]. \tag{5.17}$$

注意到式 (5.16) 中的期望是引理 5.1 在 t 时刻评价的 $\ln S^c(t)$ 的特征函数，将式 (5.10) 代入式 (5.17) 有

$$\varphi_2(\tau,u) = \exp\left\{\mathrm{iu}r\tau + \frac{b\theta}{\sigma^2}\left[(b-\rho\sigma\mathrm{iu}-d)\tau - 2\ln\frac{1-G\mathrm{e}^{-d\tau}}{1-G}\right]\right\}$$
$$\cdot E^{Q^S}\left[\exp\left(\frac{b-\rho\sigma\mathrm{iu}-d}{\sigma^2}\frac{1-\mathrm{e}^{-d\tau}}{1-G\mathrm{e}^{-d\tau}}\right)V_0|\mathcal{F}_0\right].$$

其中，$G = \dfrac{b-\rho\sigma\mathrm{iu}-d}{b-\rho\sigma\mathrm{iu}+d}$；$d = \sqrt{(\rho\sigma\mathrm{iu}-b)^2+\sigma^2(u^2+\mathrm{iu})}$；$\tau = T-t$.

令

$$h(t) = \frac{2b}{\sigma^2(1-\mathrm{e}^{-bt})},$$

$$A(u,\tau) = \mathrm{iu}r\tau + \frac{b\theta}{\sigma^2}\left[(b-\rho\sigma\mathrm{iu}-d)\tau - 2\ln\frac{1-G\mathrm{e}^{-d\tau}}{1-G}\right],$$

$$B(u,\tau) = \frac{b-\rho\sigma\mathrm{iu}-d}{\sigma^2}\frac{1-\mathrm{e}^{-d\tau}}{1-G\mathrm{e}^{-d\tau}},$$

由引理 5.2，有

$$\varphi_2(\tau,u) = [1-B(\tau,u)/h(t)]^{-\frac{2b\theta}{\sigma^2}}\exp\left[A(\tau,u)+\frac{B(\tau,u)\mathrm{e}^{-bt}}{1-B(\tau,u)/h(t)}\right]. \tag{5.18}$$

由式 (5.17) 和式 (5.18) 即得定理 5.2.

定理 5.3　若标的资产价格 S_t 满足模型 (5.8)，无风险中性测度 Q^S 下，$\ln S_t$ 的特征函数为

$$\varphi(u) = \exp\left\{\mathrm{iu}\ln S + \sum_{j=1}^{2}\left[\frac{2k_j\theta_j}{\sigma_j^2}\ln\frac{2\gamma_j}{2\gamma_j+\beta_j}+\frac{k_j\theta_j(k_j-\gamma_j)t}{\sigma_j^2}-\frac{\mathrm{iu}k_j\theta_j\rho_j t}{\sigma_j}\right]\right.$$

$$
+ \frac{k_\mathrm{r}\theta_\mathrm{r}}{\sigma_\mathrm{r}^2}\left[(\gamma - \gamma_u)t + 2\ln\frac{2\gamma_u}{2\gamma_u + (k_\mathrm{r} - \gamma_u)(1 - \mathrm{e}^{-\gamma_u T})} \right.
$$

$$
\left. - 2\ln\frac{2\gamma}{2\gamma + (k_\mathrm{r} - \gamma)(1 - \mathrm{e}^{-\gamma T})} \right]
$$

$$
+ \lambda t\left(-\mathrm{i}u\delta + \frac{p\eta_1}{\eta_1 - \mathrm{i}u} + \frac{q\eta_2}{\eta_2 + \mathrm{i}u} - 1 \right) + \sum_{j=1}^{2}\frac{\mathrm{i}u(\mathrm{i}u - 1)(1 - \mathrm{e}^{-\gamma_j t})}{2\gamma_j + \beta_j}V_j
$$

$$
\left. + \frac{2(1 - \mathrm{e}^{-\gamma t})}{2\gamma + (k_\mathrm{r} - \gamma)(1 - \mathrm{e}^{-\gamma t})} - \frac{2(1 - \mathrm{i}u)(1 - \mathrm{e}^{-\gamma_u t})}{2\gamma_u + (k_\mathrm{r} - \gamma_u)(1 - \mathrm{e}^{-\gamma_u T})}r \right\}, \tag{5.19}
$$

其中，$\beta_j = (k_j - \gamma_j - \mathrm{i}u\rho_j\sigma_j)(1 - \mathrm{e}^{-\gamma_j t})$；$\gamma_j = \sqrt{(k_j - \mathrm{i}u\rho_j\sigma_j)^2 + \mathrm{i}u(1 - \mathrm{i}u)\sigma_j^2}$；$\delta = \frac{p\eta_1}{\eta_1 - 1} + \frac{q\eta_2}{\eta_2 + 1} - 1$；$\gamma_u = \sqrt{k_\mathrm{r}^2 + 2\sigma_\mathrm{r}^2(1 - \mathrm{i}u)}$.

证明　令 $x_t = \ln S_t$，由多维 Feynman-Kac 公式，$\varphi(u)$ 满足 PIDE：

$$
\begin{cases}
0 = -r\varphi + \varphi_t + \left(r - \lambda\delta - \dfrac{V_1 + V_2}{2} \right)\varphi_x + \dfrac{V_1 + V_2}{2}\varphi_{xx} \\[2mm]
\quad + \sum_{j=1}^{2}\left[\dfrac{1}{2}\sigma_j^2 V_j\varphi_{V_jV_j} + \rho_j\sigma_j V_j\varphi_{xV_j} + k_j(\theta_j - V_j)\varphi_{V_j} \right] \\[2mm]
\quad + k_\mathrm{r}(\theta_\mathrm{r} - V_\mathrm{r})\varphi_\mathrm{r} + \dfrac{1}{2}\sigma_\mathrm{r}^2 r\varphi_\mathrm{rr} + \lambda\displaystyle\int_{-\infty}^{+\infty}[\varphi(x + s) - \varphi(x)]\varpi(s)\mathrm{d}s, \\[2mm]
\varphi(u, 0) = \mathrm{e}^{\mathrm{i}ux}.
\end{cases} \tag{5.20}
$$

因模型（5.8）属于仿射跳扩散模型，依据 Duffie 等 [119] 的研究，$\varphi(u)$ 的形式为

$$
\varphi(u) = \exp\left[\mathrm{i}ux + A(u, t) + \sum_{j=1}^{2}B_j(u, t)V_j + C(u, t)r \right], \tag{5.21}
$$

且 $A(u, 0) = B_j(u, 0) = C(u, 0) = 0$. 由式 (5.6)，可得

$$
\lambda\int_{-\infty}^{+\infty}[\varphi(x + s) - \varphi(x)]\varpi(s)\mathrm{d}s = \int_{-\infty}^{+\infty}[E^Q(\mathrm{e}^{\mathrm{i}u(x+s)}) - E^Q(\mathrm{e}^{\mathrm{i}ux})]\varpi(s)\mathrm{d}s
$$

$$
= E^Q(\mathrm{e}^{\mathrm{i}ux})\int_{-\infty}^{+\infty}[E^Q(\mathrm{e}^{\mathrm{i}us}) - 1]\varpi(s)\mathrm{d}s
$$

$$
= \varphi\left(\frac{p\eta_1}{\eta_1 - \mathrm{i}u} + \frac{q\eta_2}{\eta_2 + \mathrm{i}u} - 1 \right).
$$

将式 (5.21) 代入式 (5.20)，得

$$0 = -r + A_t + B_{1t}V_1 + B_{2t}V_2 + C_t r - \frac{V_1 + V_2}{2}u^2$$

$$+ \frac{1}{2}\sigma_1^2 V_1 B_1^2 + \frac{1}{2}\sigma_2^2 V_2 B_2^2 + \frac{1}{2}\sigma_r^2 r C^2 + \rho_1 \sigma_1 V_1 iu B_1 + \rho_2 \sigma_2 V_2 iu B_2$$

$$+ k_1(\theta_1 - V_1)B_1 + k_2(\theta_2 - V_2)B_2 + k_r(\theta_r - V_r)C$$

$$+ \left(r - \lambda\delta - \frac{V_1 + V_2}{2}\right)iu + \lambda\left(\frac{p}{\eta_1 - iu} + \frac{q}{\eta_2 + iu} - 1\right). \qquad (5.22)$$

由方程（5.22），可以得到方程组

$$\begin{cases} B_{1t} + \dfrac{1}{2}\sigma_1^2 V_1 B_1^2 + (\rho_1\sigma_1 iu - k_1)B_1 - \dfrac{1}{2}u(u + i) = 0, \\[2mm] B_{2t} + \dfrac{1}{2}\sigma_2^2 V_2 B_2^2 + (\rho_2\sigma_2 iu - k_2)B_2 - \dfrac{1}{2}u(u + i) = 0, \\[2mm] C_t + iu + \dfrac{1}{2}\sigma_r^2 C^2 - C k_r - 1 = 0, \\[2mm] A_t + B_1 k_1 \theta_1 + B_2 k_2 \theta_2 + C k_r \theta_r + \lambda\left(\dfrac{p}{\eta_1 - iu} + \dfrac{q}{\eta_2 + iu} - 1 - iu\delta\right) = 0, \end{cases}$$
$$(5.23)$$

解方程组（5.23），可得

$$B_j(u,t) = \frac{iu(iu - 1)(1 - e^{-\gamma_j t})}{2\gamma_j + \beta_j}(j = 1, 2),$$

$$C(u,t) = \frac{2(1 - e^{-\gamma t})}{2\gamma + (k_r - \gamma)(1 - e^{-\gamma t})} - \frac{2(1 - iu)(1 - e^{-\gamma_u t})}{2\gamma_u + (k_r - \gamma_u)(1 - e^{-\gamma_u T})},$$

$$A(u,t) = \sum_{j=1}^{2}\left[\frac{2k_j\theta_j}{\sigma_j^2}\ln\frac{2\gamma_j}{2\gamma_j + \beta_j} + \frac{k_j\theta_j(k_j - \gamma_j)t}{\sigma_j^2} - \frac{iuk_j\theta_j\rho_j t}{\sigma_j}\right]$$

$$+ \frac{k_r\theta_r}{\sigma_r^2}\left[(\gamma - \gamma_u)t + 2\ln\frac{2\gamma_u}{2\gamma_u + (k_r - \gamma_u)(1 - e^{-\gamma_u T})}\right.$$

$$\left. - 2\ln\frac{2\gamma}{2\gamma + (k_r - \gamma)(1 - e^{-\gamma T})}\right]$$

$$+ \lambda t\left(-iu\delta + \frac{p\eta_1}{\eta_1 - iu} + \frac{q\eta_2}{\eta_2 + iu} - 1\right),$$

将 $A(u,t)$、$B_j(u,t)$、$C(u,t)$ 代入式 (5.21)，即得定理 5.3.

定理 5.4　若标的资产价格 S_t 满足模型（5.8），无风险中性测度 Q^S 下，$\ln S_{t,T}$ 的远期特征函数为

$$
\varphi_F(t, T, u)
$$

$$
\begin{aligned}
= \exp\Bigg\{ & \sum_{j=1}^{2}\left[\frac{2k_j\theta_j}{\sigma_j^2}\ln\frac{2\gamma_j}{2\gamma_j+\beta_j}+\frac{k_j\theta_j(k_j-\gamma_j)\tau}{\sigma_j^2}-\frac{iuk_j\theta_j\rho_j\tau}{\sigma_j}\right] \\
& +\frac{k_r\theta_r}{\sigma_r^2}\left[(\gamma-\gamma_u)\tau+2\ln\frac{2\gamma_u}{2\gamma_u+(k_r-\gamma_u)(1-\mathrm{e}^{-\gamma_u\tau})}\right.\\
& \left.-2\ln\frac{2\gamma}{2\gamma+(k_r-\gamma)(1-\mathrm{e}^{-\gamma\tau})}\right]\\
& +\sum_{j=1}^{2}\Bigg[-\frac{2k_j\theta_j}{\sigma_j^2}\ln\left(1-\frac{iu(iu-1)(1-\mathrm{e}^{-\gamma_j\tau})}{(2\gamma_j+\beta_j)h_{tj}}\right)\\
& +\frac{iu(iu-1)(1-\mathrm{e}^{-\gamma_j\tau})\mathrm{e}^{-k_jt}}{2\gamma_j+\beta_j-iu(iu-1)(1-\mathrm{e}^{-\gamma_j\tau})/h_{tj}}V_j\Bigg]V_j\\
& -\frac{2k_r\theta_r}{\sigma_r^2}\ln\Bigg[1-\left(\frac{2(1-\mathrm{e}^{-\gamma\tau})}{2\gamma+(k_r-\gamma)(1-\mathrm{e}^{-\gamma\tau})}\right.\\
& \left.-\frac{2(1-iu)(1-\mathrm{e}^{-\gamma_u\tau})}{2\gamma_u+(k_r-\gamma_u)(1-\mathrm{e}^{-\gamma_u\tau})}\right)/h_{tj}\Bigg]\\
& +r\left(\frac{2(1-\mathrm{e}^{-\gamma\tau})}{2\gamma+(k_r-\gamma)(1-\mathrm{e}^{-\gamma\tau})}-\frac{2(1-iu)(1-\mathrm{e}^{-\gamma_u\tau})}{2\gamma_u+(k_r-\gamma_u)(1-\mathrm{e}^{-\gamma_u\tau})}\right)\mathrm{e}^{-k_rt}\\
& \times\frac{1}{1-\left(\dfrac{2(1-\mathrm{e}^{-\gamma\tau})}{2\gamma+(k_r-\gamma)(1-\mathrm{e}^{-\gamma\tau})}-\dfrac{2(1-iu)(1-\mathrm{e}^{-\gamma_u\tau})}{2\gamma_u+(k_r-\gamma_u)(1-\mathrm{e}^{-\gamma_u\tau})}\right)/h_{tr}}\\
& +\lambda\tau\left(-iu\delta+\frac{p\eta_1}{\eta_1-iu}+\frac{q\eta_2}{\eta_2+iu}-1\right)\Bigg\}
\end{aligned}\tag{5.24}
$$

其中，$h_{tj}=\dfrac{2k_j}{\sigma_j^2(1-\mathrm{e}^{-k_jt})}$；$h_{tr}=\dfrac{2k_r}{\sigma_r^2(1-\mathrm{e}^{-k_rt})}$；$\tau=T-t$.

证明　由条件期望的塔式原理，有

$$
\varphi_F(t, T, u) = E^{Q^S}[E^{Q^S}(\mathrm{e}^{iu\ln S_T - iu\ln S_t}\,|\,\mathcal{F}_t)\,|\,\mathcal{F}_0].\tag{5.25}
$$

显然，式 (5.25) 中的期望是定理 5.3 在 t 时刻评价的 $\ln S_t$ 的特征函数，令

$$
A(u,\tau)=\sum_{j=1}^{2}\left[\frac{2k_j\theta_j}{\sigma_j^2}\ln\frac{2\gamma_j}{2\gamma_j+\beta_j}+\frac{k_j\theta_j(k_j-\gamma_j)\tau}{\sigma_j^2}-\frac{iuk_j\theta_j\rho_j\tau}{\sigma_j}\right]
$$

$$+ \frac{k_{\mathrm{r}}\theta_{\mathrm{r}}}{\sigma_{\mathrm{r}}^2}\left[(\gamma - \gamma_u)\tau + 2\ln\frac{2\gamma_u}{2\gamma_u + (k_{\mathrm{r}} - \gamma_u)(1 - \mathrm{e}^{-\gamma_u\tau})}\right.$$

$$\left. - 2\ln\frac{2\gamma}{2\gamma + (k_{\mathrm{r}} - \gamma)(1 - \mathrm{e}^{-\gamma\tau})}\right]$$

$$+ \lambda\tau\left(-\mathrm{i}u\delta + \frac{p\eta_1}{\eta_1 - \mathrm{i}u} + \frac{q\eta_2}{\eta_2 + \mathrm{i}u} - 1\right),$$

$$B_j(u,\tau) = \frac{\mathrm{i}u(\mathrm{i}u - 1)(1 - \mathrm{e}^{-\gamma_j\tau})}{2\gamma_j + \beta_j}(j = 1, 2),$$

$$C(u,\tau) = \frac{2(1 - \mathrm{e}^{-\gamma\tau})}{2\gamma + (k_{\mathrm{r}} - \gamma)(1 - \mathrm{e}^{-\gamma\tau})} - \frac{2(1 - \mathrm{i}u)(1 - \mathrm{e}^{-\gamma_u\tau})}{2\gamma_u + (k_{\mathrm{r}} - \gamma_u)(1 - \mathrm{e}^{-\gamma_u\tau})},$$

则式 (5.19) 可简化为

$$\varphi(u) = \exp\left[\mathrm{i}u\ln S + A(u,\tau) + \sum_{j=1}^2 B_j(u,\tau)V_j + C(u,\tau)r_t\right], \tag{5.26}$$

将式 (5.26) 代入式 (5.25)，有

$$\varphi_F(\tau,u) = \mathrm{e}^{A(u,\tau)}E^Q[\mathrm{e}^{\sum\limits_{j=1}^2 B_j(u,\tau)V_{jt} + C(u,\tau)r_t}|\mathcal{F}_0]. \tag{5.27}$$

令 $h_{tj} = \dfrac{2k_j}{\sigma_j^2(1 - \mathrm{e}^{-k_jt})}, h_{tr} = \dfrac{2k_{\mathrm{r}}}{\sigma_{\mathrm{r}}^2(1 - \mathrm{e}^{-k_{\mathrm{r}}t})}$. 由引理 5.2，有

$$E^Q[\mathrm{e}^{\sum\limits_{j=1}^2 B_j(u,\tau)V_{jt}}|\mathcal{F}_0] = \sum_{j=1}^2 -\frac{2k_j\theta_j}{\sigma_j^2}\ln[1 - B_j(u,\tau)/h_{tj}] + \frac{B_j(u,\tau)\mathrm{e}^{-k_jt}}{1 - B_j(u,\tau)/h_{tj}}V_j$$

$$\tag{5.28}$$

$$E^Q[\mathrm{e}^{C(u,\tau)r_t}|\mathcal{F}_0] = -\frac{2k_{\mathrm{r}}\theta_{\mathrm{r}}}{\sigma_r^2}\ln\left[1 - \frac{C(u,\tau)}{h_{tr}}\right] + \frac{C(u,\tau)\mathrm{e}^{-k_{\mathrm{r}}t}}{1 - C(u,\tau)/h_{tr}}r. \tag{5.29}$$

由式 (5.27)、式 (5.28) 和式 (5.29) 即得定理 5.4.

5.3　组合模型下基于 COS 方法的远期开始期权定价

5.3.1　COS 方法原理

记 $f : [0, \pi]$，则 $f(\theta)$ 的余弦级数展式为

$$f(\theta) = \sum_{k=0}^\infty \cos(k\theta)\frac{\pi}{2}\int_0^\pi f(\theta)\cos(k\theta)\mathrm{d}\theta.$$

令 $\theta = \dfrac{x-a}{b-a}\pi$, 则

$$f(x) = \sum_{k=0}^{\infty} \cos\left(k\frac{x-a}{b-a}\pi\right)\frac{2}{b-a}\int_a^b f(x)\cos\left(k\frac{x-a}{b-a}\pi\right)\mathrm{d}x.$$

对于任意实数 ω, 由傅里叶变换, $f(x)$ 的特征函数为

$$\varphi(\omega) = \int_{-\infty}^{+\infty} \mathrm{e}^{\mathrm{i}ux}f(x)\mathrm{d}x.$$

选择合适的 a、b 使得

$$\varphi_1(\omega) = \int_a^b \mathrm{e}^{\mathrm{i}ux}f(x)\mathrm{d}x \approx \varphi(\omega).$$

令

$$A_k = \frac{2}{b-a}\int_a^b f(x)\cos\left(k\frac{x-a}{b-a}\pi\right)\mathrm{d}x.$$

将 $\varphi_1\left(\dfrac{k\pi}{b-a}\right)$ 代入 A_k, 得

$$A_k = \frac{2}{b-a}\Re\left(\varphi_1\left(\frac{k\pi}{b-a}\right)\exp\left(-\mathrm{i}\frac{ka\pi}{b-a}\right)\right). \tag{5.30}$$

由 $\varphi_1(\omega) = \varphi(\omega)$ 得

$$F_k = \frac{2}{b-a}\Re\left(\varphi\left(\frac{k\pi}{b-a}\right)\exp\left(-\mathrm{i}\frac{ka\pi}{b-a}\right)\right) \approx A_k. \tag{5.31}$$

假设 $v(x, t_0)$ 为到期时间为 T 的期权价格, $f(y\,|\,x)$ 为对数资产价格的条件概率密度函数, 则

$$v(x, t_0) = \mathrm{e}^{-r\Delta t}\int_{-\infty}^{+\infty} v(y, T)f(y\,|\,x)\mathrm{d}y, \tag{5.32}$$

选择合适的 a、b 使得

$$v(x, t_0) \approx \mathrm{e}^{-r\Delta t}\int_a^b v(y, T)f(y\,|\,x)\mathrm{d}y. \tag{5.33}$$

令 $A_k = \dfrac{2}{b-a}\displaystyle\int_a^b f(y\,|\,x)\cos\left(k\frac{y-a}{b-a}\pi\right)\mathrm{d}x$, 由余弦级数展式得

$$f(y\,|\,x) = \sum_{k=0}^{\infty} A_k \cos\left(\pi k\frac{y-a}{b-a}\right). \tag{5.34}$$

将式 (5.34) 代入式 (5.33)，交换积分和求和的顺序，并令

$$V_k = \frac{2}{b-a} \int_a^b v(y, T) \cos\left(k \frac{y-a}{b-a} \pi\right) dy,$$

得

$$v(x, t_0) \approx e^{-r\Delta t} \frac{b-a}{2} \sum_{k=0}^{\infty} A_k V_k. \tag{5.35}$$

选择合适的 N 使得

$$v(x, t_0) \approx e^{-r\Delta t} \frac{b-a}{2} \sum_{k=0}^{N-1} A_k V_k.$$

由式 (5.31)，可得

$$v(x, t_0) \approx e^{-r\Delta t} \sum_{k=0}^{N-1} \Re\left\{\varphi\left(\frac{k\pi}{b-a}; x\right) \exp\left(-i\frac{ka\pi}{b-a}\right)\right\} V_k. \tag{5.36}$$

式 (5.36) 显示，期权价格的计算和模型的特征函数、期权的收益有关. 对于欧式期权，在到期时间 T 的收益为

$$v(y, T) = \begin{cases} K(e^y - 1)^+, & \text{看涨}, \\ -K(e^y - 1)^+, & \text{看跌}. \end{cases}$$

令

$$\chi_k(x_1, x_2) = \frac{1}{1 + \left(\frac{k\pi}{b-a}\right)^2} \left\{\cos\left(\frac{x_2-a}{b-a}\right) e^{x_2} - \cos\left(\frac{x_1-a}{b-a}\right) e^{x_1}\right.$$
$$\left. + \frac{k\pi}{b-a}\left[\sin\left(\frac{x_2-a}{b-a}\right) e^{x_2} - \sin\left(\frac{x_1-a}{b-a}\right) e^{x_1}\right]\right\},$$

$$\psi_k(x_1, x_2) = \begin{cases} \frac{b-a}{k\pi}\left[\sin\left(\frac{x_2-a}{b-a}\right) - \sin\left(d\frac{x_1-a}{b-a}\right)\right], & k \neq 0, \\ x_2 - x_1, & k = 0. \end{cases}$$

V_k 有如下解析形式:

$$V_k = \begin{cases} \frac{2}{b-a} K[\chi_k(0, b) - \psi_k(0, b)], & \text{看涨}, \\ \frac{2}{b-a} K[\psi_k(a, 0) - \chi_k(a, 0)], & \text{看跌}. \end{cases} \tag{5.37}$$

5.3.2 SVDJ 模型下基于 COS 方法的远期开始期权定价

令 $C_{\mathrm{F}}(t_0, T)$ 为无风险利率为 r，到期时间为 T，确定执行时间为 t_0 的欧式远期开始看涨期权价格，假设欧式远期开始看涨期权的最终收益满足式 (5.1)，则 $C_{\mathrm{F}}(t_0, T)$ 可表示为风险中性概率测度 P 下的期望：

$$C_{\mathrm{F}}(t_0, T) = \mathrm{e}^{-rT} E^{Q} \left[(S_T - kS_{t_0})^+ \right], \tag{5.38}$$

其中，k 为百分比执行价格. 以资产价格 S_t 作为计价单位，将标的概率测度变换到资产价格测度 Q^S 评价式 (5.38)，即

$$C_{\mathrm{F}}(t_0, T) = S_t E^{Q^S} \left[\frac{1}{S_T} (S_T - kS_{t_0})^+ \right] = S_t E^{Q^S} \left[\left(1 - \frac{kS_{t_0}}{S_T} \right)^+ \right]$$

$$= S_t k E^{Q^S} \left[\left(\frac{1}{k} - \frac{S_{t_0}}{S_T} \right)^+ \right], \tag{5.39}$$

式 (5.39) 最后一行可看作执行价格为 $1/k$ 的欧式看跌期权的价格. 根据 Rubinstein[176] 的研究，也可以将远期开始期权价格表示为如下欧式看涨期权的价格，即

$$C_{\mathrm{F}}(t_0, T) = S_t E^{Q^S} \left[\frac{1}{S_{t_0}} (S_T - kS_{t_0})^+ | \mathcal{F}_{t_0} | \mathcal{F}_t \right]. \tag{5.40}$$

式 (5.39) 和式 (5.40) 都可以利用数值积分求解，所不同的是，式 (5.39) 是一重积分的计算，式 (5.40) 是二重积分的计算. 由于一重积分相对于二重积分往往效率更高，本章使用式 (5.39) 计算远期开始期权价格.

若最终收益满足式 (5.2)，在 T 远期测度 Q^T 下，有

$$C_{\mathrm{F}}(t_0, T) = E^{Q^T} \left[\mathrm{e}^{-rt} \left(\frac{S_{t_0}}{S_T} - K \right)^+ | \mathcal{F}_t \right]. \tag{5.41}$$

此时的计价单位为零复合债券.

令 $\xi = \ln \dfrac{S_T}{S_{t_0}} - \ln k$，式 (5.39) 可化为

$$C_{\mathrm{F}}(t_0, T) = \mathrm{e}^{-rT} k \int_{-\infty}^{+\infty} (\mathrm{e}^{\xi} - 1)^+ f(\xi | x) \mathrm{d}\xi, \tag{5.42}$$

其中，$f(\xi | x)$ 为 ξ 基于 $x = \ln S - \ln k$ 的无风险概率密度函数. 依据 Fang 等 [191]

的研究, $f(\xi|x)$ 可以通过傅里叶余弦级数近似为

$$f(\xi|x) \approx \frac{2}{n-m}\sum_{k=0}^{N-1}\Re\left(\varphi_F\left(\frac{k\pi}{n-m}\right)\mathrm{e}^{-\mathrm{i}\frac{k\pi}{n-m}(\ln K+m)}\right)\cos\left[\frac{k\pi}{n-m}(\xi-m)\right],$$

$$\text{(5.43)}$$

其中, $\varphi_F(\cdot)$ 为 SVDJ 模型的远期特征函数.

令

$$U_k=\begin{cases}\dfrac{\mathrm{e}^n\cos(k\pi)-\cos\dfrac{mk\pi}{n-m}+\dfrac{k\pi}{n-m}\sin\dfrac{k\pi}{n-m}}{1+\left(d\dfrac{k\pi}{n-m}\right)^2}-\dfrac{n-m}{k\pi}\sin\dfrac{k\pi}{n-m}, & k\neq 0,\\[3mm]\mathrm{e}^n-1-n, & k=0.\end{cases}$$

将式 (5.43) 代入式 (5.42), 并交换积分和求和的次序, 可得 SVDJ 模型下远期开始看涨期权价格为

$$C_F(t_0,T)\approx\frac{2}{n-m}K\mathrm{e}^{-rT}\sum_{k=0}^{N-1}\Re\left(\varphi_F\left(\frac{k\pi}{n-m}\right)\mathrm{e}^{-\mathrm{i}\frac{k\pi m}{n-m}}\right)U_k,\qquad\text{(5.44)}$$

其中, $[m,n]=[c_1-L\sqrt{|c_2|},c_1+L\sqrt{|c_2|}]$, $c_j=\dfrac{1}{\mathrm{i}^n}\dfrac{\partial^n\ln\varphi_F(u)}{\partial u^n}(j=1,2)$, L 为给定的常数. 对于 SVDJ 模型, 得

$$c_1=(r-\lambda\kappa)\tau-\theta\left(0.5\tau+\frac{\mathrm{e}^{-k\tau}-1}{2k}\right)+\frac{\mathrm{e}^{-k\tau}(\mathrm{e}^{-k\tau}-1)V}{2k}+\lambda\tau\left(\frac{p}{\eta_1}-\frac{q}{\eta_2}\right),$$

$$\begin{aligned}c_2=&\frac{1}{8k^3}\{\tau\mathrm{e}^{-k\tau}(4k\sigma^2-8\rho\sigma b^2)(\theta+V\mathrm{e}^{-k\tau})-2(1-\mathrm{e}^{-k\tau})(2\sigma^2-8\rho\sigma b+4b^2)\theta\\&+(2\sigma^2-8\rho\sigma b+8b^2)[V\mathrm{e}^{-k\tau}(1-\mathrm{e}^{-k\tau})+k\tau\theta]\\&-4V\mathrm{e}^{-k\tau}\sigma^2(1-\mathrm{e}^{-k\tau})-\sigma^2\theta(1-\mathrm{e}^{-2k\tau})\\&-\mathrm{e}^{-k\tau}(1-\mathrm{e}^{-k\tau})\sigma\theta[\tau(2\sigma k-4k^2\rho)-2\sigma k(1-\mathrm{e}^{-k\tau})]\}+2\lambda\tau\left(\frac{p}{\eta_1^4}-\frac{q}{\eta_2^4}\right).\end{aligned}$$

5.3.3　SIDSVDJ 模型下基于 COS 方法的远期开始期权定价

若利率为随机过程, $P(t,T)$ 为其 T-期零复合债券价格, 则远期开始看涨期权价格可表示为

$$C_F(t_0,T)=P(0,T)K\int_{-\infty}^{+\infty}(\mathrm{e}^\xi-1)^+f(\xi|x)\mathrm{d}\xi.\qquad\text{(5.45)}$$

依据 Fang 等 [191] 的研究, $f(\xi \,|x)$ 可以近似为

$$f(\xi \,|x) \approx \frac{2}{n-m} \sum_{k=0}^{n-1} \Re\left(\varphi_F\left(\frac{k\pi}{n-m}\right) \mathrm{e}^{-\mathrm{i}\frac{k\pi}{n-m}(\ln kK+m)}\right) \cos\left[\frac{k\pi}{n-m}(\xi-m)\right],$$

(5.46)

其中, $\varphi_F(\cdot)$ 为 SIDSVDJ 模型的远期特征函数. 将式 (5.46) 代入式 (5.45), 并交换积分和求和次序, 得 SIDSVDJ 模型下远期开始看涨期权价格为

$$C_F(t_0, T) \approx \frac{2}{n-m} K P(0, T) \sum_{k=0}^{N-1} \Re\left(\varphi_F\left(\frac{k\pi}{n-m}\right) \mathrm{e}^{-\mathrm{i}\frac{k\pi m}{n-m}}\right) U_k,$$

(5.47)

由式 (5.24) 可得

$$\begin{aligned}
c_1 &= \sum_{j=1}^{2}\left[\frac{\theta_j(1 - \mathrm{e}^{-k_j\tau} - k_j\tau)}{2k_j} + \frac{\mathrm{e}^{-k_j\tau} - 1}{2k_j}\left(\frac{2k_j\theta_j}{\sigma_j^2 h_{tj}} + \mathrm{e}^{-k_j t_0}V_j\right)\right] \\
&\quad - \mathrm{i}\left(\frac{2k_\mathrm{r}\theta_\mathrm{r}}{\sigma_\mathrm{r}^2 h_{tr}} + \mathrm{e}^{-k_\mathrm{r} t_0} r\right) C' \\
&\quad + \frac{k_\mathrm{r}\theta_\mathrm{r}}{\gamma}\left\{\tau + \frac{2\left[\dfrac{k_\mathrm{r}}{\gamma}(\mathrm{e}^{-\gamma\tau} - 1) + \tau(k_\mathrm{r} - \gamma)\mathrm{e}^{-\gamma\tau}\right]}{2\gamma + (k_\mathrm{r} - \gamma)(1 - \mathrm{e}^{-\gamma\tau})}\right\} \\
&\quad + \lambda\tau\left(\frac{p}{\eta_1} - \frac{q}{\eta_2} - \frac{p\eta_1}{\eta_1 - 1} - \frac{q\eta_2}{\eta_2 + 1} + 1\right), \\
c_2 &= \sum_{j=1}^{2}\left[\frac{k_j\theta_j\tau\gamma_j''}{\sigma_j^2} - \frac{5\sigma_j^2\theta_j}{8k_j^3} + \frac{2\sigma_j\theta_j\rho_j}{k_j^2} - \frac{\theta_j}{k_j}\right. \\
&\quad + \mathrm{e}^{-k_j\tau}\left(\frac{\sigma_j^2\theta_j + \sigma_j^2\theta_j\tau k_j}{2k_j^3} + \frac{\theta_j - \sigma_j\theta_j\rho_j\tau}{k_j} - \frac{2\sigma_j\theta_j\rho_j}{k_j^2}\right) \\
&\quad \left. + \frac{\sigma_j^2\theta_j}{8k_j^3}\mathrm{e}^{-2k_j\tau} - \frac{2k_j\theta_j}{\sigma_j^2}\frac{B_j''h_{tj} + B_j'^2}{h_{tj}^2} - \mathrm{e}^{-k_j t_0}V_j\frac{B_j''h_{tj} + 2B_j'^2}{h_{tj}}\right] \\
&\quad + \frac{k_\mathrm{r}\theta_\mathrm{r}}{\sigma_\mathrm{r}^2}(\gamma_u''\tau - \varGamma) - \frac{2k_\mathrm{r}\theta_\mathrm{r}}{\sigma_\mathrm{r}^2}\frac{C''h_{tr} + C'^2}{h_{tr}^2} \\
&\quad - \mathrm{e}^{-k_\mathrm{r} t_0} r\frac{C''h_{tr} + C'^2}{h_{tr}^2} + 2\lambda\tau\left(\frac{p}{\eta_1^2} + \frac{q}{\eta_2^2}\right).
\end{aligned}$$

其中,

$$B_j'' = \frac{\sigma_j^2}{4k_j^3}\mathrm{e}^{-2k_j\tau} + \mathrm{e}^{-k_j\tau}\left(\frac{\sigma_j^2\tau}{2k_j^2} + \frac{1-\sigma_j\rho_j\tau}{k_j} - \frac{\sigma_j\rho_j}{k_j^2}\right) - \frac{1}{k_j} - \frac{\sigma_j^2}{4k_j^3} + \frac{\sigma_j\rho_j}{k_j^2},$$

$$C' = \frac{2\mathrm{i}\left[\gamma + k_\mathrm{r} - \dfrac{\sigma_\mathrm{r}^2}{\gamma} + (2\sigma_\mathrm{r}^2\tau - 2k_\mathrm{r})\mathrm{e}^{-\gamma\tau} + \left(k_\mathrm{r} - \gamma + \dfrac{\sigma_\mathrm{r}^2}{\gamma}\right)\mathrm{e}^{-2\gamma\tau}\right]}{[2\gamma + (k_\mathrm{r}-\gamma)(1-\mathrm{e}^{-\gamma\tau})]^2},$$

$$C'' = \frac{-2\left[-(\gamma + k_\mathrm{r})\gamma_u'' + 2\gamma_u'^2 + 2\mathrm{i}(\gamma + k_\mathrm{r})\gamma_u' + \mathrm{e}^{-\gamma\tau}\Gamma_1 - \mathrm{e}^{-2\gamma\tau}\Gamma_2 + \mathrm{e}^{-3\gamma\tau}\Gamma_3\right]}{[2\gamma + (k_\mathrm{r}-\gamma)(1-\mathrm{e}^{-\gamma\tau})]^3},$$

$$\gamma_j'' = \frac{\sigma_j^2}{k_j} - \frac{\rho_j\sigma_j^3}{k_j^2} + \frac{\sigma_j^4}{4k_j^3}, \quad \gamma_u' = -\frac{\mathrm{i}\sigma_\mathrm{r}^2}{\gamma}, \gamma_u'' = \frac{\sigma_\mathrm{r}^4}{\gamma^3}, \quad B_j' = -\frac{\mathrm{i}(1-\mathrm{e}^{-k_j\tau})}{2k_j},$$

$$\begin{aligned}\Gamma = &\frac{1}{\gamma^2[2\gamma + (k_\mathrm{r}-\gamma)(1-\mathrm{e}^{-\gamma\tau})]^2}\{[2k_\mathrm{r}\gamma_u'' + \mathrm{e}^{-\gamma\tau}((2\tau\gamma^2 - 2k_\mathrm{r} - 2\tau k_\mathrm{r}\gamma)\gamma_u'' \\ &+ (4\tau\gamma + 2\tau^2 k_\mathrm{r}\gamma - 2\tau^2\gamma^2)\gamma_u'^2)][2\gamma^2 + \gamma(k_\mathrm{r}-\gamma)(1-\mathrm{e}^{-\gamma\tau})] \\ &- [2k_\mathrm{r}\gamma_u'(1-\mathrm{e}^{-\gamma\tau}) - 2\gamma\gamma_u'\tau(k_\mathrm{r}-\gamma)\mathrm{e}^{-\gamma\tau}][2\gamma\gamma_u'(1+\mathrm{e}^{-\gamma\tau}) \\ &+ k_\mathrm{r}\gamma_u'(1-\mathrm{e}^{-\gamma\tau}) + \gamma\gamma_u'\tau\mathrm{e}^{-\gamma\tau}(k_\mathrm{r}-\gamma)]\},\end{aligned}$$

$$\begin{aligned}\Gamma_1 = &(k_\mathrm{r}-\gamma)\gamma_u'' + (k_\mathrm{r}+\gamma)[2\gamma_u'\tau - 2\gamma_u'\tau\mathrm{i}(k_\mathrm{r}+\gamma) + 2\gamma(\gamma_u''\tau - \gamma_u'^2\tau^2)] \\ &- 2\gamma_u'(2\mathrm{i}k_\mathrm{r} + 2\gamma\gamma_u'\tau) + 2[\mathrm{i}(k_\mathrm{r}+\gamma) + \gamma_u'][\tau\gamma_u'(k_\mathrm{r}-\gamma) + \gamma_u'],\end{aligned}$$

$$\begin{aligned}\Gamma_2 = &(k_\mathrm{r}+\gamma)[-\gamma_u'' + 2\gamma_u'^2\tau - 2(k_\mathrm{r}-\gamma)\gamma_u'\tau\mathrm{i}] + 2\gamma_u'[\mathrm{i}(\gamma-k_\mathrm{r}) + \gamma_u'] \\ &+ (k_\mathrm{r}-\gamma)[2\gamma_u'^2\tau - 2(k_\mathrm{r}+\gamma)\gamma_u'\tau\mathrm{i} + 2\gamma(\gamma_u''\tau - \gamma_u'^2\tau^2)] \\ &+ 2(2\mathrm{i}k_\mathrm{r} + 2\gamma\gamma_u'\tau)[\gamma_u'\tau(k_\mathrm{r}-\gamma) + \gamma_u'],\end{aligned}$$

$$\Gamma_3 = (k_\mathrm{r}-\gamma)[-\gamma_u'' + 2\gamma_u'^2\tau - 2(k_\mathrm{r}-\gamma)\gamma_u'\tau\mathrm{i}] - 2[\mathrm{i}(\gamma-k_\mathrm{r}) + \gamma_u'][\tau(k_\mathrm{r}-\gamma)\gamma_u' + \gamma_u'].$$

5.4   组合模型下远期开始期权定价的 MC 方法

为了检验 COS 方法的有效性, 本节给出定价远期开始期权的 MC 方法. 首先, 基于二次指数 (quadratic-exponential, QE) 格法[192-193] 给出组合模型 (5.3) 和模型 (5.8) 的路径模拟格法, 然后, 基于路径模拟格法开发定价远期开始期权的 MC 方法.

5.4.1　组合模型的路径模拟格法

1. SVDJ 模型的路径模拟格法

由伊藤公式，组合模型（5.3）可化为

$$
\begin{cases}
\mathrm{d}S_t = (r - \lambda\delta)S_t\mathrm{d}t + \sqrt{V_t}S_t(\rho\mathrm{d}W_t^{\mathrm{V}} + \sqrt{1-\rho^2}\mathrm{d}Z_t), + (Y-1)\,\mathrm{d}N_t, \\
\mathrm{d}V_t = b(\theta - V_t)\mathrm{d}t + \sigma\sqrt{V_t}\mathrm{d}W_t^{\mathrm{V}}.
\end{cases}
\tag{5.48}
$$

令 $t_i = iT/M (i = 0, 1, \cdots, M)$ 为时间区间 $[0, T]$ 的一个步长为 Δt 的等距剖分，式 (5.48) 中的资产价格 S_t 可离散为

$$
\ln S_{t+\Delta} = \ln S_t + \int_t^{t+\Delta} \left(r - \lambda\delta - \frac{1}{2}V_u\right)\mathrm{d}u + \rho \int_t^{t+\Delta} \sqrt{V_s}\mathrm{d}W_s^{\mathrm{V}}
$$
$$
+ \sqrt{1-\rho^2}\int_t^{t+\Delta}\sqrt{V_t}\mathrm{d}Z_t + \sum_{i=N_t+1}^{N_{t+\Delta}}(Y-1),
\tag{5.49}
$$

式 (5.5) 可离散为

$$
V_{t+\Delta} = V_t + \int_t^{t+\Delta} b(\theta - V_u)\mathrm{d}u + \sigma\int_t^{t+\Delta}\sqrt{V_s}\mathrm{d}W_s^{\mathrm{V}},
\tag{5.50}
$$

将式 (5.50) 代入式 (5.49) 得

$$
\ln S_{t+\Delta} = \ln S_t + (r - \lambda\delta)\Delta + \left(\frac{b\rho}{\sigma} - \frac{1}{2}\right)\int_t^{t+\Delta}V_u\mathrm{d}u + \frac{\rho}{\sigma}(V_{t+\Delta} - V_t - b\theta\Delta)
$$
$$
+ \sqrt{1-\rho^2}\int_t^{t+\Delta}\sqrt{V_s}\mathrm{d}Z_s + \sum_{i=N_t+1}^{N_{t+\Delta}}(Y-1).
\tag{5.51}
$$

由差值方法和中点离散规则，得

$$
\int_t^{t+\Delta} V_u\mathrm{d}u \approx (V_t/2 + V_{t+\Delta}/2)\Delta.
\tag{5.52}
$$

因 Z_t 和 V_t 相互独立，故

$$
\int_t^{t+\Delta}\sqrt{V_s}\mathrm{d}Z_s \sim N\left(0, \int_t^{t+\Delta}V_u\mathrm{d}u\right).
\tag{5.53}
$$

将式 (5.52) 和式 (5.53) 代入式 (5.51)，并分别用 $\tilde{S}$、$\tilde{V}$ 表示 S、V 的近似，则

$$
\ln \tilde{S}_{t+\Delta} = \ln \tilde{S}_t + (r - \lambda\delta)\Delta + \left(\frac{b\rho}{\sigma} - \frac{1}{2}\right)(\tilde{V}_t/2 + \tilde{V}_{t+\Delta}/2)\Delta
$$

$$+ \frac{\rho}{\sigma}(\tilde{V}_{t+\Delta} - \tilde{V}_t - b\theta\Delta)$$

$$+ \sqrt{1-\rho^2}\sqrt{(\tilde{V}_t/2 + \tilde{V}_{t+\Delta}/2)\Delta}Z + \sum_{i=N_t+1}^{N_{t+\Delta}}(Y-1), \tag{5.54}$$

其中, Z 为标准正态随机变量, 且与 V 相互独立.

令 $m = \theta + (V_t - \theta)\mathrm{e}^{-b\Delta}$, $\psi = s^2/m^2$, $s^2 = \frac{\sigma^2\mathrm{e}^{-b\Delta}V_t}{b}(1-\mathrm{e}^{-b\Delta}) + \frac{\sigma^2\theta}{2b}(1-\mathrm{e}^{-b\Delta})^2$,

假设任意给定常数 $\psi_c \in [1,2]$, 当 $\psi \leqslant \psi_c$ 时, $\tilde{V}_{t+\Delta}$ 可近似为

$$\tilde{V}_{t+\Delta} \approx m/(2\psi^{-1} + 2\sqrt{2\psi^{-1}}\sqrt{2\psi^{-1}-1})$$

$$\cdot \left(\sqrt{2\psi^{-1} - 1 + 2\sqrt{2\psi^{-1}}\sqrt{2\psi^{-1}-1}} + Z_V\right)^2, \tag{5.55}$$

其中, Z_V 为标准正态随机变量. 当 $\psi > \psi_c$ 时, $\tilde{V}_{t+\Delta}$ 可近似为

$$\tilde{V}_{t+\Delta} \approx \begin{cases} \dfrac{m(\psi+1)}{2}\ln\dfrac{2}{(1-U_V)(\psi+1)}, & \dfrac{\psi-1}{\psi+1} < U_V \leqslant 1, \\[3mm] 0, & 0 \leqslant U_V \leqslant \dfrac{\psi-1}{\psi+1}. \end{cases} \tag{5.56}$$

其中, U_V 为 [0,1] 上的均匀随机变量. 令

$$\ln\tilde{S}_{t+\Delta}^{\mathrm{c}} = \ln\tilde{S}_t + (r - \lambda\delta)\Delta + \left(\frac{b\rho}{\sigma} - \frac{1}{2}\right)(\tilde{V}_t/2 + \tilde{V}_{t+\Delta}/2)\Delta$$

$$+ \frac{\rho}{\sigma}(\tilde{V}_{t+\Delta} - \tilde{V}_t - b\theta\Delta)$$

$$+ \sqrt{1-\rho^2}\sqrt{(\tilde{V}_t/2 + \tilde{V}_{t+\Delta}/2)\Delta}Z, \tag{5.57}$$

则式 (5.54) 可表示为

$$\ln\tilde{S}_{t+\Delta} = \ln\tilde{S}_{t+\Delta}^{\mathrm{c}} + \sum_{i=N_t+1}^{N_{t+\Delta}}(Y-1),$$

从而, SVDJ 模型的路径模拟格法为

$$\tilde{S}_t = \tilde{S}_t^{\mathrm{c}}\prod_{i=1}^{N_t}Y_i, \tag{5.58}$$

其中, Y_i 为相互独立且服从双指数分布的随机变量.

2. SIDSVDJ 模型的路径模拟格法

记 S_t^c 为标的资产价格过程的连续部分, 为减少 MC 模拟的维数, 用 $P(t,T)$ 作为计价单位, 将测度 P 变换到测度 Q. 令 $z(t,T) = \ln S_t^c / P(t,T)$, 由伊藤公式, $z(t,T)$ 满足:

$$dz(t,T) = -\frac{1}{2}[V_{1t} + V_{2t} + \sigma_r^2 B^2(t,T)] + \sum_{j=1}^{2} \sqrt{V_{jt}} W_{jt}^S + \sigma_r B(t,T) W_t^r. \quad (5.59)$$

令 $m_j = \theta_j + (V_{jt} - \theta_j)\mathrm{e}^{-b_j\Delta}, s_j^2 = \dfrac{\sigma_j^2 \mathrm{e}^{-b_j\Delta} V_{jt}}{b_j}(1 - \mathrm{e}^{-b_j\Delta}) + \dfrac{\sigma_j^2 \theta_j}{2b_j}(1 - \mathrm{e}^{-b_j\Delta})^2,$

$\psi_j = s_j^2/m_j^2$, 假设任意给定 ψ_c 为一个给定常数. 若 $\psi_j \leqslant \psi_c$, V_{jt} 可近似为

$$V_{jt} \approx m_j / \left(2\psi_j^{-1} + 2\sqrt{2\psi_j^{-1}}\sqrt{2\psi_j^{-1} - 1}\right)$$

$$\cdot \left(\sqrt{2\psi_j^{-1} - 1 + 2\sqrt{2\psi_j^{-1}}\sqrt{2\psi_j^{-1} - 1}} + Z_{V_j}\right)^2, \quad (5.60)$$

其中, Z_{V_j} 为标准正态随机变量.

若 $\psi_j > \psi_c$, V_{jt} 可近似为

$$V_{jt} \approx \begin{cases} \dfrac{m_j(\psi_j+1)}{2}\ln\dfrac{2}{(1-U_j)(\psi_j+1)}, & \dfrac{\psi_j-1}{\psi_j+1} < U_j \leqslant 1, \\ 0, & 0 \leqslant U_j \leqslant \dfrac{\psi_j-1}{\psi_j+1}. \end{cases} \quad (5.61)$$

其中, U_j 为独立标准均匀随机变量.

在 T-远期测度 Q^S 下, 通过 Cholesky 分解, 式 (5.59) 可改写为

$$z(t+\Delta,T)$$

$$= z(t,T) - \frac{1}{2}\int_t^{t+\Delta}[V_{1u} + V_{2u} + \sigma_r^2 B^2(u,T)]\mathrm{d}u + \sum_{j=1}^{2}\int_t^{t+\Delta}\sqrt{V_{ju}}\mathrm{d}W_{ju}^V$$

$$+ \sum_{j=1}^{2}\sqrt{1-\rho_j^2}\int_t^{t+\Delta}\sqrt{V_{ju}}\mathrm{d}W_{ju} + \sigma_r\int_t^{t+\Delta}B(u,T)\mathrm{d}W_u^r, \quad (5.62)$$

其中, W_{ju} 为独立于 W_{ju}^V 和 W_u^r 的标准布朗运动.

通过漂移插值方法近似两个方差过程的积分, 即

$$\int_t^{t+\Delta}V_j(u)\mathrm{d}u \approx \frac{1}{2}[V_j(t) + V_j(t+\Delta)]\Delta. \quad (5.63)$$

由模型（5.8）的方差过程表达式，可得

$$\int_t^{t+\Delta} \sqrt{V_{ju}} \mathrm{d}W_{ju}^{\mathrm{V}} \approx \frac{1}{\sigma_j} \left(V_{j,t+\Delta} - V_{jt} - b_j \theta_j \Delta + b_j \int_t^{t+\Delta} V_{ju} \mathrm{d}u \right). \tag{5.64}$$

积分 $\int_t^{t+\Delta} \sqrt{V_{ju}} \mathrm{d}W_{ju}^{\mathrm{V}} (j = 1, 2)$ 服从均值为 0，方差为 $\int_t^{t+\Delta} V_{ju} \mathrm{d}u$ 的正态分布. 由式 (5.63) 可得

$$\int_t^{t+\Delta} \sqrt{V_{ju}} \mathrm{d}W_{ju} \approx \sqrt{\frac{1}{2}(V_{jt} + V_{j,t+\Delta})\Delta} Z_j, \tag{5.65}$$

其中，Z_j 为相互独立的标准正态随机变量.

通过直接计算，可得

$$\int_t^{t+\Delta} B^2(u, T) \mathrm{d}u$$

$$= \frac{\sigma_{\mathrm{r}}^2}{b_{\mathrm{r}}^2} \left(\Delta + \frac{\mathrm{e}^{-2b_{\mathrm{r}}(T-t-\Delta)}}{2b_{\mathrm{r}}} - \frac{2\mathrm{e}^{-b_{\mathrm{r}}(T-t-\Delta)}}{b_{\mathrm{r}}} - \frac{\mathrm{e}^{-2b_{\mathrm{r}}(T-t)}}{2b_{\mathrm{r}}} + \frac{2\mathrm{e}^{-b_{\mathrm{r}}(T-t)}}{b_{\mathrm{r}}} \right). \tag{5.66}$$

相应地，$\int_t^{t+\Delta} B(u, T) \mathrm{d}W_u^{\mathrm{r}}$ 服从均值为 0，方差为 $\int_t^{t+\Delta} B^2(u, T) \mathrm{d}u$ 的标准正态分布，即

$$\int_t^{t+\Delta} B(u, T) \mathrm{d}W_u^{\mathrm{r}}$$

$$= \sqrt{\frac{\sigma_{\mathrm{r}}^2}{b_{\mathrm{r}}^2} \left(\Delta + \frac{\mathrm{e}^{-2b_{\mathrm{r}}(T-t-\Delta)}}{2b_{\mathrm{r}}} - \frac{2\mathrm{e}^{-b_{\mathrm{r}}(T-t-\Delta)}}{b_{\mathrm{r}}} - \frac{\mathrm{e}^{-2b_{\mathrm{r}}(T-t)}}{2b_{\mathrm{r}}} + \frac{2\mathrm{e}^{-b_{\mathrm{r}}(T-t)}}{b_{\mathrm{r}}} \right)} Z_{\mathrm{r}},$$

$$\tag{5.67}$$

其中，Z_{r} 为标准正态随机变量.

将式 (5.63) ~ 式 (5.66) 代入式 (5.62)，可得如下连续资产价格过程的路径模拟格法：

$$z(t+\Delta, T) = z(t, T) + K_0 + \sum_{j=1}^2 [K_1^j V_j(t) + K_2^j V_j(t+\Delta) + K_3^j Z_j] + K_4^j Z_{\mathrm{r}}, \tag{5.68}$$

其中，

$$K_0 = -\frac{\sigma_{\mathrm{r}}^2}{2b_{\mathrm{r}}^2} \left(\Delta + \frac{\mathrm{e}^{-2b_{\mathrm{r}}(T-t-\Delta)}}{2b_{\mathrm{r}}} - \frac{2\mathrm{e}^{-2b_{\mathrm{r}}(T-t-\Delta)}}{b_{\mathrm{r}}} \right.$$

$$-\frac{2e^{-2b_r(T-t)}}{b_r}+\frac{2e^{-b_r(T-t)}}{b_r}\Bigg)-\frac{b_j\theta_j\rho_j\Delta}{\sigma_j},$$

$$K_1^j=-\frac{\Delta}{4}+\frac{b_j\rho_j\Delta}{2\sigma_j}-\frac{\rho_j}{\sigma_j},\quad K_2^j=-\frac{\Delta}{4}+\frac{b_j\rho_j\Delta}{2\sigma_j}+\frac{\rho_j}{\sigma_j},$$

$$K_3^j=\sqrt{\frac{\Delta}{2}(1-\rho_j^2)[V_j(t)+V_j(t+\Delta)]},$$

$$K_4^j=\sqrt{\frac{\sigma_r^2}{b_r^2}\left(\Delta+\frac{e^{-2b_r(T-t-\Delta)}}{2b_r}-\frac{2e^{-b_r(T-t-\Delta)}}{b_r}-\frac{e^{-2b_r(T-t)}}{2b_r}+\frac{2e^{-b_r(T-t)}}{b_r}\right)}.$$

由于跳和标的资产价格部分独立，因而可以单独模拟跳部分，然后和模型（5.3）的标的资产过程的连续部分 S_t^c 相乘即可.

5.4.2　组合模型下远期开始期权定价的 MC 算法

基于 5.4.1 小节的路径模拟格法，结合远期开始期权的收益函数（5.1），分别在 SVDJ 和 SIDSVDJ 模型下开发定价远期开始看涨期权的 MC 算法，其思想分别如算法 5.1 和算法 5.2 所示.

算法 5.1　SVDJ 模型下定价远期开始看涨期权的 MC 算法

初始化：$S_0,k,T,t_0,r,\rho,b,\theta,\sigma,p,\lambda,\eta_1,\eta_2,\psi_c$

1: sum_$p=0$

2: **Repeat** for $i=1$: M

3: 　　计算 m, s^2, ψ

4: 　　　产生一个均匀随机数计算 U

5: 　　　通过 $\Phi^{-1}(U)$ 产生标准正态随机数

6: 　　　　if $\psi\leqslant\psi_c$

7: 　　　　　通过式 (5.51) 计算 V_t

8: 　　　　else 通过式 (5.52) 计算 V_t

9: 　　　end if

10: 　　　通过式 (5.53) 计算 $\ln S_t^c$

11: 　　　令 $S_t^c=\exp(\ln S_t^c)$

12: 　　　产生一个均值为 λT 的泊松随机变量 J

13: 　　　产生参数为 η_1,η_2,p 的双指数分布随机数

14: 　　　对于 $j=1,2,\cdots,J$, 产生相互独立的跳比例 Y_i

15: 　　　令 $S_t=S_t^c\prod_{i=1}^{J}Y_i$

16: 　　　通过 $\max(0,S_T-kS_{t_0})$ 计算收益

17: 　**Until** $i=M$

18: 计算远期开始看涨期权价格 $C_i=e^{-rT}\cdot$ sum_p/M

算法 5.2   SIDSVDJ 模型下定价远期开始看涨期权的 MC 算法

初始化：$S_0, k, T, t_0, r_0, \rho, k_r, \sigma_r, \theta_r, k_1, k_2, \sigma_1, \sigma_2, p, \lambda, \eta_1, \eta_2, \theta_1, \theta_2$

1: 根据式 (5.9) 计算 $P(0,T)$

2: sum_$p = 0$

3:   **Repeat** for i=1: M

4:     对于 $j = 1,2$ 计算 $m_j, s_j^2, \psi_j, \alpha_j, \beta_j$

5:     产生两个均匀随机数计算 U_j

6:     通过 $\Phi^{-1}(U_j)$ 产生两个标准正态随机数

7:      if $\psi_j \leqslant \psi_c$

8:      通过式 (5.56) 计算 V_{jt}

9:      else 通过式 (5.57) 计算 V_{jt}

10:     end if

11:     计算 $K_0, K_1^j, K_2^j, K_3^j, K_4^j$

12:     通过式（5.64）计算 z_t

13:     令 $S_t^c = P(t,T)\mathrm{e}^{z_t}$

14:     产生一个均值为 λT 的泊松随机变量 J

15:     产生参数为 η_1, η_2, p 的双指数分布随机数

16:     对于 $j = 1,2,\cdots,J$, 产生相互独立的跳比例 Y_i

17:     令 $S_t = S_t^c \prod\limits_{i=1}^{J} Y_i$

18:     通过 $\max(0, S_T - kS_{t_0})$ 计算收益

19: **Until** $i = M$

20: 计算远期开始看涨期权价格 $C_i = P(0,T) \cdot$ sum_p/M

5.5   数 值 实 验

本节通过数值实验检验所提定价方法评价远期开始看涨期权的有效性. 首先在 SVDJ 模型下，分别通过 COS 方法、FFT 方法、Kruse 方法 [133] 和 MC 方法定价远期开始看涨期权，并以 Kruse 方法定价结果为基准. 令 $t_0 = 1$，设定两个到期时间 $T = 10$ 年和 $T = 2$ 年，在两个到期时间下，设定百分比执行价格 k 为 50%~150%. 为了对比，模型参数基于文献 [133] 中各参数的设置，即 $\lambda = 0, r = 0, S = 1, b = 4, \theta = 0.06, \sigma = 0.65, \rho = -0.9, V_0 = 0.09$. 对于 COS 方法，采用离散点数 $N_1 = 64$ 个，并令 $L = 10$. 在 FFT 方法的实施中，采用离散点数 $N_2 = 4096$ 个，对数执行价格的步长设为 $h = \pi/300$. 对于 Kruse 方法，分别采用离散点数 $M_1 = 10$ 个和 $M_1 = 170$ 个. 对于 MC 方法，模拟次数分别设为 $M_2 = 40000$ 次和 $M_2 = 640000$ 次. 表 5.1 列出了 SVDJ 模型下四种方法定价远期开始看涨期权结果.

表 5.1 显示：COS 方法和 Kruse 方法具有几乎相同的精度，FFT 方法的精

度最低；从计算时间上看，COS 方法和 FFT 方法的计算时间相当，都明显少于 Kruse 方法和 MC 方法. 计算 5 个期权价格 FFT 和 COS 分别使用了 0.007s 和 0.006s. 使用不同的离散点，Kruse 方法的计算时间不同. 对于离散点数 $M_1 = 10$ 个和 $M_1 = 170$ 个，Kruse 方法分别耗费 0.084s 和 0.137s. 类似于 Kruse 方法，MC 方法的运行时间随模拟次数的不同而不同，具体情况：当模拟次数为 40000 次时，计算相同的期权价格，MC 方法耗时 2.092s；当模拟次数为 640000 次时，MC 方法耗时 126.731s. 表 5.1 表明，COS 方法是四种数值方法中最有效的方法.

表 5.1　SVDJ 模型下 COS、FFT、MC 和 Kruse 方法定价远期开始看涨期权结果

		$t = 0, t_0 = 1, T = 10$		
百分比执行 价格/%	COS 方法 (N_1=64)	FFT 方法 (N_2=4096)	Kruse 方法 (M_1=10)	MC 方法 ± 标准差 (M_2=40000)
50	55.14	54.96	55.14	54.93±0.32
75	39.22	39.04	39.22	39.01±0.30
100	27.49	27.39	27.49	27.28±0.30
125	19.07	19.09	19.06	18.89±0.24
150	13.13	13.16	13.13	12.99±0.23
CPU 耗时/s	0.006	0.007	0.084	2.092
		$t = 0, t_0 = 1, T = 2$		
百分比执行 价格/%	COS 方法 (N_1=64)	FFT 方法 (N_2=4096)	Kruse 方法 (M_1=170)	MC 方法 ± 标准差 (M_2=640000)
50	50.21	50.23	50.21	50.25±0.07
75	26.96	27.01	26.95	26.98±0.06
100	9.01	9.02	9.01	9.00±0.06
125	1.01	1.03	1.01	1.03±0.03
150	0.03	0.04	0.03	0.04±0.01
CPU 耗时/s	0.006	0.007	0.137	126.731

其次，在 SIDSVDJ 模型下，通过 COS 方法定价远期开始看涨期权，使用 64 个离散点，令 $L = 10$，$t = 0, t_0 = 2, T = 10, r = 0.012, S = 100$，百分比执行价格 k 设定：80%~120%. 为了检验 COS 方法定价远期开始看涨期权的有效性，也通过 MC 方法和 FFT 方法进行了数值实验. 对于 MC 方法，令 $\psi_c = 1.5$，$\beta = 0.5$，模拟次数为 1000000，时步数为 1000，采用算法 5.2 定价远期开始期权，并将其计算结果作为基准，检验 COS 方法的有效性；对于 FFT 方法，采用 4096 个离散点，对数执行价格的步长设为 $\pi/300$. 基于文献 [167] 和 [183]，模型参数设为 $\eta_1 = \eta_2 = 20, \lambda = 0.5, p = 0.6, k_r = 10, \sigma_2 = 0.9, \theta_r = 0.06, \sigma_r = 0.5, k_1 = 12, \theta_1 = 0.05, \sigma_1 = 0.9, \rho_1 = -0.5, V_1 = 0.05, k_2 = 16, \theta_2 = 0.08, \rho_2 = -0.5, V_2 = 0.02$. 表 5.2 对比了 SIDSVDJ 模型下三种方法定价远期开始看涨期权结果.

表 5.2 显示：在 CPU 耗费时间上，COS 方法和 FFT 方法所耗费时间明显短于 MC 方法，COS 方法耗费时间略长于 FFT 方法；在计算精度上，COS 方

法和 MC 方法的精度最接近，由于 FFT 方法的精度依赖于阻尼因子的选择，因而相对于另外两种方法，其精度较低. 综合精度和速度两方面的因素，在三种数值方法中，COS 方法是 SIDSVDJ 模型下定价远期开始看涨期权最有效的方法.

表 5.2　SIDSVDJ 模型下 COS、FFT 和 MC 方法定价远期开始看涨期权结果

百分比执行价格/%	COS 方法	FFT 方法	MC 方法 ± 标准差 (M=1000000, N=1000)
80	37.9226	37.5368	37.9220 ± 0.0679
90	31.5440	31.7347	31.5443 ± 0.0666
100	25.3989	25.4643	25.3987 ± 0.0653
110	19.4648	19.5032	19.4645 ± 0.0640
120	13.7217	13.9912	13.7218± 0.0627
CPU 耗时/s	0.0151	0.0110	493.1261

5.6　实 证 分 析

本节采用 2.5.1 小节的校正算法，通过搜集市场数据将 SVDJ 模型校正到市场，所用数据为 S&P500 指数看涨期权 2012.5.17~2012.5.24 的每日收盘价格. 根据 2.5.2 小节中的筛选规则，筛选了到期时间为 30 天到 3 年，执行价格为 150~1900，价值状态处于 0.94~1.06 的 5955 个数据. 设定无风险利率为年利率 0.12%，假设市场无分红. 本节采用均方和误差（squared sum errors，SSE）测量校正误差：

$$\text{SSE} = \sum_{i=1}^{N} \sum_{j=1}^{M} \left[C^{\theta}(T_i, K_j) - C(T_i, K_j) \right]^2, \tag{5.69}$$

其中，$C^{\theta}(T_i, K_j)$ 为 SVDJ 模型下到期时间为 T_i，执行价格为 K_j 的期权价格；$C(T_i, K_j)$ 为到期时间为 T_i，执行价格为 K_j 的市场价格. SVDJ 模型校正结果和 SSE 误差如表 5.3 所示.

表 5.3　SVDJ 模型校正结果和 SSE 误差

b	θ	σ	ρ	V_0	λ	p	η_1	η_2	SSE
1.6530	0.0067	0.9093	−0.4142	0.1414	2.9385	0.6887	41.4340	94.2189	9.2e−3

表 5.3 显示，SVDJ 模型的 SSE 误差仅为 9.2e−3，说明模型已得到较好的校正. 基于表 5.3 中的校正结果，通过 COS 方法计算远期开始看涨期权，并检验双指数跳和相关系数对期权价格的影响. 为了检验跳的影响，通过令 $\lambda = 0$ 关闭跳项，SVDJ 模型退化为随机波动模型. 为了检验相关系数 ρ 的影响，分别指定

$\rho = -0.4142$ 和 $\rho = 0$. 为了考察远期开始期权价格在不同到期时间 T 和确定执行时间 t_0 下的变化趋势，指定两个到期时间 $T = 0.5$ 和 $T = 2$，并令 $t_0 = 0.05$ 和 $t_0 = 1$，表 5.4 列出了 SVDJ 模型双指数跳和负相关系数对远期开始看涨期权价格的影响.

表 5.4　SVDJ 模型双指数跳和负相关系数对远期开始看涨期权价格的影响

t_0	T	$K/S/\%$	$\rho = -0.4142$		$\rho = 0$	
			SVDJ	SV	SVDJ	SV
0.05	0.5	90	14.07	14.02	13.75	13.67
0.05	0.5	95	10.47	10.37	10.32	10.19
0.05	0.5	100	7.42	7.26	7.56	7.38
0.05	0.5	105	5.11	4.91	5.57	5.39
0.05	0.5	110	3.52	3.35	4.18	4.04
0.05	2	90	17.11	16.90	16.91	16.62
0.05	2	95	13.63	13.29	13.68	13.24
0.05	2	100	10.61	10.09	10.97	10.39
0.05	2	105	8.13	7.48	8.82	8.19
0.05	2	110	6.19	5.52	7.16	6.59
1	2	90	13.33	13.25	13.23	13.16
1	2	95	8.91	8.79	8.86	8.71
1	2	100	5.44	4.58	5.54	4.62
1	2	105	3.57	2.65	3.79	2.96
1	2	110	2.66	2.31	2.91	2.58

表 5.4 显示：双指数跳增加了远期开始看涨期权价格，而且到期时间越长，增加的幅度越大；对于 SVDJ 模型和 SV 模型，负相关系数都增加了价外期权的价格，降低了平价期权和价内期权的价格.

进一步，令 $t_0 = 0.1$，$S = 1$，设定三个到期时间 $T = 0.2$（短期），$T = 0.4$（中期）和 $T = 1$（长期），无风险利率为 0.12%，以表 5.3 中的校正结果为模型参数，通过 COS 方法计算 SVDJ 模型下的远期开始期权价格，并将结果代入 BS 模型下的远期开始期权定价公式 [174] 反求出远期隐含波动率. 为了检验跳对远期隐含波动率的影响，通过令 $\lambda = 0$ 关闭跳项，SVDJ 模型退化为 SV 模型，为了检验相关系数对远期隐含波动率的影响，令 $\rho = 0$ 和 $\rho = -0.4142$，两种模型在 $T = 0.2$、$T = 0.4$ 和 $T = 1$ 下的远期隐含波动率对比如图 5.1 所示.

图 5.1 显示，对于 SV 模型，中期（$T = 0.4$）和长期（$T = 1$）的远期隐含波动率 "微笑" 不够显著，这与市场的远期隐含波动率的形状不符，而 SVDJ 模型的远期隐含波动率在三个到期时间均呈现 "微笑" 形状. 由图 5.1 可知，SVDJ 模型拟合远期隐含波动率的效果优于 SV 模型.

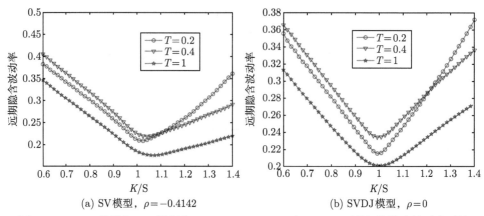

(a) SV 模型, $\rho=-0.4142$ (b) SVDJ 模型, $\rho=0$

图 5.1　SVDJ 模型和 SV 模型在 $T=0.2$、$T=0.4$ 和 $T=1$ 下的远期隐含波动率对比

5.7　本 章 小 结

　　本章合并 CIR 随机波动、双指数跳、随机利率和双随机波动建立了远期开始期权定价的两个组合模型, 利用期望塔式原理、Feynman-Kac 公式、傅里叶反变换和偏微分方程推导了组合模型的特征函数和远期特征函数, 在两个组合模型下提出了远期开始期权定价的 COS 方法, 开发了两个组合模型的路径模拟格法和定价远期开始期权的 MC 算法, 通过数值实验检验了 COS 方法定价远期开始期权的精度和有效性, 通过优化算法将组合模型校正到金融市场, 得到了模型的最优参数, 并考察了双指数跳、方差过程的波动系数和到期时间对远期隐含波动率的影响.

　　数值结果表明: COS 方法是定价远期开始期权的一种快速、准确而又易于实施的数值方法. 实证结果表明: 随机波动双指数跳扩散模型在拟合远期隐含波动率方面优于单纯的随机波动模型; 远期隐含波动率对双指数跳、方差过程的波动系数和到期时间非常敏感, 双指数跳增加了远期开始看涨期权价格, 而且, 到期时间越长, 增加的幅度越大, 负相关系数增加了远期开始期权价外期权的价格, 降低了其平价期权和价内期权的价格.

第 6 章 双随机波动、混合指数跳影响下 美式期权定价

6.1 引　言

本章在 MEM 中引入双随机波动因子，提出了双随机波动混合指数跳扩散模型（double stochastic volatility model with mixed-exponential jump, DSVMJ），利用多维 Feynman-Kac 公式和仿射模型理论推导了所提模型的特征函数，提出了定价百慕大期权的 COS 方法，结合 Richardson 插值格法和百慕大期权定价结果开发了美式期权的 Re-COS 混合定价算法，此外，在所提模型下还提出了定价美式期权的卷积方法，通过数值实验检验了所提模型下 COS 方法定价美式期权的有效性和收敛性，通过搜集市场交易数据将所提模型校正到市场得到了模型的最优参数，并考察了模型主要参数对隐含波动率的影响.

前面的章节显示，随机波动跳扩散模型相对于单纯的随机波动模型或者跳扩散模型，在拟合市场隐含波动率方面更有优势. 然而，实证研究 [180-182] 表明，只具有单个随机波动因子的模型在拟合隐含波动率 "微笑" 及期限结构方面不够理想，尤其是单因素随机波动模型难以解释波动水平与波动率 "偏斜" 斜率在很大程度上的独立波动，无法在给定波动水平上同时拟合波动率的高、低 "偏斜" 斜率. 文献 [183] 通过引入另一个独立的波动过程，提出了双 Heston 随机波动模型，有效解决了上述缺陷. 因此，合并双随机波动和混合指数跳的组合模型在期权定价和拟合市场隐含波动率方面更加合理.

第 2 章和第 3 章显示，FST 方法是定价美式期权的一种快速、有效方法，但该方法不适用于随机波动模型. 有限差分方法是美式期权定价的常用方法. 在随机波动模型下，Ikonen 等 [194-195]、Ito 等 [196]、Zhu 等 [197]、Kunoth 等 [198]、Rambeerich 等 [199]、Ballestra 等 [200] 和 Burkovska 等 [201] 分别开发了定价美式期权的有限差分格法. MC 方法和树方法也常用于美式期权定价. 在随机波动模型下，Abbas-Turki 等 [202] 提出了定价美式期权的 MC 方法，Beliaeva 等 [203]、Ruckdeschel 等 [204] 通过树方法定价美式期权. 然而，当定价方程为三维及以上的高维方程时，以上三种方法运行效率很低，甚至可能出现不收敛的情形. 本章尝试在双随机波动和混合指数跳下利用 COS 方法定价百慕大期权和美式期权.

本章的贡献有三方面：① 通过在混合指数跳扩散模型中引入双随机波动因子

提出一个新的组合模型, 并推导所提模型的特征函数; ② 开发所提模型下百慕大期权和美式期权的有效数值解; ③ 将所提模型校正到市场得到模型的最优参数.

6.2　双随机波动混合指数跳扩散模型及其特征函数

设 $\{\Omega, \mathcal{F}, \{\mathcal{F}_t\}_{0 \leqslant t \leqslant T}, P\}$ 是一个具有满足通常条件流域的完备概率空间, 其中 P 为风险中性概率测度. 假设 W_{jt}^{S}、W_{jt}^{V} $(j = 1, 2)$ 均为 $\mathcal{F}_t$ 适应的标准布朗运动, N_t 为强度为 λ 的泊松过程, 跳跃幅度 $\xi = (\xi_j)_{j \geqslant 1}$ 为独立同分布的随机变量序列, 标的资产价格 S_t 满足 DSVMJ:

$$\begin{cases} \dfrac{\mathrm{d}S_t}{S_t} = (r - \lambda \delta)\mathrm{d}t + \sqrt{V_{1t}}\mathrm{d}W_{1t}^{\mathrm{S}} + \sqrt{V_{2t}}\mathrm{d}W_2^{\mathrm{S}} + \mathrm{d}\left(\displaystyle\sum_{j=1}^{N_t}(\xi_j - 1)\right), \\ \mathrm{d}V_{1t} = k_1(\theta_1 - V_{1t})\mathrm{d}t + \sigma_1\sqrt{V_{1t}}\mathrm{d}W_{1t}^{\mathrm{V}}, \\ \mathrm{d}V_{2t} = k_2(\theta_2 - V_{2t})\mathrm{d}t + \sigma_2\sqrt{V_{2t}}\mathrm{d}W_{2t}^{\mathrm{V}}, \end{cases} \tag{6.1}$$

其中, k_j、θ_j 和 σ_j $(j = 1, 2)$ 分别为方差过程 V_{jt} 的回复速率、长期平均水平和瞬时波动率; r 为无风险利率; $\delta = E(\ln \xi - 1)$. 为了避免方差 V_{jt} 为负, 假设波动参数满足 Feller 条件: $2k_j\theta_j > \sigma_j^2$ $(j = 1, 2)$. 记 $S_0 = S, V_{10} = V_1, V_{20} = V_2$. 假设 $Y = \ln \xi$ 具有混合指数分布, 其概率密度函数为

$$f_Y(x) = p_{\mathrm{u}}\sum_{i=1}^{m}p_i\eta_i\mathrm{e}^{-\eta_i x}I_{x \geqslant 0} + q_{\mathrm{d}}\sum_{j=1}^{n}q_j\hat{\theta}_j\mathrm{e}^{-\theta_j x}I_{x < 0}, \tag{6.2}$$

式 (6.2) 中的参数含义同式 (2.2). 由式 (6.2) 可得 $\delta = p_{\mathrm{u}}\displaystyle\sum_{i=1}^{m}\dfrac{p_i\eta_i}{\eta_i - 1} + \sum_{j=1}^{n}q_{\mathrm{d}}\dfrac{q_j\theta_j}{\theta_j + 1} -$ 1. 假设 $\mathrm{Cov}(\mathrm{d}W_{1t}^{\mathrm{S}}, \mathrm{d}W_{1t}^{\mathrm{V}}) = \rho_1\mathrm{d}t, \mathrm{Cov}(\mathrm{d}W_{2t}^{\mathrm{S}}(t), \mathrm{d}W_{2t}^{\mathrm{V}}) = \rho_2\mathrm{d}t$, 其他随机源 W_{jt}^{S}、W_{jt}^{V}、W_t^{r}、N_t 和 Y 之间相互独立.

定理 6.1　令 $x_t = \ln(S_t/K)$. x_t 的特征函数为

$$\begin{aligned} \varphi(u) = \exp\Bigg\{ & ux + \sum_{j=1}^{2}\frac{k_j\theta_j}{\sigma_j^2}\left[(D_j + \sigma_j\rho_j u - k_j)\tau + 2\ln\frac{1 - G_j\mathrm{e}^{-D_j\tau}}{1 - G_j}\right] + ur\tau \\ & - \sum_{j=1}^{2}\frac{D_j + \sigma_j\rho_j u - k_j}{\sigma_j^2}\frac{1 - \mathrm{e}^{-D_j\tau}}{1 - G_j\mathrm{e}^{-D_j\tau}}V_j \\ & + \lambda\left(p_{\mathrm{u}}\sum_{i=1}^{m}\frac{p_i\eta_i}{\eta_i - u} + \sum_{j=1}^{n}q_{\mathrm{d}}\frac{q_j\theta_j}{\theta_j + u} - 1 - u\delta\right)\Bigg\}, \end{aligned} \tag{6.3}$$

其中，$D_j = \sqrt{\beta_j^2 - 2\sigma_j^2\gamma_j}$，$\gamma_j = -\dfrac{1}{2}u(\mathrm{i}+u)$；$G_j = \dfrac{\beta_j + D_j}{\beta_j - D_j}$.

证明　由多维 Feynman-Kac 公式，$\varphi(u)$ 满足如下 PIDE：

$$
\begin{cases}
0 = -\varphi_t + \left(r - \lambda\delta - \dfrac{V_1+V_2}{2}\right)\varphi_x + \dfrac{V_1+V_2}{2}\varphi_{xx} \\[2mm]
\quad + \displaystyle\sum_{j=1}^{2}\left[\dfrac{1}{2}\sigma_j^2 V_j\varphi_{V_jV_j} + \rho_j\sigma_j V_j\varphi_{xV_j} + k_j(\theta_j - V_j)\varphi_{V_j}\right] \\[4mm]
\quad + \lambda\displaystyle\int_{-\infty}^{+\infty}[\varphi(x+s) - \varphi(x)]f_Y(s)\mathrm{d}s, \\[4mm]
\varphi(u,0) = \mathrm{e}^{ux},
\end{cases}
\tag{6.4}
$$

其中，$f_Y(s)$ 为形如式 (6.2) 的概率密度函数. 由式 (6.2) 可得

$$
\lambda\int_{-\infty}^{+\infty}[\varphi(x+s) - \varphi(x)]f_Y(s)\mathrm{d}s = \lambda\left(p_\mathrm{u}\sum_{i=1}^{m}\frac{p_i\eta_i}{\eta_i - u} + \sum_{j=1}^{n}q_\mathrm{d}\frac{q_j\theta_j}{\theta_j + u} - 1\right). \tag{6.5}
$$

因模型（6.1）属于仿射跳扩散模型，因此 $\varphi(u)$ 的结构为

$$
\varphi(u) = \exp\left[ux + A(u,t) + \sum_{j=1}^{2}B(u,t)V_j\right], \tag{6.6}
$$

且 $A(u,0) = B_j(u,0) = 0$.

将式 (6.5) 和式 (6.6) 代入式 (6.4) 得

$$
\begin{aligned}
0 = {} & -(A_t + B_{1t}V_1 + B_{2t}V_2) + \frac{V_1+V_2}{2}u^2 + \frac{1}{2}\sigma_1^2 V_1 B_1^2 \\
& + \frac{1}{2}\sigma_2^2 V_2 B_2^2 + \rho_1\sigma_1 V_1 u B_1 + \rho_2\sigma_2 V_2 u B_2 \\
& + k_1(\theta_1 - V_1)B_1 + k_2(\theta_2 - V_2)B_2 + \left(r - \lambda\delta - \frac{V_1+V_2}{2}\right)\mathrm{i}u \\
& + \lambda\left(p_\mathrm{u}\sum_{i=1}^{m}\frac{p_i\eta_i}{\eta_i - u} + \sum_{j=1}^{n}q_\mathrm{d}\frac{q_j\theta_j}{\theta_j + u} - 1\right).
\end{aligned}
\tag{6.7}
$$

令 $\Lambda(u) = p_\mathrm{u}\displaystyle\sum_{i=1}^{m}\frac{p_i\eta_i}{\eta_i - u} + \sum_{j=1}^{n}q_\mathrm{d}\frac{q_j\theta_j}{\theta_j + u} - 1 - u\delta$，由方程（6.7），可得方程组：

$$\begin{cases} B_{1t} = \dfrac{1}{2}\sigma_1^2 V_1 B_1^2 + (\rho_1\sigma_1 u - k_1)B_1 - \dfrac{1}{2}u(u+\mathrm{i}), \\ B_{2t} = \dfrac{1}{2}\sigma_2^2 V_2 B_2^2 + (\rho_2\sigma_2 u - k_2)B_2 - \dfrac{1}{2}u(u+\mathrm{i}), \\ A_t = ru + B_1 k_1\theta_1 + B_2 k_2\theta_2 + Ck_{\mathrm{r}}\theta_{\mathrm{r}} + \lambda\Lambda(u). \end{cases} \tag{6.8}$$

解方程组（6.8），可得

$$A(u,\tau) = -\sum_{j=1}^{2} \frac{k_j\theta_j}{\sigma_j^2}\left[(D_j+\beta_j)\tau + 2\ln\frac{1-G_j\mathrm{e}^{-D_j\tau}}{1-G_j}\right] + ur\tau + \lambda\Lambda(u),$$

$$B_j(u,\tau) = -\frac{D_j+\beta_j}{\sigma_j^2}\frac{1-\mathrm{e}^{-D_j\tau}}{1-G_j\mathrm{e}^{-D_j\tau}},$$

即定理 6.1 成立.

6.3　基于 Re-COS 方法的美式期权定价

令 t_0 为起始时刻, T 为到期时间, $I = \{t_1, t_2, \cdots, t_M\}$ 为由提前执行时刻构成的集合, $\Delta_i = t_m - t_{m-1}(m = 2, 3, \cdots, M)$, 且 $\Delta \in I, i = 1, 2, \cdots$. 假设 $A(t_0, S(t_0))$ 为美式期权价格, $V^\Delta(t_0, S(t_0))$ 为具有相同到期时间的百慕大期权, 则

$$\lim_{\Delta\to 0} V^\Delta(t_0, S(t_0)) = A(t_0, S(t_0)). \tag{6.9}$$

由泰勒级数展式, $V^\Delta(t_0, S(t_0))$ 可以展为

$$V^\Delta(t_0, S(t_0)) = A(t_0, S(t_0)) + \sum_{j=1}^{k} a_k\Delta^{q_k} + O(\Delta^{q_k+1}). \tag{6.10}$$

为了近似 $A(t_0, S(t_0))$, 基于很多小的时步 Δ 计算 $V^\Delta(t_0, S(t_0))$. 假设 $\Delta_1 = \Delta, \Delta_2 = \Delta/2, \Delta_3 = \Delta/2^2, \cdots$. 以这种方式得到不断增加的执行机会 $N_{\Delta_1}, N_{\Delta_2}, \cdots$ 和 $A(t_0, S(t_0))$ 的一个近似序列: $V^{\Delta_1}, V^{\Delta_2}, \cdots$. 令 $j = 1, 2, \cdots, m = 1, 2, \cdots, j-1$, 基于插值多项式和渐进时步展开, 构建 Richardson 插值格法[205]:

$$\begin{cases} A_{j,0} = V^{\Delta_j}, \\ A_{j,m} = A_{j+1,m-1} + \dfrac{A_{j+1,m-1} - A_{j,m-1}}{\dfrac{\Delta_j}{\Delta_{j+m}} - 1}. \end{cases} \tag{6.11}$$

图 6.1 为 4 点 Richardson 插值格法示意图.

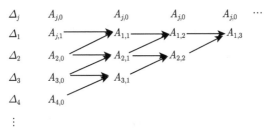

图 6.1　4 点 Richardson 插值格法示意图

6.3.1　基于 COS 方法的百慕大期权定价

假设 $C(t, x)$ 为具有 M 个执行机会的百慕大期权价格 $V(t, x)$ 的连续值，$g(t, x)$ 为收益. 通过向后循环格法近似 $C(t, x)$，即

$$
\begin{cases}
V(t_M, x_M) = g(t_M, x_M), \\
C(t_m, x_m) = \mathrm{e}^{-r\Delta t} \displaystyle\int_R V(t_{m+1}, y) f(y \,|x_m) \mathrm{d}y, \\
V(t_m, x_m) = \max(g(t_m, x), C(t_m, x_m)), \\
V(t_0, x_0) = C(t_0, x_0).
\end{cases}
\tag{6.12}
$$

由 COS 级数展式，$f(y\,|x_m)$ 可近似为

$$
f(y\,|x_m) \approx \frac{2}{b-a} \sum_{k=0}^{\infty} \Re\left(\varphi\left(\frac{k\pi}{b-a}; x_m \right) \mathrm{e}^{-\mathrm{i}k\pi \frac{a}{b-a}} \right) \cos\left(k\pi \frac{y-a}{b-a} \right).
\tag{6.13}
$$

将式 (6.13) 代入式 (6.12)，并交换积分和求和次序，并令

$$
V_k(t_{m+1}) = \frac{2}{b-a} \int_a^b V_k(t_{m+1}, y) \cos\left(k\pi \frac{y-a}{b-a} \right) \mathrm{d}y,
\tag{6.14}
$$

$C(t_m, x_m)$ 可近似为

$$
\hat{c}(t_m, x_m) = \mathrm{e}^{-r\Delta t} \sum_{k=0}^{N-1} \Re\left(\varphi\left(\frac{k\pi}{b-a}; x_m \right) \mathrm{e}^{-\mathrm{i}k\pi \frac{a}{b-a}} \right) V_k(t_{m+1}).
\tag{6.15}
$$

为了得到百慕大期权价格，需要由 $V_k(t_m)$ 得到 $V_k(t_{m-1})$，令

$$
G_k(x_1, x_2) = \frac{2}{b-a} \int_{x_1}^{x_2} g(t_m, y) \cos\left(k\pi \frac{y-a}{b-a} \right) \mathrm{d}y,
$$

$$C_k(x_1, x_2) = \frac{2}{b-a} \int_{x_1}^{x_2} \hat{c}(t_m, y) \cos\left(k\pi \frac{y-a}{b-a}\right) dy.$$

通过提前执行点 x_m^* 将 $V_k(t_m)$ 分为两部分:

$$V_k(t_m) = \begin{cases} C_k(a, x_m^*, t_m) + G_k(x_m^*, b), & \text{看涨}, \\ G_k(a, x_m^*, t_m) + C_k(x_m^*, b), & \text{看跌}. \end{cases} \tag{6.16}$$

令

$$\chi_k(x_1, x_2) = \frac{1}{1 + \left(\dfrac{k\pi}{b-a}\right)^2} \left\{ \cos\left(\frac{x_2-a}{b-a}\right) e^{x_2} - \cos\left(\frac{x_1-a}{b-a}\right) e^{x_1} \right. $$
$$\left. + \frac{k\pi}{b-a} \left[\sin\left(\frac{x_2-a}{b-a}\right) e^{x_2} - \sin\left(\frac{x_1-a}{b-a}\right) e^{x_1} \right] \right\},$$

$$\psi_k(x_1, x_2) = \begin{cases} \dfrac{b-a}{k\pi} \left[\sin\left(\dfrac{x_2-a}{b-a}\right) - \sin\left(\dfrac{x_1-a}{b-a}\right) \right], & k \neq 0, \\ x_2 - x_1, & k = 0. \end{cases}$$

$G_k(x_1, x_2)$ 有如下解析形式:

$$G_k(x_1, x_2) = \begin{cases} \dfrac{2}{b-a} K[\chi_k(x_1, x_2) - \psi_k(x_1, x_2)], & \text{看涨}, \\ \dfrac{2}{b-a} K[\psi_k(x_1, x_2) - \chi_k(x_1, x_2)], & \text{看跌}. \end{cases} \tag{6.17}$$

将式 (6.15) 代入 $C_k(x_1, x_2)$, 得

$$C(t_{m-1}, x_{m-1})$$
$$\approx e^{-r\Delta t} \Re \left[\sum_{j=0}^{N-1} \varphi\left(\frac{j\pi}{b-a}\right) G_j(a, 0) \frac{2K}{b-a} \int_{x_1}^{x_2} e^{ij\pi \frac{y-a}{b-a}} \cos\left(k\pi \frac{y-a}{b-a}\right) dy \right]. \tag{6.18}$$

令

$$M_{k,j}^c(x_1, x_2) = \begin{cases} \dfrac{(x_2-x_1)\pi i}{b-a}, & k = j = 0, \\ \dfrac{e^{i(j+k)\frac{(x_2-a)\pi}{b-a}} - e^{i(j+k)\frac{(x_1-a)\pi}{b-a}}}{j+k}, & \text{其他}, \end{cases}$$

$$M_{k,j}^{\mathrm{s}}(x_1, x_2) = \begin{cases} \dfrac{(x_2 - x_1)\pi\mathrm{i}}{b - a}, & k = j, \\[3mm] \dfrac{\mathrm{e}^{\mathrm{i}(j-k)\frac{(x_2-a)\pi}{b-a}} - \mathrm{e}^{\mathrm{i}(j-k)\frac{(x_1-a)\pi}{b-a}}}{j - k}, & \text{其他}. \end{cases}$$

通过基本计算, $M_{j,k}(x_1, x_2)$ 可以表示为

$$M_{j,k}(x_1, x_2) = -\frac{\mathrm{i}}{k}[M_{k,j}^{\mathrm{c}}(x_1, x_2) + M_{k,j}^{\mathrm{s}}(x_1, x_2)]. \tag{6.19}$$

记

$$m_j = \begin{cases} \dfrac{(x_2 - x_1)\mathrm{i}\pi}{b - a}, & j = 0, \\[3mm] \dfrac{\mathrm{e}^{\mathrm{i}j\frac{(x_2-a)\pi}{b-a}} - \mathrm{e}^{\mathrm{i}j\frac{(x_1-a)\pi}{b-a}}}{j}, & j \neq 0, \end{cases} \tag{6.20}$$

$$\boldsymbol{u} = \left[\phi\left(\frac{j\pi}{b - a} \right) V_j(t_m) \right]_{j=0}^{N-1}, \tag{6.21}$$

并令

$$\boldsymbol{M}_{\mathrm{c}} = \begin{pmatrix} m_0 & m_1 & m_2 & \cdots & m_{N-1} \\ m_1 & m_2 & m_3 & \cdots & m_N \\ \vdots & \vdots & \vdots & & \vdots \\ m_{N-2} & m_{N-1} & \cdots & \cdots & m_{2N-3} \\ m_{N-1} & \cdots & \cdots & m_{2N-1} & m_{2N-2} \end{pmatrix},$$

$$\boldsymbol{M}_{\mathrm{s}} = \begin{pmatrix} m_0 & m_1 & m_2 & \cdots & m_{N-1} \\ m_{-1} & m_0 & \cdots & \cdots & m_{N-2} \\ \vdots & \vdots & \vdots & & \vdots \\ m_{2-N} & \cdots & m_{-1} & m_0 & m_1 \\ m_{1-N} & m_{2-N} & \cdots & m_{-1} & m_0 \end{pmatrix},$$

将式 (6.18) 改写为如下矩阵向量乘积形式:

$$C_k(x_1, x_2) = \frac{\mathrm{e}^{-r\Delta t}}{\pi} \Im[\boldsymbol{M}_{\mathrm{c}} + \boldsymbol{M}_{\mathrm{s}}]\boldsymbol{u},$$

其中, $\boldsymbol{M}_{\mathrm{c}}$ 和 $\boldsymbol{M}_{\mathrm{s}}$ 分别为 Hankel 矩阵和 Toeplitz 矩阵. 记 $\boldsymbol{m}_{\mathrm{s}} = (m_0, \cdots, m_{1-N},$ $0, m_{N-1}, \cdots, m_1)^{\mathrm{T}}, \boldsymbol{u}_{\mathrm{s}} = (u_0, u_1, \cdots, u_{N-1}, 0, \cdots, 0)^{\mathrm{T}}, \boldsymbol{m}_{\mathrm{c}} = (m_{2N-1}, m_{2N-2}, \cdots,$

$m_0)^{\mathrm{T}}$, $\boldsymbol{u}_{\mathrm{c}} = (0, \cdots, 0, u_0, u_1, \cdots, u_{N-1})^{\mathrm{T}}$, $\boldsymbol{M}_{\mathrm{s}}\boldsymbol{u}$ 通过 $\mathcal{F}^{-1}(\mathcal{F}(\boldsymbol{m}_{\mathrm{s}})\mathcal{F}(\boldsymbol{u}_{\mathrm{s}}))$ 的前 N 个元素得到, $\boldsymbol{M}_{\mathrm{c}}\boldsymbol{u}$ 通过 $\mathcal{F}^{-1}(\mathcal{F}(\boldsymbol{m}_{\mathrm{c}})\mathrm{sign}(\boldsymbol{u}_{\mathrm{c}}))$ 的前 N 个元素得到. $\boldsymbol{M}_{\mathrm{s}}\boldsymbol{u}$ 和 $\boldsymbol{M}_{\mathrm{c}}\boldsymbol{u}$ 可以通过 FFT 方法得到.

注记 6.1　因为 FFT 方法的计算复杂度为 $O(N\log_2^N)$, 若 M 为百慕大期权的执行机会次数, 则 COS 方法计算该期权的复杂度为 $O((M-1)N\log_2^N)$.

COS 方法计算期权价格的精度和积分区间的选择有关, 对于给定的常数 L, 依据文献 [191], 选取积分区间:

$$[a, b] = [c_1 - L\sqrt{|c_2|}, c_1 + L\sqrt{|c_2|}], \tag{6.22}$$

其中, $c_j = \dfrac{1}{\mathrm{i}^j}\dfrac{\partial^j \ln\phi}{\partial u^j}\bigg|_{u=0}$ $(j = 1, 2)$.

对于 DSVMJ 模型, 由式 (6.3) 可得

$$c_1 = \left\{ r - \frac{\theta_1 - \theta_2}{2} + \lambda\left[p_{\mathrm{u}}\sum_{i=1}^{m}\frac{p_i}{\eta_i} + q_{\mathrm{d}}\sum_{j=1}^{n}\frac{q_j}{\theta_j} \right.\right.$$
$$\left.\left. - \left(p_{\mathrm{u}}\sum_{i=1}^{m}\frac{p_i\eta_i}{\eta_i - 1} + q_{\mathrm{d}}\sum_{j=1}^{n}\frac{q_j\theta_j}{\theta_j + 1} - 1 \right) \right] \right\}\tau$$
$$+ \ln\frac{S}{K} + \sum_{j=1}^{2}\frac{\theta_j V_j}{2k_j}(1 - \mathrm{e}^{-k_j\tau}),$$

$$c_2 = \lambda\left(p_{\mathrm{u}}\sum_{i=1}^{m}\frac{2p_i}{\eta_i^2} + q_{\mathrm{d}}\sum_{j=1}^{n}\frac{2q_j}{\theta_j^2} \right) + \sum_{j=1}^{2}\left(\Pi_{0j} + \Pi_{1j}\mathrm{e}^{-k_j\tau} + \Pi_{2j}\mathrm{e}^{-2k_j\tau} \right),$$

其中,

$$\Pi_{0j} = \theta_j\tau + \frac{1}{k_j}(\theta_j - V_j + \theta_j\sigma_j\rho_j\tau) + \frac{1}{k_j^2}\left[\sigma_j\rho_j(2\theta_j - V_j) + \frac{1}{4}\theta_j\sigma_j^2\tau \right] - \frac{1}{k_j^3}\frac{\sigma_j^2}{8(5\theta_j - 2V_j)};$$

$$\Pi_{1j} = \frac{1}{k_1^3 k_2^3}\theta_j\rho_j(V_j - 2\theta_j) + \frac{1}{k_j}(1 - \sigma_j\rho_j\tau)(\theta_j - V_j) + \frac{\theta_j\sigma_j^2}{2k_j^3} + \frac{\tau\sigma_j^2(\theta_j - V_j)}{2k_j^2};$$

$$\Pi_{2j} = \frac{1}{k_j^3}\frac{\sigma_j^2}{8(\theta_j - 2V_j)}.$$

当 $m = n = 1$ 时, DSVMJ 模型退化为双随机波动双指数跳扩散模型, 则

$$c_1 = \ln\frac{S}{K} + \sum_{j=1}^{2}\frac{\theta_j V_j}{2k_j}(1 - \mathrm{e}^{-k_j\tau})$$

$$+ \left\{ r - \frac{\theta_1 - \theta_2}{2} + \lambda \left[\frac{p}{\eta_1} + \frac{q}{\eta_2} - \left(\frac{p}{\eta_1 - 1} + \frac{q}{\eta_2 + 1} - 1 \right) \right] \right\} \tau;$$

$$c_2 = \lambda \left(\frac{2p}{\eta_1^2} + \frac{2q}{\eta_2^2} \right) + \sum_{j=1}^{2} \left(\Pi_{0j} + \Pi_{1j} \mathrm{e}^{-k_j \tau} + \Pi_{2j} \mathrm{e}^{-2k_j \tau} \right).$$

6.3.2 基于 Richardson 插值技术的美式期权定价算法

通过合并 COS 方法和 Richardson 插值技术, 本节提出定价美式看跌期权的混合算法, 如算法 6.1 所示.

算法 6.1 **DSVMJ 模型下基于 Richardson 插值技术和 COS 方法的美式看跌期权混合定价算法**

初始化: $K, S, T, r, k_1, \theta_1, \sigma_1, V_1, \rho_1, k_2, \theta_2, \sigma_2, V_2, \rho_2, p, \eta_1, \eta_2, \lambda, m, n$

1: 计算 $V^{\Delta_j}(t_0, x_0)$

2:    **Repeat** for $j=1: N$

3:       令 $\Delta_j = \Delta/2^{j-1}$

4:       通过式 (6.22) 计算 $[a, b]$

5:       通过 $G_k(a, 0)$ 计算 $V_k^{\Delta_j}(t_M, x_M)$

6:       **Repeat** for $m = M - 1: 1$

7:          利用牛顿方法计算早期执行边界 x^*

8:          通过式 (6.20) 计算 m_j

9:          通过式 (6.21) 计算 $\boldsymbol{u}$

10:          计算 $\mathcal{F}^{-1}(\mathcal{F}(\boldsymbol{m}_s)\mathcal{F}(\boldsymbol{u}_s))$, 并取前 N 个元素得 $\boldsymbol{M}_s \boldsymbol{u}$

11:         计算 $\mathcal{F}^{-1}(\mathcal{F}(\boldsymbol{m}_c)\mathrm{sign}(\boldsymbol{u}_c))$, 并取前 N 个元素得 $\boldsymbol{M}_c \boldsymbol{u}$

12:         令 $C_k(x_1, x_2, t_m) = \dfrac{\mathrm{e}^{-r\Delta t}}{\pi} \Im[\boldsymbol{M}_c + \boldsymbol{M}_s] \boldsymbol{u}$

13:         通过式 (6.16) 计算 $V_k^{\Delta_j}(t_m, x_m)$

14:       **Until** $m=1$

15:       通过 $V_k^{\Delta_j}(t_1, x_1)$ 计算 $V_k^{\Delta_j}(t_0, x_0)$

16:    **Until** $j = N$

17: 令 $A_{j,0} = V^{\Delta_j}(t_0, S(t_0))$

18: 通过 $A_{j,m} = A_{j+1, m-1} + \dfrac{A_{j+1, m-1} - A_{j, m-1}}{\frac{\Delta_j}{\Delta_{j+m}} - 1}$ 近似 $A_{j,m}$

6.4 期权定价的 CONV 方法

为了检验 COS 方法的有效性, 也给出定价美式期权的卷积 (convolution, CONV) 方法. 本节以欧式期权定价为例简要介绍 CONV 方法的定价原理.

CONV 方法由 Lord 等 [131] 提出，该方法定价期权的前提是资产价格过程转移概率密度函数不依赖于 x 和 y 的值，而是依赖于 x 和 y 的差，即

$$f(y|x) = f(y - x), \tag{6.23}$$

其中，$f(y|x)$ 为标的资产价格过程的转移概率密度函数. 以上要求对于由马尔可夫过程驱动的随机模型都是满足的，因此本书所有模型都满足以上条件.

令 $z = y - x$，假设 $h(y)$ 为欧式期权收益，$C(K,T)$ 为欧式期权价格. 由期权定价的鞅方法可得

$$C(K,T) = \mathrm{e}^{-rT} \int_{-\infty}^{+\infty} h(z + x) f(z) \mathrm{d}z. \tag{6.24}$$

因式 (6.24) 中的积分不满足绝对可积条件，引入阻尼因子 α，使得

$$c_\alpha = \mathrm{e}^{\alpha k} C(k,t).$$

对于欧式看涨期权，由傅里叶反变换，式 (6.24) 可改写为

$$C(K,T) = \mathrm{e}^{-rT-\alpha k} \mathcal{F}^{-1}(\mathcal{F}(c_\alpha(y,T)\varphi(-(u-\mathrm{i}\alpha))))(k), \tag{6.25}$$

其中，$\varphi(\cdot)$ 为模型特征函数.

为了近似式 (6.25)，需要离散近似

$$\mathcal{F}(u) = \int_{-\infty}^{+\infty} \mathrm{e}^{\mathrm{i}ux} c_\alpha(x) \mathrm{d}x \tag{6.26}$$

和

$$c_\alpha(K,T) = \mathrm{e}^{-rT} \int_{-\infty}^{+\infty} \mathrm{e}^{-\mathrm{i}ux} \int_{-\infty}^{+\infty} \mathrm{e}^{\mathrm{i}ux} c_\alpha(x) \mathrm{d}x \varphi(-(u-\mathrm{i}\alpha)) \mathrm{d}u. \tag{6.27}$$

假设 x 为对数资产价格在 t_0 时的变量，y 为对数资产价格在 T 时的变量，u 为傅里叶变换的频域变量，$\{u\}$、$\{x\}$、$\{y\}$ 分别为 u、x、y 对应的网格. 对于欧式期权，构造如下均匀网格：

$$u_j = u_0 + j\Delta_u, \quad x_j = x_0 + j\Delta_x, \quad y_j = y_0 + j\Delta_y, (j = 1, \cdots, N). \tag{6.28}$$

假设 $\Delta_x = \Delta_y$，且 Δ_x 和 Δ_u 满足 Nyquist 条件：

$$\Delta_u \Delta_y = \frac{2\pi}{N}. \tag{6.29}$$

令 δ 为给定的某个正数. 为了保障定价方法的精度, 文献 [131] 建议:

$$y_0 = -L/2, \Delta_y = L/N, \tag{6.30}$$

其中, $L = \delta\sqrt{-\dfrac{\partial^2 \varphi}{\partial^2 u^2}|_{u=0} + \left(\dfrac{\partial \varphi}{\partial u}|_{u=0}\right)^2}$.

基于均匀网格 (6.28), 通过梯形法则将式 (6.26) 近似为

$$\mathcal{F}(u_j) \approx e^{jy_0(\Delta_u)+iu_0y_0}\Delta_y\left(\frac{c_\alpha(y_0)}{2} + \frac{e^{ij(1-2\pi/N)+iu_0(N-1)\Delta_y}c_\alpha(y_{N-1})}{2}\right.$$

$$\left. + \sum_{k=1}^{N-2}e^{ij(2\pi k/N)+iu_0k\Delta_y}c_\alpha(y_k)\right).$$

令 $\omega_0 = \omega_N = 1/2, \omega_k = 1(k=1,\cdots,N-1)$, 将式 (6.27) 近似为

$$c_\alpha(K,T) \approx (-1)^p e^{-rT+iu(y_0-x_0)}\text{FFT}[e^{ij(y_0-x_0)\Delta_u}\varphi(-u_j-i\alpha)$$

$$\cdot \text{FFT}((-1)^n\omega_n c_\alpha(y_n))]. \tag{6.31}$$

注记 6.2　若 M 为早期执行期权的执行机会次数, CONV 方法 [131] 计算该期权的复杂度为 $O(MN\log_2^N)$.

6.5　数值实验

本节使用基于 4 点 Richardson 插值技术和 COS 方法的 Richardson-COS 混合算法 (Richardson-COS, Re-COS) 定价美式看跌期权. 假设每个百慕大期权的执行机会分别是 2^9 次、2^8 次、2^7 次和 2^6 次. 为了对比, 本节也结合 4 点 Richardson 插值技术和 CONV 方法 (Richardson-convolution, Re-CONV) 定价美式看跌期权, 并以 Re-CONV 方法的定价结果作为基准, 检验 Re-COS 方法定价美式期权的有效性.

对于 Re-COS 方法, 令 $L = 13$. 对于 Re-CONV 方法, 令 $L = 3$, $\alpha = 0.5$. 模型参数设为 $p = 0.6, k_1 = 12, \theta_1 = 0.05, \theta_1 = 0.05, \sigma_1 = 0.9, \rho_1 = -0.5, V_1 = 0.05, k_2 = 16, \theta_2 = 0.03, \sigma_2 = 0.9, \rho_2 = -0.5, V_2 = 0.02, r = 0.03$. 设定三个到期时间 $T = 1/4$、$1/2$、1, 在每个到期时间下, 分别设 $\lambda = 8$、9、10. 表 6.1 列出了 DSVMJ 下两种方法定价美式看跌期权结果对比.

表 6.1 显示: Re-COS 方法和 Re-CONV 方法的精度几乎相同, 两种方法定价的相对误差不超过 0.0549%, 绝对误差不超过 0.0017, 而且 λ 对定价误差的影响几乎可以忽略, 到期时间 T 对定价误差影响显著, 随着 T 的增加, Re-COS 方

法定价的绝对误差和相对误差相应增加. 因此，Re-COS 方法定价短期美式看跌期权的精度更高.

表 6.1　DSVMJ 下 Re-COS 方法和 Re-CONV 方法定价美式看跌期权结果对比

到期时间/年	执行价格/美元	$\lambda = 8$		$\lambda = 9$		$\lambda = 10$	
		Re-COS	Re-CONV	Re-COS	Re-CONV	Re-COS	Re-CONV
	80	0.2717	0.2718	0.2819	0.2819	0.2922	0.2921
	90	1.6115	1.6108	1.6407	1.6398	1.6698	1.6689
$T = 1/4$	100	5.2923	5.2908	5.3346	5.3330	5.3767	5.3750
	110	11.7460	11.7444	11.7820	11.7804	11.8180	11.8163
	120	20.2933	20.2921	20.3110	20.3098	20.3289	20.3277
	80	1.0166	1.0166	1.0433	1.0433	1.0701	1.0701
	90	3.1906	3.1903	3.2386	3.2382	3.2863	3.2860
$T = 1/2$	100	7.2976	7.2968	7.3578	7.3570	7.4176	7.4169
	110	13.4182	13.4171	13.4754	13.4743	13.5323	13.5312
	120	21.2164	21.2152	21.2582	21.2570	21.3000	21.2989
	80	2.5532	2.5542	2.6046	2.6057	2.6560	2.6571
	90	5.4997	5.5008	5.5722	5.5733	5.6444	5.6454
$T = 1$	100	9.9384	9.9391	10.0229	10.0236	10.1069	10.1076
	110	15.8335	15.8338	15.9183	15.9185	16.0025	16.0028
	120	23.0097	23.0095	23.0839	23.0837	23.1578	23.1576

　　进一步，通过具有每日执行价格的百慕大期权直接近似美式看跌期权，并以该方法定价结果作为基准，考察 Re-COS 方法和 Re-CONV 方法定价美式看跌期权的收敛性. 令 $\lambda = 10$，$K = 110$，设定三个到期时间 $T = 1/12$、$1/2$ 和 1，其他模型参数同表 6.1. 对于直接近似方法，使用的网格点数为 2^{15}，分别使用 30 次、128 次和 256 次执行机会；对于 Re-COS 方法和 Re-CONV 方法，L、阻尼因子和离散点数的设置同表 6.1. 对于 4 点 Richardson 插值技术，在到期时间 $T = 1/12$、$1/2$ 和 1 下，分别使用 $(2^5, 2^4, 2^3, 2^2)$、$(2^7, 2^6, 2^5, 2^4)$ 和 $(2^8, 2^7, 2^6, 2^5)$ 组执行机会. 图 6.2 显示了两种方法定价美式看跌期权的收敛性和 CPU 时间对比.

　　图 6.2 显示，Re-COS 方法和 Re-CONV 方法在每个到期时间下都呈现出光滑、稳定的收敛性. 相对于 Re-CONV 方法，Re-COS 方法收敛得更快，在 $T = 1/12$ 和 $T = 1/2$ 下，Re-COS 方法分别需要 2^6 和 2^7 个网格点数收敛. 为了获得同样的收敛率，Re-CONV 方法需要 2^9 个网格点数. 然而，当网格点数超过 2^9 个时，Re-COS 方法花费的时间更长. 在 $T = 1/2$ 下 Re-COS 方法在网格点数为 2^7 个时已经收敛，因此 Re-COS 方法在运行时间上的劣势可以忽略. 结合表 6.1 和图 6.2 得出，Re-COS 方法定价短期美式看跌期权更加快速、有效.

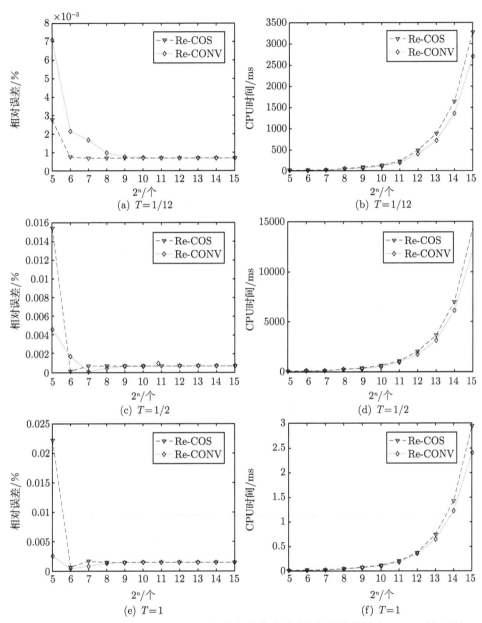

图 6.2　Re-COS 方法和 Re-CONV 方法定价美式看跌期权的收敛性和 CPU 时间对比

6.6　实 证 分 析

本节通过搜集市场交易数据将 DSVMJ 校正到市场，所用数据为 S&P500 指数看涨期权 2017.3.1~2017.3.31 的每日收盘价格. 根据 2.5.2 小节中的筛选规则, 筛选了到期时间为 15 天到 2 年, 价值状态处于 0.94~1.06 的 5955 个数据. 设定无风险利率为年利率 0.13%, 假设市场无分红. 为了充分利用局部最优算法和全局最优算法的速度和精度的优势, 首先采用差分进化算法对 S&P500 看涨期权 2017 年 3 月 17 日的单日数据校正; 然后将得到的校正结果作为初始值, 利用 Matlab 中的 fmincon 函数对 S&P500 看涨期权 2017 年 3 月数据校正. 仍然采用 APE 与 ARPE 测量校正误差, DSVMJ（$m = n = 2$）校正结果和拟合误差如表 6.2 所示.

表 6.2　　DSVMJ（$m = n = 2$）基于 S&P500 指数看涨期权 2017.3.1~2017.3.31
数据的校正结果和拟合误差

参数	σ_1	k_1	θ_1	$\hat{\theta}_1$	η_1	ρ_1	APE	ARPE
初始值	1.0874	2.0326	0.3676	24.1088	1.4175	-0.1596	—	—
估计值	0.0321	1.6523	0.0014	30.0942	1.0271	-0.6203	—	—
参数	V_1	σ_2	k_2	θ_2	$\hat{\theta}_2$	η_2	APE	ARPE
初始值	0.0110	0.4088	2.8110	0.2942	47.4000	41.6818	—	—
估计值	0.0035	0.0971	0.0154	0.3720	28.7107	26.4792	—	—
参数	ρ_2	V_2	p_{u}	p_1	q_1	λ	APE	ARPE
初始值	-0.8544	0.0284	0.2595	0.4920	0.6206	2.5227	—	—
估计值	-0.8774	0.0008	0.1452	0.5624	0.5074	0.0339	0.0752	0.0003

表 6.2 显示, DSVMJ 的 APE 与 ARPE 不超过 0.0752, 说明模型已得到较好的校正. 设 $S = 1$、$r = 0.13$、$T = 1$, 执行价格 K 设为 $0.8 \sim 1.2$, 以表 6.2 中的校正结果为模型参数, 通过 COS 方法计算欧式看涨期权价格, 代入 BS 公式反推隐含波动率, 并绘制隐含波动率曲线图. 在其他参数不变的情况下, 分别变动参数 k_1、k_2、V_1、V_2、η_1、λ, 考察隐含波动率的变化, 图 6.3 显示了 DSVMJ 模型主要参数对隐含波动率曲线的影响.

由图 6.3 可以看出: DSVMJ 模型隐含波动率曲线具有明显的波动率"微笑"特征, 而且各参数对隐含波动率曲线的影响不同. 随着 k_2 的增大, 隐含波动率曲率相应降低, 但 k_1 的变化对隐含波动率几乎没有影响; 增大 V_1 和 V_2, 均会降低隐含波动率曲率, 但相对于 V_1, V_2 对隐含波动率的影响更加显著; η_1 值较小时, 变动 η_1, 隐含波动率曲线变化显著, 随着 η_1 值的增大, 隐含波动率曲线趋于稳定; 增大 λ 的值, 同样会增大隐含波动率曲率, 且随着 λ 的降低, 隐含波动率曲线趋于平缓, 表明 λ 对隐含波动率影响显著. 图 6.3 表明, 模型隐含波动率对第二个波动过程和跳过程的参数很敏感, 在实际应用中, 可以通过调节模型参数灵活拟合市场隐含波动率.

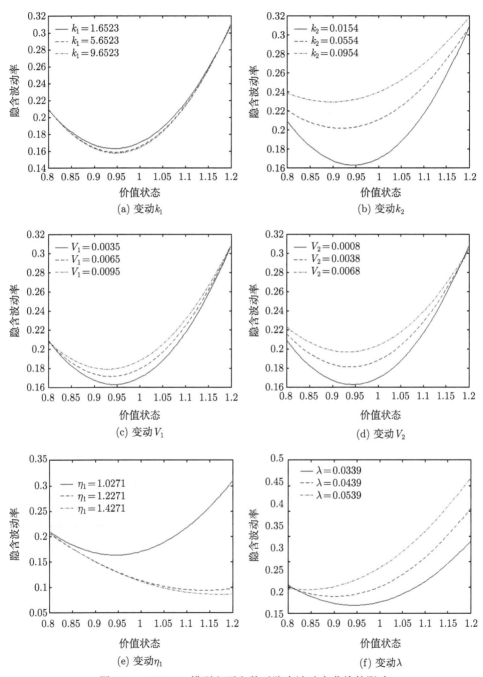

图 6.3 DSVMJ 模型主要参数对隐含波动率曲线的影响

6.7　本 章 小 结

　　本章合并混合指数跳和双 Heston 随机波动建立了 DSVMJ 模型, 在仿射模型框架下推导了对数资产价格的特征函数, 基于 COS 方法开发了百慕大期权定价的数值解, 结合 Richardson 插值技术开发了美式看跌期权的定价算法, 通过数值实验检验了 COS 方法定价美式期权的有效性和收敛性, 通过实证分析考察了所提模型拟合市场隐含波动率的效果. 数值结果表明, COS 方法结合 Richardson 插值技术定价美式看跌期权, 特别是短期期权更加快速、准确. 实证结果表明, DSVMJ 能够较好展现隐含波动率 "微笑" 形状, 而且, 相对单因子随机波动跳扩散模型, DSVMJ 更加灵活.

第 7 章　总结与展望

本书为随机因素影响下的期权定价提供了一种新颖的研究方法——傅里叶变换技术. 首先, 在仿射跳扩散框架下, 建立一系列随机模型, 通过求解抛物型偏微分方程推导了模型的特征函数; 其次, 基于傅里叶变换技术分别提出了标准期权、具有提前执行权力的期权和典型奇异期权定价的高效数值算法; 再次, 基于金融市场期权交易数据, 对所提模型进行了参数估计; 最后, 通过数值实验检验了所提数值方法的有效性, 并通过实证分析考察了所提模型拟合市场的业绩.

FST 方法最大的优势是不需要傅里叶变换的收益, 因此特别适合定价具有提前执行权力的期权和一些路径依赖期权, 如障碍期权、回望期权等. 但是, 由于存在记忆性, 该方法很难解决二维及以上问题, 包括多资产期权定价问题、随机波动和随机利率影响下的期权定价问题.

MRFST 方法是 FST 方法的改进, 该方法将 FST 方法推广到均值回复情形下的期权定价问题. 随机利率模型和均值回复模型非常相似, 因而 MRFST 方法有望解决随机利率下的期权定价问题. 对于随机波动影响下的期权定价问题, 尽管有文献显示, 可以将随机波动模型替换为体制转换模型以拟合市场的长期波动"微笑"现象, 但是体制转换模型无法捕获标的资产价格和波动水平的相关性.

由于不受记忆性的限制, FFT 方法可以有效解决随机波动、随机利率影响下的欧式期权定价问题, 而且 FFT 方法的运行速度很快, 计算的复杂度仅为 $O(N\log_2^N)$, 其中 N 为积分点数. 但是, 该方法的精度严重依赖阻尼因子的选择, 如果阻尼因子选择不当, 可能会导致 FFT 方法的误差很大, 而且该方法不能直接解决具有提前执行权力的期权和路径依赖期权的定价问题.

卷积方法, 又称 CONV 方法, 是 FFT 方法的一种改进方法. 该方法的精度仍然依赖阻尼因子的选择. 和 FFT 方法不同的是, CONV 方法可以用于解决具有提前执行权力的期权和一些路径依赖期权的定价问题. 对于早期执行期权, CONV 方法计算的复杂度为 $O(MN\log_2^N)$, 其中 N 为积分点数, M 为期权合约的执行机会次数.

COS 方法是 FFT 方法的进一步改进, 该方法也可以用于解决具有提前执行权力的期权和一些路径依赖期权的定价问题. 相对 CONV 方法, COS 方法的收敛速度更快, 对于早期执行期权, COS 方法计算的复杂度为 $O((M-1)N\log_2^N)$, 因此 COS 方法除用于将模型校正到欧式类型的期权价格外, 还可用于将模型校正到美式类型的期权价格.

在本书中, 通过将开发的傅里叶变换算法的数值结果与其他数值方法的计算结果进行比较, 可以发现, 基于傅里叶变换技术的数值算法结果令人满意. 傅里叶变换技术是金融衍生品定价的一种有效方法. 然而, 本书仍有大量问题值得进一步研究, 具体如下.

1. 随机因素影响下路径依赖期权定价的研究

虽然, 在各随机因素影响下开发了欧式期权、美式期权和远期开始期权的定价算法, 但是, 对于市场上广泛流行的路径依赖期权, 如亚式期权、障碍期权、回望期权的定价还未涉及. 这些期权的最终收益不仅依赖于到期时间标的资产价格, 而且与整个期权有效期内标的资产价格的变化过程有关, 因而, 对其定价往往需要在更高维度上计算, 对算法的运行速度和有效性要求更高. 如何在各种随机因素影响下, 将傅里叶变换技术应用于路径依赖期权定价是一个非常值得研究的内容.

2. 分数阶布朗运动驱动的随机因素影响下期权定价问题研究

本书所有内容均是在标准布朗运动驱动的模型下研究的, 然而这类模型无法捕获市场的 "波动持续性" 这一实证特征, 而分数阶布朗运动驱动的随机模型能够较好拟合这一特征. 因此, 如何将傅里叶变换技术应用于分数阶布朗运动驱动的随机模型下的期权定价也是一个非常值得研究的方向.

本书关于傅里叶变换技术应用于金融衍生品定价的研究只是冰山一角, 大量基于傅里叶变换技术的金融衍生品定价和风险管理问题仍有待解决. 在未来的工作中, 将以这些作为进一步努力的方向.

傅里叶变换技术应用于金融衍生品定价和风险管理领域是一个新兴领域. 本书的工作只是初步的探索, 为金融衍生品定价和风险管理提供一个新的角度和视野. 傅里叶变换技术以其独特的优势, 必能在金融衍生品定价和风险管理领域拥有更广泛的应用前景.

参 考 文 献

[1] JOHN C H. Options, Futures and Other Derivatives [M]. 8 版（影印版）. 北京：清华大学出版社, 2010.

[2] 姜礼尚. 期权定价的数学模型与方法 [M]. 2 版. 北京：高等教育出版社, 2008.

[3] BLACK F, SCHOLES M S. The pricing of options and corporate liabilities [J]. Journal of Political Economy, 1973, 81(3): 637-654.

[4] MERTON R C. Theory of rational option pricing [J].The Bell Journal of Economics and Management Science, 1973, 4(1): 141-183.

[5] PARHIZGARI A M, PADUNGSAKSAWASDI C. Global equity market leadership positions through implied volatility measures [J]. Journal of Empirical Finance, 2021, 61(3): 180-205.

[6] XIAO J, HU C, OUYANG G, et al. Impacts of oil implied volatility shocks on stock implied volatility in China: Empirical evidence from a quantile regression approach [J]. Energy Economics, 2019, 80: 297-309.

[7] GATHERAL J. The Volatility Surface: A Practitioner's Guide [M]. New Jersey: John Wiley and Sons, 2006.

[8] GUDKOV N, IGNATIEVA K. Electricity price modelling with stochastic volatility and jumps: An empirical investigation [J]. Energy Economics, 2021, 98: 1-26.

[9] FAN C, LUO X, WU Q. Stochastic volatility vs. jump diffusions: Evidence from the Chinese convertible bond market [J]. International Review of Economics & Finance, 2017, 49: 1-16.

[10] HAN M, SONG X F, WANG W, et al. Empirical analysis of SH50ETF and SH50ETF option prices under regime-switching jump-diffusion models [J]. Communication in Statistics-Theory and Methods, 2019, 50(9): 2170-2187.

[11] DUPIRE B. Pricing with a smile [J]. Risk, 1994, 7(1): 18-20.

[12] DERMAN R, KANI I. Riding on a smile [J]. Risk, 1994, 7(2): 32-39.

[13] KIM S, KIM J. Robust and accurate construction of the local volatility surface using the Black-Scholes equation [J]. Chaos, Solitons and Fractals, 2021, 150: 1-7.

[14] KIM S, HAN H, JANG H, et al. Reconstruction of the local volatility function using the Black-Scholes model [J]. Journal of Computational Science, 2021, 51(3): 1-10.

[15] DE MARCO S, FRIZ P K. Local volatility, conditioned diffusions, and Varadhan's formula [J]. SIAM Journal on Financial Mathematics, 2018, 9(2): 835-874.

[16] BOMPIS R, GOBET E. Analytical approximations of local-Heston volatility model and error analysis [J]. Mathematical Finance, 2018, 28(3): 920-961.

[17] GRZELAK L A. The collocating local volatility framework-a fresh look at efficient pricing with smile [J]. International Journal of Computer Mathematics, 2019, 96(11): 2209-2228.

[18] KARAMI Y, SHIRAYA K. An approximation formula for normal implied volatility under general local stochastic volatility models [J]. Journal of Futures Markets, 2018, 38(9): 1043-1061.

[19] GLOVER J, ALI M M. Using radial basis functions to construct local volatility surfaces [J]. Applied Mathematics and Computation, 2011, 217(9): 4834-4839.

[20] CEZARO A D, SCHERZER O, ZUBELLI J P. Convex regularization of local volatility models from option prices: Convergence analysis and rates [J]. Nonlinear Analysis: Theory, Methods and Applications, 2012, 75(4): 2398-2415.

[21] HE X J, ZHU S P. A new algorithm for calibrating local regime-switching models [J]. IMA Journal of Management Mathematics, 2021, 32(2): 237-255.

[22] HESTON S L. A closed-form solution for options with stochastic volatility with applications to bond and currency options [J]. Review of Financial Studies, 1993, 6(2): 327-343.

[23] STEIN E M, STEIN J C. Stock-price distributions with stochastic volatility: An analytic approach [J]. Review of Financial Studies, 1991, 4(4): 727-752.

[24] KIM H G, KWON S J, KIM J H. Fractional stochastic volatility correction to CEV implied volatility [J]. Quantitative Finance, 2021, 21(4): 565-574.

[25] DIMITRAKOPOULOS S, KOLOSSIATIS M. Bayesian analysis of moving average stochastic volatility models: Modeling in-mean effects and leverage for financial time series [J]. Econometric Reviews, 2020, 39(4): 319-343.

[26] ZHANG J Y, CHEN Z T, LI Y. Bayesian testing for leverage effect in stochastic volatility models [J]. Computational Economics, 2019, 53(3): 1153-1164.

[27] BONOMELLI M, GIACOMETTI R, LOZZA S O. Joint tails impact in stochastic volatility portfolio selection models [J]. Annals of Operations Research, 2020, 292(2): 833-848.

[28] ZAHID M, IQBAL F. Modeling the volatility of cryptocurrencies: An empirical application of stochastic volatility models [J]. Sains Malaysiana, 2020, 49(3): 703-712.

[29] 李蓬实, 杨建辉, 林焰. 快速均值回归随机波动率模型参数估计及应用 [J]. 运筹与管理, 2020, 29(2): 137-143.

[30] LI P S. Pricing exotic option under stochastic volatility model [J]. E & M Ekonomie a Management, 2019, 22(4): 134-144.

[31] LEE M K. Pricing perpetual American lookback options under stochastic volatility [J]. Computational Economics, 2019, 53(3): 1265-1277.

[32] EL EUCH O, FUKASAWA M, GATHERAL J, et al. Short-term at-the-money asymptotics under stochastic volatility models [J]. SIAM Journal on Financial Mathematics, 2019, 10(2): 491-511.

[33] VASICEK O. An equilibrium characterisation of the term structure [J]. Journal of Financial Economics, 1977, 5(2): 177-188.

[34] MILTERSEN K, SANDMANN K, SONDERMANN D. Closed-form solutions for term structure derivatives with lognormal interest rates [J]. Journal of Finance, 1977, 52(1): 409-430.

[35] BRACE A, GATAREK D, MUSIELA M. The market model of interest rate dynamics [J]. Mathematical Finance, 1977, 7(2): 127-155.

[36] COX J C, INGERSOLL J E, ROSS S A. A theory of the term structure of interest rates [J]. Econometrica, 1985, 53(2): 385-407.

[37] HEATH D, JARROW R A, Morton A. Bond pricing and the term structure of interest rates: A new methodology for contingent claims valuation [J]. Econometrica, 1992, 60(1): 77-105.

[38] HULL J, WHITE A. One factor interest rate models and the valuation of interest rate derivative securities [J]. Journal of Financial and Quantitative Analysis, 1993, 28(2): 235-254.

[39] HUNT P H, KENNEDY J, PELSSER A. Markov functional interest rate models [J]. Finance and Stochastics, 2000, 4(4): 391-408.

[40] SUN J Y, LI Y J, ZHANG L. Robust portfolio choice for a defined contribution pension plan with stochastic income and interest rate [J]. Communications in Statistics-Theory and Methods, 2018, 47(17): 4106-4130.

[41] BRIGO D, MERCURIO F. Interest Rate Models-Theory and Practice, with Smile, Inflation and Credit [M]. Second Edition. New York: Springer Berlin Heidelberg, 2006.

[42] SCOTT L. Option pricing when the variance changes randomly: Theory, estimators and applications [J]. Journal of Financial and Quantitative Analysis, 1987, 22(4): 419-438.

[43] BAKSHI S, CAO C, CHEN Z. Empirical performance of alternative option pricing models [J]. Journal of Finance, 1997, 52(5): 2003-2049.

[44] AMIN K, NG V. Option valuation with systematic stochastic volatility [J]. Journal of Finance, 1993, 48(3): 881-910.

[45] ANDREASEN J. Closed form pricing of FX options under stochastic rates and volatility [J]. International Journal of Theoretical and Applied Finance, 2007, 11(3): 277-294.

[46] AHLIP R. Foreign exchange options under stochastic volatility and stochastic interest rates [J]. Journal of Theoretical and Applied Finance, 2008, 11(3): 277-294.

[47] GRZELAK L A, OOSTERLEE C W. On the Heston model with stochastic interest rates [J]. SIAM Journal on Financial Mathematics, 2011, 2(1): 255-286.

[48] HAASTRECHT A V, LORD R, PELSSERD A, et al. Pricing long-dated insurance contracts with stochastic interest rates and stochastic volatility [J]. Insurance: Mathematics and Economics, 2009, 45(3): 436-448.

[49] HAASTRECHT A V, PELSSER A. Accounting for stochastic interest rates, stochastic volatility and a general dependency structure in the valuation of forward starting options [J]. Journal of Futures Markets, 2011, 31(2): 103-125.

[50] GRZELAK L A, OOSTERLEE C W, WEEREN S V. Extension of stochastic volatility equity models with the Hull-White interest rate process [J]. Quantitative Finance, 2012, 12(1): 89-105.

[51] HAUTSCH N, YANG F. Bayesian inference in a stochastic volatility Nelsona-Siegel model [J]. Computational Statistics and Data Analysis, 2012, 56(11): 3774-3792.

[52] SATTAYATHAM P, PINKHAM S. Option pricing for a stochastic volatility Lévy model with stochastic interest rates [J]. Journal of the Korean Statistical Society, 2013, 42(1): 25-36.

[53] ZHANG S M, ZHAO J Q. Efficient simulation for pricing barrier options with two-factor stochastic volatility and stochastic interest rate [J]. Mathematical Problems in Engineering, 2017, Article ID 3912036, 8 pages.

[54] ZHANG S M, ZHANG J K. Asymptotic expansion method for pricing and hedging American options with two-factor stochastic volatilities and stochastic interest rate [J]. International Journal of Computer Mathematics, 2020, 97(3): 546-563.

[55] MERTON R C. Option pricing when underlying stock returns are discontinuous [J]. Journal of Financial Economics, 1976, 3(1): 125-144.

[56] JAKOBSEN N M, SORENSEN M. Estimating functions for jump-diffusions [J]. Stochastic Processes and Their Applications, 2019, 129(9): 3282-3318.

[57] KHRUSTALEV M M, TSARKOV K A. Terminal invariance of jump diffusions [J]. Doklady Mathematics, 2020, 102(1): 353-355.

[58] PARK J Y, WANG B. Nonparametric estimation of jump diffusion models [J]. Journal of Econometrics, 2021, 222(1): 688-715.

[59] KOU G. A jump diffusion model for option pricing [J]. Management Science, 2002, 48(8): 1086-1101.

[60] CHIANG S L, TSAI M S. Pricing defaultable bonds using a Lévy jump-diffusion model [J]. International Review of Finance, 2019, 19(3): 613-640.

[61] JI H J, SHAO J H, XI F B. Stability of regime-switching jump diffusion processes [J]. Journal of Mathematical Analysis and Applications, 2020, 484(1): 1-21.

[62] BAO F, ARCHIBALD R, MAKSYMOVYCH P. Lévy backward SDE filter for jump diffusion processes and its applications in material sciences [J]. Communications in Computational Physics, 2020, 27(2): 589-618.

[63] DAVELOOSE C, KHEDHER A, VANMAELE M. Representations for conditional expectations and applications to pricing and hedging of financial products in Lévy and jump-diffusion setting [J]. Stochastic Analysis and Applications, 2019, 37(2): 281-319.

[64] BO L, WANG Y, YANG X. Markov-modulated jump-diffusions for currency option pricing [J]. Insurance Mathematics and Economics, 2010, 46(3): 461-469.

[65] BATES D. Jumps and stochastic volatility: Exchange rate processes implicit in deutsche mark options [J]. Review of Financial Studies, 1996, 9(1): 96-107.

[66] LOUIS O S. Pricing stock options in a jump-diffusion model with stochastic volatility and interest rates: Applications of Fourier inversion methods [J]. Mathematical Finance, 1997, 7(4): 413-424.

[67] ESPINOSA F, VIVES J. A volatility-varying and jump-diffusion Merton type model of interest rate risk [J]. Insurance: Mathematics and Economics, 2006, 38(1): 157-166.

[68] 邓国和, 杨向群. 随机波动率与双指数扩散组合模型的美式期权定价 [J]. 应用数学学报, 2009, 32(2): 236-255.

[69] ZHANG S M, WANG L H. A fast Fourier transform technique for pricing European options with stochastic volatility and jump risk [J]. Mathematical Problems in Engineering, 2012, Article ID 761637, 17 pages.

[70] ZHANG S M, WANG L H. A fast numerical approach to option pricing with stochastic interest rate, stochastic volatility and double jumps [J]. Communications in Nonlinear Science and Numerical Simulation, 2013, 18(7): 1832-1839.

[71] SAPORITO Y F, YANG X, ZUBELLI J P. The calibration of stochastic local-volatility models: An inverse problem perspective [J]. Computers & Mathematics with Applications, 2019, 77(12): 3054-3067.

[72] CONT R, TANKOV P. Financial Modelling with Jump Processes [M]. Second Edition. London: Chapman and Hall/CRC Press, 2004.

[73] FOUQUE J P, PAPANICOLAOU G, SIRCAR K R. Derivatives in Financial Markets with Stochastic Volatility [M]. Cambridge: Cambridge University Press, 2000.

[74] BATES D. Post-87 crash fears in the S&P 500 futures option market [J]. Journal of Econometrics, 2000, 94(1-2): 181-238.

[75] CARR P, WU L. What type of process underlies options? A simple robust test [J]. The Journal of Finance, 2003, 58(6): 2581-2610.

[76] PAN J. The jump-risk premia implicit in options: Evidence from an integrated time-series study [J]. Journal of Financial Economics, 2002, 63(1): 3-50.

[77] KOU S, PETRELLA G, WANG H. Pricing path-dependent options with jump risk via Laplace transforms [J]. The Kyoto Economic Review, 2005, 74(1): 1-23.

[78] CONT R, VOLTCHKOVA E. A finite difference scheme for option pricing in jump diffusion and exponential Lévy models [J]. SIAM Journal on Numerical Analysis, 2005, 43(4): 1596-1626.

[79] CAI N, CHEN N, WAN X. Pricing double-barrier options under a flexible jump diffusion model [J]. Operations Research Letters, 2009, 37(3): 163-167.

[80] HSU P P, CHEN Y H. Barrier option pricing for exchange rates under the Lévy-HJM processes [J]. Finance Research Letters, 2012, 9(3): 176-181.

[81] ZHANG S M, GENG J H. Efficiently pricing continuously monitored barrier options under stochastic volatility model with jumps [J]. International Journal of Computer Mathematics, 2017, 94(11): 2166-2177.

[82] XIE F, HE Z J, WANG X Q. An importance sampling-based smoothing approach for quasi-Monte Carlo simulation of discrete barrier options [J]. European Journal of Operational Research, 2019, 274(2): 759-772.

[83] ZHANG S M, ZHANG G D. An analytical approximation method for pricing barrier options under the double Heston model [J]. Communications in Statistics-Theory and Methods, 2019, 48(22): 5657-5671.

[84] EBERLEIN E, PAPAPANTOLEON A. Equivalence of floating and fixed strike Asian and lookback options [J]. Stochastic Processes and Their Applications, 2005, 115(1): 31-40.

[85] PARK H S. Analytical binomial lookback options with double-exponential jumps [J]. Journal of the Korean Statistical Society, 2009, 38(4): 397-404.

[86] WONG H Y, GUAN P. An FFT-network for Lévy option pricing [J]. Journal of Banking and Finance, 2011, 35(4): 988-999.

[87] BROADIE M, GLASSERMAN P. Estimating security price derivatives using simulation [J]. Management Science, 1996, 42(2): 269-285.

[88] BROADIE M, GLASSERMAN P, KOU S G. Connecting discrete and continuous path-dependent options [J]. Finance and Stochastics, 1999, 3(1): 55-82.

[89] HARTINGER J, PREDOTA M. Pricing Asian options in the hyperbolic model: A fast quasi-Monte Carlo approach [J]. Grazer Mathematische Berichte, 2002, 345: 1-33.

[90] BENHAMOU E. Fast Fourier transform for discrete Asian options [J]. The Journal of Computational Finance, 2002, 6(1): 49-68.

[91] VECER J, XU M. Pricing Asian options in a semimartingale model [J]. Quantitative Finance, 2004, 4(2): 170-175.

[92] ALBRECHER H, PREDOTA M. On Asian option pricing for NIG Lévy processes [J]. Journal of Computational and Applied Mathematics, 2004, 172(1): 153-168.

[93] ZHANG S M, GAO X. An asymptotic expansion method for geometric Asian options pricing under the double Heston model [J]. Chaos, Solitons and Fractals, 2019, 127(1): 1-9.

[94] ZHANG S M, GENG J H. Fourier-cosine method for pricing forward starting options with stochastic volatility and jumps [J]. Communications in Statistics-Theory and Methods, 2017, 46(20): 9995-10004.

[95] ZHANG S M, SUN Y D. Forward starting options pricing with double stochastic volatility, stochastic interest rates and double jumps [J]. Journal of Computational and Applied Mathematics, 2017, 325(1): 34-41.

[96] XU W, WU C, LI H. Foreign equity option pricing under stochastic volatility model with double jumps [J]. Economic Modelling, 2011, 28(4): 1857-1863.

[97] HURD T R, ZHOU Z. A Fourier transform method for spread option pricing [J]. SIAM Journal on Financial Mathematics, 2010, 1(1): 142-157.

[98] LEENTVAAR C C W, OOSTERLEE C W. Multi-asset option pricing using a parallel Fourier-based technique [J]. Journal of Computational Finance, 2008, 12(1): 1-26.

[99] COX J C, ROSS S A, RUBINSTEIN M. Option pricing: A simplified approach [J]. Journal of Financial Economics, 1979, 7(3): 229-263.

[100] SUDA S, MUROI Y. Computation of Greeks using binomial trees in a jump-diffusion model [J]. Journal of Economic Dynamics & Control, 2015, 51: 93-110.

[101] DONG B, XU W, KWOK Y K. Willow tree algorithms for pricing guaranteed minimum withdrawal benefits under jump-diffusion and CEV models [J]. Quantitative Finance, 2019, 19(10): 1741-1761.

[102] LIU R H, NGUYEN D. A tree approach to options pricing under regime-switching jump diffusion models [J]. International Journal of Computer Mathematics, 2015, 92(12):2575-2595.

[103] XU W, YIN Y F. Pricing American options by willow tree method under jump-diffusion process [J]. Journal of Derivatives, 2014, 22(1): 46-56.

[104] 姚怡, 李帅芳, 许威. 跳扩散模型下亚式期权定价的柳树法研究 [J]. 同济大学学报 (自然科学版), 2018, 46(12): 1761-1769.

[105] KUSHNER H J, DUPUIS P G. Numerical methods for stochastic control problems in continuous time [J]. SIAM Journal on Control and Optimization, 1990, 28(5): 999-1048.

[106] PRIGENT J L. Weak Convergence of Financial Markets [M]. Heidelberg: Springer, 2003.

[107] BRIANI M, NATALINI R, RUSSO G. Implicit-explicit numerical schemes for jump-diffusion processes [J]. Calcolo, 2007, 44(1): 33-57.

[108] REISINGER C, WITTUM G. Efficient hierarchical approximation of high-dimensional option pricing problems [J]. SIAM Journal on Scientific Computing, 2007, 29(1): 440-458.

[109] BUNGARTZ H J, GRIEBEL M. A note on the complexity of solving Poisson's equation for spaces of bounded mixed derivatives [J]. Journal of Complexity, 1999, 15(2): 167-199.

[110] MATACHE A M, VON PETERSDORFF T, SCHWAB C. Fast deterministic pricing of options on Lévy driven assets [J]. ESAIM-Mathematical Modelling and Numerical Analysis, 2004, 38(1): 37-72.

[111] BOYLE P P. Options: A Monte Carlo approach [J]. Journal of Financial Economics, 1977, 4(3): 323-338.

[112] GIESECKE K, SCHWENKLER G. Simulated likelihood estimators for discretely observed jump-diffusions [J]. Journal of Econometrics, 2019, 213(2): 297-320.

[113] GLASSERMAN P. Monte Carlo Methods in Financial Engineering [M]. New York: Springer, 2004.

[114] NIEDERREITER H. Random Number Generation and Quasi-Monte Carlo Methods [M]. Philadelphia: Society for Industrial and Applied Mathematics, 1992.

[115] AVRAMIDIS A N, L'ECUYER P. Efficient Monte Carlo and quasi-Monte Carlo option pricing under the variance Gamma model [J]. Management Science, 2006, 52(12): 1930-1944.

[116] YAMADA T, YAMAMOTO K. A second-order discretization with Malliavin weight and quasi-Monte Carlo method for option pricing [J]. Quantitative Finance, 2020, 20(11): 1825-1837.

[117] CARR P P, MADAN D B. Option valuation using the fast Fourier transform [J]. Journal of Computational Finance, 1999, 2(4): 61-73.

[118] BAKSHI G, MADAN D. Spanning and derivative-security valuation [J]. Journal of Financial Economics, 2000, 55(2): 205-238.

[119] DUFFIE D, PAN J, SINGLETON K. Transform analysis and asset pricing for affine jump-diffusions [J]. Econometrica, 2003, 68(6): 1343-1376.

[120] CHIU M C, WANG W, WONG H Y. FFT-network for bivariate Lévy option pricing [J]. Japan Journal of Industrial and Applied Mathematics, 2021, 38(1): 323-352.

[121] LEE R W. Option pricing by transform methods: Extensions, unification, and error control [J]. Journal of Computational Finance, 2004, 7(3): 51-86.

[122] CARR P, WU L. Time-changed Lévy processes and option pricing [J]. Journal of Financial Economics, 2004, 71(1): 113-141.

[123] BATES D S. Maximum likelihood estimation of latent affine processes [J]. Review of Financial Studies, 2006, 19(3): 909-965.

[124] WU L. Modeling financial security returns using Lévy processes [J]. Handbooks in Operations Research and Management Science, 2007, 15: 117-162.

[125] GUDKOV N, ZIVEYI J. Application of power series approximation techniques to valuation of European style options [J]. Quantitative Finance, 2020, 21(4): 609-635.

[126] EBERLEIN E, GLAU K, PAPAPANTOLEON A. Analysis of Fourier transform valuation formulas and applications [J]. Applied Mathematical Finance, 2010, 17(3): 211-240.

[127] JING B, LI S H, MA Y. Pricing VIX options with volatility clustering [J]. Journal of Futures Markets, 2020, 40(6): 928-944.

[128] KIRKBY J L. An efficient transform method for Asian option pricing [J]. SIAM Journal on Financial Mathematics, 2016, 7(1): 845-892.

[129] LI C X, WANG M N, LI W H. The pricing of compound option under variance gamma process by FFT [J]. Preprint in Communications in Statistics-Theory and Methods, 2021, 50(24): 6122-6136.

[130] ANDRICOPOULOS A D, WIDDICKS M, DUCK P W, et al. Universal option valuation using quadrature methods [J]. Journal of Financial Economics, 2003, 67(3): 447-471.

[131] LORD R, FANG F, BERVOETS F, et al. A fast and accurate FFT-based method for pricing early-exercise options under Lévy processes [J]. SIAM Journal on Scientific Computing, 2008, 30: 1678-1705.

[132] CERNY A, KYRIAKOU I. An improved convolution algorithm for discretely sampled Asian options [J]. Quantitative Finance, 2010, 11(3): 381-389.

[133] KRUSE S, NÖGEL U. On the pricing of forward starting options in Heston's model on stochastic volatility [J]. Finance and Stochastics, 2005, 9(2): 233-250.

[134] LE N T, DANG D M, KHANH T V. A decomposition approach via Fourier sine transform for valuing American knock-out options with rebates [J]. Journal of Computational and Applied Mathematics, 2017, 317: 652-671.

[135] BOUZIANE M. Pricing Interest-Rate Derivatives: A Fourier-Transform Based Approach [M]. Heidelberg: Springer, 2008.

[136] CHIU M C, XU Z L, WONG H Y. FFT network for interest rate derivatives with Lévy processes [J]. Japan Journal of Industrial and Applied Mathematics, 2017, 34(3): 675-710.

[137] GRUNDKE P. Computational aspects of integrated market and credit portfolio models [J]. OR Spectrum, 2007, 29(2): 259-294.

[138] SILLER T. Measuring marginal risk contributions in credit portfolios [J]. Quantitative Finance, 2013, 13(12): 1915-1923.

[139] DUFFIE D, KAN R. A yield factor model of interest rates [J]. Mathematical Finance, 1996, 6(4): 379-406.

[140] DUFFIE D, FILIPOVIC D, SCHACHERMAYER W. Affine processes and applications in finance [J]. Annals of Applied Probability, 2003, 13(3): 984-1053.

[141] COOLEY J, TUKEY J. An algorithm for the machine calculation of complex Fourier series [J]. Mathematics of Computation, 1965. 19(90): 297-301.

[142] CAI N, KOU S G. Option pricing under a mixed-exponential jump diffusion model [J]. Management Science, 2011, 57(11): 2067-2081.

[143] JACKSON K R, JAIMUNGAL S, SURKOV V. Fourier space time-stepping for option pricing with Lévy models [J]. Journal of Computational Finance, 2008, 2(2): 1-29.

[144] CAI N, KOU S G. Pricing Asian options under a Hyper-exponential jump diffusion model [J]. Operations Research, 2012, 60(1): 64-77.

[145] 张素梅, 赵洁琼. 混合指数跳扩散模型下基于 FST 方法的期权定价 [J]. 工程数学学报, 2020, 37(2): 165-176.

[146] SURKOV V. Parallel option pricing with Fourier space time-stepping method on graphics processing units [J]. Parallel Computing, 2010, 36(7): 372-380.

[147] PETRELLA G. An extension of the Euler Laplace transform inversion algorithm with applications in option pricing [J]. Operations Research Letters, 2004, 32(4): 380-389.

[148] LONGSTAFF F A, SCHWARTZ E S. Valuing American options by simulation: A simple least-squares approach [J]. The Review of Financial Studies, 2001, 14(1): 113-147.

[149] KIM B H, CHUN S E, MIN H G. Nonlinear dynamics in arbitrage of the S&P 500 index and futures: A threshold error-correction model [J]. Economic Modelling, 2010, 27(2): 566-573.

[150] BARONE-ADESI G, FUSARI N, MIRA A, et al. Option market trading activity and the estimation of the pricing kernel: A Bayesian approach [J]. Journal of Econometrics, 2020, 216(2): 430-449.

[151] ZHANG M, JIANG X, FANG Z, et al. High-order hidden Markov model for trend prediction in financial time series [J]. Physica A: Statistical Mechanics and its Applications, 2019, 517: 1-12.

[152] MIKHAILOV S, NÖGEL U. Hestons stochastic volatility model implementation, calibration and some extensions [J]. Wilmott Magazine, 2003, 4: 74-79.

[153] ALCOCK J, SMITH G. Non-parametric American option valuation using Cressie-Read divergences [J]. Australian Journal of Management, 2017, 42(2): 252-275.

[154] CHUANG W I, HUANG T C, LIN B H. Predicting volatility using the Markov-switching multifractal model: Evidence from S&P100 index and equity options [J]. North American Journal of Economics & Finance, 2013, 25: 168-187.

[155] FABOZZI F J, PALETTA T, STANESCU S, et al. An improved method for pricing and hedging long dated American options [J]. European Journal of Operational Research, 2016, 254(2): 656-666.

[156] HJ A, JL B. Machine learning versus econometric jump models in predictability and domain adaptability of index options [J]. Physica A: Statistical Mechanics and its Applications, 2019, 513:74-86.

[157] JAIMUNGAL S, SURKOV V. Lévy-based cross-commodity models and derivative valuation [J]. SIAM Journal on Financial Mathematics, 2011, 2(1): 464-487.

[158] NARTEA G V, VALERA H, VALERA M. Mean reversion in Asia-Pacific stock prices: New evidence from quantile unit root tests [J]. International Review of Economics & Finance, 2021, 73: 214-230.

[159] LI L, CHEN J C, JIANG T. A method to get a more stationary process and its application in finance with high-frequency data of Chinese index futures [J]. Physica A: Statistical Mechanics and its Applications, 2019, 525: 1405-1417.

[160] 胡小平, 曹杰. 基于非均匀离散 Fourier 变换的隐含 Lévy 模型估计研究 [J]. 中国管理科学, 2018, 26(8): 13-19.

[161] LORD R, KAHL C. Optimal Fourier inversion in semi-analytical option pricing [J]. Journal of Computational Finance, 2007, 10(4): 1-30.

[162] CHANG Y, WANG Y M, ZHANG S M. Option pricing under double Heston jump-diffusion model with approximative fractional stochastic volatility [J]. Mathematics, 2021, 9(126): 1-10.

[163] BAKSHI G, CAO C, CHEN Z. Pricing and hedging long-term options [J]. Journal of Ecnometrics, 2000, 94(1-2): 277-318.

[164] CHERNOV M, GALLANT R, GHYSELS E, et al. Alternative models for stock price dynamics [J]. Journal of Econometrics, 2003, 116(1-2): 225-257.

[165] PILLAY E, O'HARA J G. FFT based option pricing under a mean reverting process with stochastic volatility and jumps [J]. Journal of Computational & Applied Mathematics, 2011, 235(12): 3378-3384.

[166] LI J Z. Bayesian estimation of the stochastic volatility model with double exponential jumps [J]. Review of Derivatives Research, 2021, 24(2): 157-172.

[167] YU S S, NING U F. An interest-rate model with jumps for uncertain financial markets [J]. Physica A: Statistical Mechanics and its Applications, 2019, 527:1-9.

[168] JOHANNES M. The statistical and economic role of jumps in continuous-time interest rate models [J]. The Journal of Finance, 2005, 59(1): 227-260.

[169] GÓMEZ-VALLE L, MARTÍNEZ-RODRÍGUEZ J. The risk-neutral stochastic volatility in interest rate models with jump-diffusion processes [J]. Journal of Computational and Applied Mathematics, 2019, 347: 49-61.

[170] DENG G. Pricing European option in a double exponential jump-diffusion model with two market structure risks and its comparisons [J]. Applied Mathematics-A Journal of Chinese Universities, 2007, 22(2): 127-137.

[171] KOU S G, WANG H. Option price under a double exponential jump diffusion model [J]. Management Science, 2004, 50(9): 1178-1192.

[172] FELLER W. Two singular diffusion problems [J]. Annals of Mathematics, 1951, 54(1): 173-182.

[173] 姜礼尚, 徐承龙, 任学敏, 等. 金融衍生品定价的数学模型与案例分析 [M]. 北京：高等教育出版社, 2008.

[174] GANDER W, GAUTSCHI W. Adaptive quadrature—revisited [J]. BIT Numerical Mathematics, 2000, 40(1): 84-101.

[175] RAMEZANI C A, ZENG Y. Maximum likelihood estimation of the double exponential jump-diffusion process [J]. Annals of Finance, 2007, 3(4): 487-507.

[176] RUBINSTEIN M. Pay now, choose later [J]. Risk, 1991, 4(13): 44-47.

[177] LIN S, HE X J. A closed-form pricing formula for forward start options under a regime-switching stochastic volatility model [J]. Chaos, Slitons & Fractals, 2021, 144(2): 1-8.

[178] AHLIP R. Forward start options under stochastic volatility and stochastic interest rates [J]. International Journal of Theoretical and Applied Finance, 2009, 12(2): 61-73.

[179] AHLIP R, PARK L A F, PRODAN A, et al. Forward start options under Heston affine jump-diffusions and stochastic interest rate [J]. International Journal of Financial Engineering, 2021, 8(1): 1-25.

[180] DA FONSECA J, GRASSELLI M, TEBALDI C. A multifactor volatility Heston model [J]. Quantitative Finance, 2008, 8(6): 591-604.

[181] AHN D, KIM K K, KIM Y. Small-time smile for the multifactor volatility Heston model [J]. Journal of Applied Probability, 2020, 57(4): 1070-1087.

[182] FABBIANI E, MARZIALI A, DE NICOLAO G. Fast calibration of two-factor models for energy option pricing[J]. Applied Stochastic Models in Business and Industry, 2020, 37(3): 661-671.

[183] CHRISTOFFERSEN P, HESTON S, JACOBS K. The shape and term structure of the index option smirk: Why multifactor stochastic volatility models work so well [J]. Management Science, 2009, 5(12): 1914-1932.

[184] LI G, ZHANG C. On the number of state variables in option pricing [J]. Management Science, 2010, 56(11), 2058-2075.

[185] ZHANG S M, FENG Y. American option pricing under the double Heston model based on asymptotic expansion [J]. Quantitative Finance, 2019, 19(2): 211-226.

[186] SUN Y. Efficient pricing and hedging under the double Heston stochastic volatility jump-diffusion model [J]. International Journal of Computer Mathematics, 2015, 92(12): 2551-2574.

[187] SUN Y, YUAN G. Does model misspecification matter for hedging? A computational finance experiment based approach [J]. International Journal of Finance Engineer, 2015, 2(3): 1-21.

[188] BROADIE M, KAYA O. Exact simulation of stochastic volatility and other affine jump diffusion processes [J]. Operations Research, 2006, 54(2): 217-231.

[189] NUNES J P V, ALCARIA T R V. Valuation of forward start options under affine jump-diffusion models [J]. Quantitative Finance, 2016, 16(5): 727-747.

[190] ALBRECHER H, MAYER P, SCHOUTENS W T J. The little Heston trap [J]. Wilmott Magazine, 2007, 1: 83-92.

[191] FANG F, OOSTERLEE C W. A novel pricing method for European options based on Fourier-cosine series expansions [J]. SIAM Journal on Scientific Computing, 2008, 31(2): 826-848.

[192] ANDERSEN L. Efficient simulation of the Heston stochastic volatility model [J]. The Journal of Computational Finance, 2008, 11(3): 1-42.

[193] GAUTHIER P, POSSAMAÏ D. Efficient simulation of the double Heston model [J]. IUP Journal of Computational Mathematics, 2011, 4(3): 23-73.

[194] IKONEN S, TOIVANEN J. Efficient numerical methods for pricing American options under stochastic volatility [J]. Numerical Methods for Partial Differential Equations, 2008, 24(24): 104-126.

[195] IKONEN S, TOIVANEN J. Operator splitting methods for pricing American options under stochastic volatility [J]. Numerische Mathematik, 2009, 113(2): 299-324.

[196] ITO K, TOIVANEN J. Lagrange multiplier approach with optimized finite difference stencils for pricing American options under stochastic volatility [J]. SIAM Journal on Scientific Computing, 2009, 31(4): 2646-2664.

[197] ZHU S P, CHEN W T. A predictor-corrector scheme based on ADI method for pricing American puts with stochastic volatility [J]. Computers & Mathematics with Applications, 2011, 62(1): 1-26.

[198] KUNOTH A, SCHNEIDER C, WIECHERS K. Multiscale methods for the valuation of American options with stochastic volatility [J]. International Journal of Computer Mathematics, 2012, 89(9): 1-19.

[199] RAMBEERICH N, TANGMAN D Y, LOLLCHUND M R, et al. High-order computational methods for option valuation under multifactor models [J]. European Journal of Operational Research, 2013, 224(1): 219-226.

[200] BALLESTRA L V, PACELLI G. Pricing European and American options with two stochastic factors: A highly efficient radial basis function approach [J]. Journal of Economic Dynamics & Control, 2013, 37(6): 1142-1167.

[201] BURKOVSKA O, HAASDONK B, SALOMON J, et al. Reduced basis methods for pricing options with the Black-Scholes and Heston model [J]. SIAM Journal on Financial Mathematics, 2014, 6(1): 685-712.

[202] ABBAS-TURKI L A, LAPEYRE B. American options by Malliavin calculus and nonparametric variance and bias reduction methods [J]. SIAM Journal on Financial Mathematics, 2012, 3(3): 479-510.

[203] BELIAEVA N A, NAWALKHA S K. A simple approach to pricing American options under the Heston stochastic volatility model [J]. The Journal of Derivatives, 2010, 17(4): 25-43.

[204] RUCKDESCHEL P, SAYER T, SZIMAYER A. Pricing American options in the Heston model: A close look at incorporating correlation [J]. The Journal of Derivatives, 2013, 20(3): 9-29.

[205] CHANG C C, CHUNG S L, STAPLETON R C. Richardson extrapolation technique for pricing American-style options [J]. Journal of Futures Markets, 2007, 27(8): 791-817.